上海青少年发展蓝皮书（2025）

儿童与城市

包蕾萍　程福财　主编

上海社会科学院出版社
SHANGHAI ACADEMY OF SOCIAL SCIENCES PRESS

编 委 会

主　编　包蕾萍　程福财

编　委（以姓氏笔画为序）

包蕾萍　吕海燕　李　骏　李清川

张燕华　陆海瑾　竺倩伟　徐　涛

程福财　曾燕波　雷开春　魏莉莉

前 言

青少年是国家的未来、民族的希望。青少年全面发展不仅关乎个体命运,而且是国家繁荣昌盛的关键所在。近年来,我国政府对青少年发展的重视程度日益提升,将其视为国家战略的重要组成部分。《上海市青少年发展“十四五”规划》要求:“到 2025 年,青少年素质能力进一步适应城市发展新要求,具有上海特色的青少年发展政策体系和工作机制更加完善,努力将青少年培养成为志存高远、德才并重、情理兼修、勇于开拓,担当民族复兴大任的时代新人。”全社会集中各方资源从价值引领、核心能力和发展环境三大领域,全力推动上海青少年发展,提升青少年身心健康水平。

上海社会科学院社会学研究所历来重视青少年学科建设,把青少年研究作为党的理论创新的重要组成部分,从构建中国哲学社会科学自主知识体系的高度出发,不断提升青少年研究的水平。为充分发挥学术研究在破解青少年发展瓶颈问题、为青少年相关政策制定提供科学依据、加强全社会对青少年发展的重视等方面的作用,从 2025 年起,我们将围绕青少年发展的热点议题,组织各方力量共同编写《上海青少年发展蓝皮书》。

2025 年是《上海市推进儿童友好城市建设三年行动方案(2023—2025 年)》出台的第三年,选择以“儿童与城市”为本年度蓝皮书的主题,主要出于以下考虑:

一是积极践行“儿童友好”与“人民城市”的理念。《中华人民共和国国民经济和社会发展第十四个五年规划和 2035 年远景目标纲要》明确将儿童友好城市建设列入重大工程,国家发展改革委等 23 部门印发的《关于推进儿童友好城市建设的指导意见》要求,到 2025 年在全国范围内推进 100 个城市开展儿童友好城市建设,到 2035 年命名 100 个国家儿童友好城市。推动儿童友好从“概念”变成“实景”,是人民城市重要理念的生动实践、高质量发展的重要标志、高品质生活的应有之义,也是中国式现代化的重要体现。

二是梳理总结儿童友好在上海城市建设中的发展历程和经验。2022 年,上海市成立了由市长挂帅的上海市推进儿童友好城市建设领导小组,出台《上海市儿童友好城市建设实施方案》,并将“建设儿童友好城市”写入市政府工作报告。2023 年,上海被列入建设国家儿童友好城市名单,成为全国首个全域推进儿童友好城市建设的直辖市,后出台《上海市推进儿童友好城市建设三年行动方案(2023—2025 年)》,不断推动“一米高度看城市、看世界、看未来”理念融入城市发展全过程、全领域。

三是落实儿童优先原则。儿童友好是一项长期性、系统性工程。早在 2005 年,上海社会科学院社会学研究所就成立了上海市儿童发展研究中心,积累了一批在儿童发展基础理论、儿童工作实践策略等方面的研究成果,出版了《国际大都市儿童发展比较》《多维视野中的儿童发展》《儿童健康与社会福利》《儿童友好与儿童发展》等书籍。从儿童友好环境、家庭养育支持、儿童健康、社会福利等角度探讨了促进儿童发展的理念与实践。

为进一步回应儿童新需求、新期待,更有力地推动上海儿童友好城市建设,除本所专家学者外,本年度蓝皮书还特别邀请了上海市儿童友好城市建设发展研究中心、上海市妇联和上海市教委相关研究机构、上海市高校和儿童友好学校代表从不同角度围绕儿童友好城市建设主题分享研究和案例。

“孩子们成长得更好,是我们最大的心愿。”希望本书能进一步提升全社会对促进新时代青少年事业高质量发展的关注度和参与度,推动加强与青少年发展相关的战略性、系统性、前瞻性研究工作并积极将优秀成果转化落地,切实提升青少年的获得感、幸福感和安全感,使青少年高质量发展成为推动城市高质量发展的驱动力。

编　者

2025 年 3 月

目　录

家 庭 环 境

学 校 环 境

儿 童 参 与

儿童友好

联合国儿童基金会推动儿童友好城市建设的经验启示

陶希东[1]　郁奇民[2]

摘　要　建设儿童[3]友好城市不仅是保障儿童生存权、发展权的必然要求，而且是破解“城市病”、推动可持续发展的战略选择。儿童视角的城市规划能倒逼公共空间人性化改造，促进代际公平与社会包容，通过优化教育、医疗等资源配置，可系统性提升人口素质，为城市长远发展储备人力资源。此外，儿童友好理念有助于重构城市治理逻辑，从单一效率导向转向人文关怀与生态智慧并重，为新型城镇化注入可持续动能。本文借助联合国儿童基金会关于儿童友好城市倡议的多份研究报告，在分析联合国儿童基金会推动全球各地建设儿童友

① 陶希东，上海社会科学院智库研究中心副主任、研究员。

② 郁奇民，自由撰稿人。

③ 根据联合国《儿童权利公约》(Convention on the Rights of the Child, CRC)，儿童是指18岁以下的任何人。

好城市经验的基础上,提出我国建设儿童友好城市的相关建议。

关键词 儿童友好城市;多元参与;监测与评估

1996 年,联合国儿童基金会(United Nations International Children's Emergency Fund, UNICEF,原名"联合国国际儿童紧急救助基金会")和联合国人类住区规划署(United Nations Human Settlements Programme, UN-Habitat,简称"联合国人居署")共同发起儿童友好城市倡议(Child Friendly Cities Initiative, CFCI)。该倡议旨在应对日益城市化与分散化的世界中实现儿童权利的挑战,指出少年儿童的福祉是衡量人居环境健康与否、民主社会文明程度和政府良好治理水平的终极目标。在儿童友好城市中,儿童的心声、需求、优先事项和权利是当地公共政策、程序、决策不可或缺的一部分。正如哥伦比亚波哥大市前市长、城市和交通政策专家恩里克·潘纳罗萨(Enrique Peñalosa)所说:"如果我们能为孩子们建设一个成功的城市,我们就是为所有人建设了一个成功的城市。"该倡议通过联合地方利益相关者与联合国儿童基金会,共同创建安全、包容且响应儿童需求的城市与社区。近年来,儿童友好城市倡议得到全球 3 000 多个城市和社区的积极响应,覆盖了 3 000 多万名儿童。经过多年实践,联合国儿童基金会在建设儿童友好城市方面积累了丰富的经验。

一、 确立以儿童权利为核心的政策框架

(一) 以变革理论和战略框架为指导

在长期实践中,联合国儿童基金会总结出了发展儿童友好城市的变革理论框架,强调以儿童权利为核心,通过多方面的努力,为儿童创造一个安全、健康、包容和充满机会的城市环境。

1. 促进因素: 政府的承诺与支持、私营部门和企业的投入与合作、战略

传播、加速资源调动与变革等。

2. 系统强化：开展形式多样的宣传推广活动，构建多元化的合作伙伴关系，动员各方力量参与，整合公共和私营部门资源，推动社会变革，完善数据、证据和知识管理，实施风险知情的人道主义与发展关联规划。

3. 目的（产出）：地方层面具备生成和分析地理分类数据的能力，城市治理系统具备制订和实施响应儿童需求的空间规划的知识和能力，地方治理系统具备制订和实施响应儿童需求的计划与编制预算的能力和技能，社区、儿童获得授权并能够参与地方决策过程，地方政府建立协调社会服务交付的机制。

4. 中期目标：关于儿童状况的地理分类数据为地方层面的决策提供信息，地方发展政策、战略、计划和预算响应儿童需求，儿童和社区能够在影响其生活的地方决策过程中发表意见，地方层面的社会服务交付得到有效协调，城市空间规划响应儿童需求。

5. 长期目标：每个儿童都能获得包容性社会保护，并摆脱贫困；每个儿童都生活在安全、可持续的环境中，并获得包容性社会服务。

6. 最终目标：实现每个儿童特别是最受排斥儿童的权利。

此外，联合国儿童基金会以若干战略框架为指导，包括《儿童权利公约》、相关的一般性意见和报告进程、战略和结构、可持续发展目标、国家方案规划框架和目标，以及相关的国家政府政策文件或计划，如国家儿童行动计划、国家发展计划或分权进程，确保法律框架和政策的所有方面都保护儿童权利。

表 1　儿童友好城市倡议行动框架与相关战略框架的联系

目　标	《儿童权利公约》	联合国儿童基金会 2018—2021 年战略计划	可持续发展目标	联合国儿童基金会城市框架
目标 1　每个儿童在社区和地方政府中得到重视、尊重和公	第 2 条　不受歧视的权利； 第 23 条　残疾儿童权利；	目标 5　每个儿童享有公平的生活机会； 目标 6　减少国	目标 5　性别平等； 目标 11　可持续城	优先事项 1　通过技术支持和伙伴关系减少城市中的不

续　表

目　标	《儿童权利公约》	联合国儿童基金会2018—2021年战略计划	可持续发展目标	联合国儿童基金会城市框架
平对待	第30条　少数群体权利	家内和国家间不平等； 目标11　建设包容、安全、韧性和可持续的城市	市和社区	平等,为边缘化儿童扩展优质服务并保护所有儿童免受暴力
目标2　每个儿童的声音、需求和优先事项在公共法律、政策、预算、计划和决策中被倾听和采纳	第6条　被倾听的权利； 第12—14条　表达与结社自由； 第13、18、42条　获取信息的权利	目标5　每个儿童享有公平的生活机会； 目标16　和平与包容社会	目标16　公正、和平与包容社会	优先事项4　增强城市贫困儿童的声音与参与,加强与城市社区及组织的伙伴关系
目标3　每个儿童获得优质的基本社会服务	第24—25条　医疗保健权利； 第27条　适足生活水平权利； 第28条　受教育权利	目标1　儿童生存与茁壮成长； 目标2　每个儿童都有受教育的权利	目标1　消除贫困； 目标2　消除饥饿； 目标3　健康与福祉	优先事项1　通过技术支持和伙伴关系减少城市中的不平等,为边缘化儿童扩展优质服务并保护所有儿童免受暴力
目标4　每个儿童生活在安全、清洁的环境中	第19、34、35条　免受虐待、剥削和性侵犯的权利	目标3　儿童免受暴力与剥削； 目标4　安全与清洁的环境	目标11　可持续城市和社区； 目标16　公正、和平与包容社会	优先事项2　为儿童创造安全、可持续的城市环境
目标5　每个儿童享有家庭生活、游戏和休闲的机会	第31条　休息、游戏和娱乐权利； 第9条　家庭生活权利	—	—	—

（二）制订规范细致的行动计划

联合国儿童基金会通过明确的目标（成果）框架（儿童友好城市倡议行动框架）实现专业化与规范化。一旦在逻辑框架中确定了目标（成果）和目的（产出），并通过指标支持监测和评估，就为每个产出制定一系列活动。为确保透明度、问责制和协调性，明确每项活动的截止日期和负责实施的人员/实体。

儿童友好城市倡议并非一次性投资，而是强调通过长期承诺和能力建设加强儿童权利的渐进方法。由于首个儿童友好城市倡议行动计划（周期）可能无法解决所有儿童权利问题，联合国儿童基金会制订行动计划时会区分最紧迫的问题（纳入行动计划）和中长期目标（在后续儿童友好城市倡议行动计划中解决），明确与可持续发展目标的联系，以避免额外工作。

联合国儿童基金会制订行动计划是一个权衡过程，综合考虑了儿童权利现状、联合国儿童基金会的全球最低标准以及地方政府作为民主机构的利益和独立性，倾听儿童需求，为儿童设计项目。为确保透明度和问责制，联合国儿童基金会以清晰简洁的语言制订行动计划，并面向利益相关方和受益者构建多元的沟通机制。

（三）健全资源保障措施

为所有儿童相关活动分配充足的人力和财力资源对确保地域内儿童积极成长至关重要。儿童友好城市倡议资源配置是基于对联合国儿童基金会支持角色的审慎评估、支持儿童友好城市倡议的地区数量及合作伙伴的可用资源。

联合国儿童基金会国家办事处或国家委员会初期需要人力资源（员工）以确保管理和协调儿童友好城市倡议实施，大多数国家办事处或国家委员会有 1—3 名员工。值得注意的是，员工数量与支持儿童友好城市倡议的地区数量未必相关。儿童友好城市倡议需要跨部门合作实施，要求国家办事处或国家委员会整体运营中的所有部门协调,需要高层管理者的承诺与支持,以促进伙伴关系并确保儿童友好城市倡议实施过程中与联合国儿童基金会所有工作领域的协同。

在启动和参与儿童友好城市倡议的早期阶段可考虑利用财力资源,若地方政府资金不足,地方指导委员会可寻找替代资源或考虑筹集更多资金。在制订地方发展计划时,儿童友好城市倡议明确儿童优先事项并配套公共预算,确保目标、行动与地方政府的战略优先事项一致,并获得充足的人力与财力资源。同时,将儿童友好城市倡议融入现有规划流程有助于制定更有效的儿童响应策略并确保可持续性。联合国儿童基金会公共财政框架还提出了指导儿童公共预算的五项原则:充足性、透明度与问责制、公平性、效率、有效性。

二、建立多元参与的治理体系

(一)三级治理体系

儿童友好城市倡议是促进儿童参与地方决策过程的关键平台。联合国儿童基金会建立国家协调机构、地方指导委员会和秘书处三级治理体系,支持儿童友好城市倡议的实施与协调。这些机构不一定全新设立,通常纳入现有体制机构以提高效率,并根据地方需求调整配置。联合国儿童基金会国家办事处或国家委员会综合考虑国家计划目标与地方政府的地方发展计划中优先目标的一致性,寻求不同部门干预在儿童友好城市倡议实施中地方层面的融合。同时,儿童友好城市倡议并非作为一个孤立或独立项目来开发和实施,而始终是战略和规划的核心部分。

儿童友好城市倡议通过地方指导委员会推动跨部门协作,确保各部门的政策协调一致。其基于地方情况分析,并依据部门(如社会保护、教育、儿童保护、水与卫生等)跨领域工作(如社会与行为改变、儿童发展、儿童权利宣传等)。作为伙伴关系平台,儿童友好城市倡议有助于加强不同部门之间的协调，扩大基本服务的可及性并改善其协调性。

（二）全社区合作关系

儿童友好城市倡议作为一项跨部门倡议，通过建立伙伴关系整合政府、民间组织、企业、学术机构、媒体、地方政府协会、家长协会或儿童组织和儿童代表，明确各层级权责，共同努力对儿童的需求做出响应。合作伙伴关系有助于实现儿童友好城市倡议的间接目标（建立地方机构以确保儿童友好城市成果的可持续性）。联合国儿童基金会建立、促进和协调广泛的利益相关者网络，让地方实践者共同增进儿童福祉，增强倡议的可持续性。

儿童友好城市倡议通过邀请地方民间社会组织、社区团体、学术界和地方企业参与地方指导委员会来实现。这些合作伙伴通常（独立或与地方政府相关部门合作）负责实施地方发展计划中的各类儿童活动。合作伙伴与地方政府共同受联合国儿童基金会的指导和支持。

（三）儿童参与机制

儿童友好城市倡议中的儿童参与既是手段也是最终目标。儿童参与不仅被视为儿童权利问题，还被视为加强地方关键服务的手段。让儿童参与影响其生活的决策过程是对人类尊严的固有认可，也是实现其他权利（如保护权等）的手段，并确保地方政策对儿童的需求和优先事项做出响应。儿童的观点对于确保地方政策、服务和设施反映并解决儿童关心的问题和优先事项至关重要。儿童对自己生活的独特见解可能为成人视角所忽视。通过参与，儿童可以获得更多的知识和技能，从而推动其生活的社区发展。

在地区和地方层面建立强有力的社会问责机制，通过促进有意义和包容性的儿童参与，支持地方政府系统性地让儿童及其家庭参与地方决策过程。建立并整合地方儿童理事会或其他参与机制，使儿童能够参与所有影响其生活的决策过程。例如，通过倡导并利用已建立和制度化的机制，贯穿儿童友好城市倡议周期的所有阶段。该机制代表所有儿童群体，尤其是被边缘化和脆弱群体（残疾儿童、移民儿童、贫困或偏远地区儿童）。儿童参与机制应制度化，确保他们的意见被充分纳入地方战略和规划文件。

三、完善数据驱动型的监测与评估

建设儿童友好城市重要且具有挑战性的方面之一是衡量儿童友好的进展和影响（成果）。特别需要注意数据的分类，以识别和解决城市或社区内可能存在的成果不平等问题。儿童友好城市倡议支持建立和加强可靠的核心部门行政数据系统，以定期跟踪地方发展计划中设定的儿童优先事项和行动的进展。这对数据、证据和系统提出了更高要求，以监测地方层面的儿童权利状况。

在确定目标和指标时解决数据质量、获取和分析问题。例如通过学术机构、统计部门和政府合作来缓解这一挑战，尽管可能仅部分数据可靠。儿童友好城市倡议提供技术支持，倡导加强地方合作伙伴的数据收集系统及分析能力，以生成和利用证据支持规划与决策。

建立衡量儿童友好城市倡议实施后对儿童生活的积极变化（影响）的系统，评估监测儿童友好城市倡议的影响，这包括地方、国家乃至全球层面。联合国儿童基金会决定对实施儿童友好城市倡议的政府合作伙伴及其他地方利益相关者在选定地域内实现儿童友好的能力、职责与职权、准备情况和意愿等进行全面评估，其考虑的关键问题包括：（1）地方政府的角色、职责和职权，尤其是与儿童服务相关的部分；（2）国家对儿童友好城市倡议目标的承诺；（3）风险缓解措施的可接受性。

（一）监测机制

监测儿童友好城市倡议的影响及其为儿童带来的具体可衡量成果，为项目提供反馈循环和纠正措施的数据。儿童友好城市倡议确定用于监测和评估计划目标、目的及活动进展与影响的指标，由实施儿童友好城市倡议的地方政府监测，并尽可能纳入地方发展计划的监测体系。良好的指标包含三个部分：衡量单位（定量或定性，如数量）、分析单位（如儿童）、测量背景（如生活在实施儿童友好城市倡议的社区）。为监测进展与影响，为每个指标设定基线和目标。基线是指标的最新已知状态（起点），目标是项目结束时需实现的成果。让所有地方合作伙伴和其他利益相关者（包括儿童）参与儿童友好城市倡议实施监测过程，通过监测和评估生成的进展、成果和效果，倡导和鼓励政府采取措施保障儿童权利。

监测分为两个层级：过程监测与定期进展报告。建立实施过程监测机制，确保儿童友好城市倡议周期所有要素和步骤的及时、有效和协调实施。过程监测由国家协调机构支持的地方指导委员会完成。以书面形式向所有实施合作伙伴（包括城市、社区的儿童）分发行动计划；定期召开会议或电话会议，评估进展并确定应对机会和挑战的方法；要求实施合作伙伴定期向地方指导委员会报告进展和完成的任务（如通过会议）；通过地方媒体报道已完成的任务，让社区成员了解进展；邀请儿童对参与过程进行实时反馈，确保倡议处于正确轨道。制定年度监测报告。建立严格的地方发展计划或儿童相关活动的实施监测机制，以评估进展、识别瓶颈并规划纠正措施。成果监测和进展报告将作为地方政府常规监测和报告流程的一部分。

（二）评估机制

每个儿童友好城市倡议周期结束时，对儿童友好城市倡议实施及相应地方发展行动计划的完成情况进行独立评估。比如开展中期评估，以判断活动是否按计划进行及是否需要纠正干预。与监测类似，儿童友好城市倡议评估包含两个部分：过程评估（建立儿童友好城市倡议协调与管理机制，包括开展状况分析、组织地方发展计划中的活动等）；成果评估（与地方发展计划中定义的基线指标对比实现的成果）。

评估应由评估委员会或者评估委员会与地方政府及其他地方合作伙伴

共同完成。评估委员会包括国家政府机构、地方政府协会、民间社会组织、学术界、相关专业人士及联合国儿童基金会国家办事处或国家委员会的代表。若政治代表平衡且无利益冲突,也可纳入地方政府代表。评估责任交由咨询公司以保证独立性,或由专家小组(通常含联合国儿童基金会)参与或政府部门承担。联合国儿童基金会在评估委员会中的角色是监督和审查结果,并确保其名称和品牌受到保护。

四、 儿童友好城市倡议经验对中国建设儿童友好城市的启示

(一)顶层设计与政策整合

强化战略引领。将儿童友好城市建设纳入国民经济与社会发展五年规划专项工程,建立跨部门协同推进机制。制定国家级《儿童友好城市建设指南》,明确儿童活动空间配建标准、服务设施配置要求等核心指标。修订《中华人民共和国城乡规划法》《中华人民共和国未成年人保护法》实施细则,规定新建城区儿童专属空间用地比例下限,并将儿童参与权纳入法定程序。

完善政策工具包。整合教育"双减"、老旧小区改造、健康中国等政策资源,设立儿童友好城市建设专项资金池。建立儿童影响评估制度,要求重大公共政策制定前需进行儿童权益影响预评估。推行"儿童友好认证"制度,对达标的城市、社区、商业场所给予税收优惠或财政补贴。

(二)分阶段试点与分类指导

实施差异化推进策略。特大城市重点优化高密度城区的复合空间利用,推行"15 分钟儿童生活圈"建设标准,强制要求居住区 500 米半径内配置多功能儿童活动场地。中小城市以普惠性服务补短板为核心,完善托育设施、课后托管中心、安全通学路径等基础保障。乡村地区结合乡村振兴战略,建立留守儿童关爱服务网络,推动儿童活动设施与文化礼堂、乡村学堂

等共享共建。

完善动态调整机制。建立“试点—评估—推广”循环模式，针对不同城市发展阶段制定动态建设指标。对人口流入型城市增设流动儿童服务专项指标，对老龄化突出地区探索“一老一小”设施融合模式。

（三）科技赋能与智慧管理

数据驱动决策。构建儿童成长大数据平台，整合教育、医疗、交通等多维度数据，精准识别儿童服务需求热点。开发儿童友好数字孪生系统，模拟评估城市空间对儿童活动的安全性与便利性。推广智能服务场景。发展儿童安全智能监护系统，在校园、公园等场所部署儿童行为识别、电子围栏等技术。开发儿童友好导航应用，实时标注安全路径、风险区域及应急服务站点。数字治理创新，建立儿童数据隐私保护标准，采用区块链技术实现儿童信息授权使用的可追溯管理。对网络平台实施儿童内容分级制度，构建“政府—企业—家庭”协同的数字化监管体系。

（四）社区动员与文化培育

在基层治理机制上，推行“儿童主任”制度，每个社区配备专职儿童事务工作者，统筹协调儿童服务资源。建立儿童议事会常态化机制，将儿童提案纳入社区治理决策流程；在社会力量激活上，制定《儿童友好型企业评价标准》，要求商场、公共交通等场所配置标准化适儿设施。鼓励企业通过社会责任投资建设社区儿童中心，探索“公益+商业”可持续运营模式；在文化价值重塑上，将儿童权利教育纳入学校课程体系，开展家长育儿能力标准化培训。打造儿童友好主题公共艺术项目，通过城市家具、景观装置等载体传播儿童友好理念。

（五）国际合作与标准对接

国际标准本土化，对接联合国儿童友好城市倡议，建立符合中国国情的分级评估体系,参与国际适儿化技术标准制定,推动中国特色的“家校社协同”“15 分钟生活圈”等经验纳入全球标准。开展技术协作与知识共享,建立国际儿童友好城市技术交流平台,重点开展高密度城市空间优化、数字技术应用等领域合作,在“一带一路”框架下输出儿童医疗、教育等领域的适儿化建设方案。推动参与全球治理,发起设立国际儿童友好城市发展基金,支持发展中国家开展适儿化改造,举办全球儿童友好城市峰会,构建跨国界的儿童权益保障协作网络。

参考文献:

[1] UNICEF, *Child Friendly Cities and Communities Handbook*, April 2018, https://www.unicef.org/eap/reports/child-friendly-cities-and-communities-handbook.

[2] UNICEF, *Guidance Note—The Child Friendly Cities Initiative*, November 2022, https://www.childfriendlycities.org/reports/child-friendly-cities-initiative.

[3] UNICEF, *Child-Friendly Traffic Spaces*, May 2024, https://www.unicef.ch/sites/default/files/2024 - 05/UNICEF_Verkehrsraum_EN_Digital_0.pdf.

超大型城市儿童友好
理念、历程与展望

包蕾萍[①] 闫瑶雨[②]

摘　要　让儿童享有更加安全、健康、快乐的成长环境，是上海践行人民城市理念、加快建设具有世界影响力的社会主义现代化国际大都市的应有之义和生动实践。“一切为了孩子”“向所有儿童的生存和正常发展提供基本保护”，既是联合国《儿童权利公约》和中国促进儿童发展的基本要求，也是上海儿童友好城市建设的基本要求。上海在此基础上坚持“儿童优先”原则，积极推进“五个友好”总体工作框架体系，探索形成与高质量发展、高品质生活、高效能治理相匹配的儿童友好城市建设上海样本。本文结合具体实践介绍了上海儿童友好城市建设的理念、发展历程及未来展望。

关键词　上海；儿童友好城市；人民城市理念

儿童是祖国的未来，民族的希望。让儿童享有更加安全、健康、快乐的成长环境，是城市发展的重要方向和目标。党的二十大报告指出，改革开放以来尤其是近十年以来，我国新型城镇化建设取得重大进展。上海作为中国的经济中心和国际大都市，城镇化率达到89.3%。城市日益成为现代文明发展的象征。教育、医疗、交通、文化、社保等城市软硬件设施的不断完

---

① 包蕾萍，上海社会科学院社会学研究所副所长、研究员。
② 闫瑶雨，上海社会科学院中国马克思主义研究所硕士研究生。

善,使得城市成为人们的向往之地,这里不仅能提供优质的教育资源,也能提供丰富的物资和消费。2024 年 12 月,上海市发布新型城镇化五年行动计划,进一步强调"以人为本"推进儿童友好城市建设市域全覆盖,持续推动儿童友好先行实践区和特色实践点建设。这意味着在城乡融合发展的大背景下,儿童友好不仅关乎当前儿童的福祉,也影响城市的未来发展和竞争力,是城市高质量发展的重要标志。

2021 年以来,上海参照《儿童权利公约》《中国儿童发展纲要(2021—2030 年)》,制定了《上海市妇女儿童发展"十四五"规划》,从健康、安全、教育、福利、权益、家庭和环境等方面明确了儿童发展指标和政府责任,并定期对儿童发展的各项指标进行监测评估。在一系列相关政策的推动下,特别是城市地区,儿童发展的各项指标普遍达到了较高水平。比如上海市 2023 年学前教育毛入园率(99.0%)、义务教育巩固率(99.9%)、高中教育毛入学率(99.0%)、每千名儿童儿科医生配备数(1.57)等,都远超联合国儿童基金会公布的世界儿童发展平均水平,达到发达国家的水准。

随着城市日益成为儿童成长的重要空间,进一步推进儿童友好城市建设的呼声也越来越高。近年来,上海积极响应国家号召,大力推进儿童友好城市建设,以促进人口高质量发展,实现城市对儿童更加友好为目标,将"儿童优先"理念融入城市发展全过程、全领域,推动社会政策、公共服务、权利保障、成长空间、发展环境等五个友好任务加快落实,取得了显著成效。本文聚焦超大型城市儿童友好理念的发展历程,围绕五大维度,对不同层级和区域促进儿童发展的重点举措进行分析比较,以期为未来的儿童发展提供借鉴和思考。

一、 上海儿童友好的核心理念

联合国儿童基金会将儿童界定为 18 岁以下的群体。《中华人民共和国未成年人保护法》规定,18 岁以下为未成年人。这些界定将传统意义上的 0—14 岁儿童扩展到整个未成年人群体，为相关举措覆盖对象提供了政策依据。截至 2024 年底的人口数据显示，0—18 岁户籍实有人口占比提高到 13.61%，和 2021 年该年龄段人口比例相比，呈稳步增长态势。随着“三孩”政策、人才政策和城乡融合政策的影响力逐步扩大，未来本市儿童（未成年人群体）的占比规模可能进一步扩大。

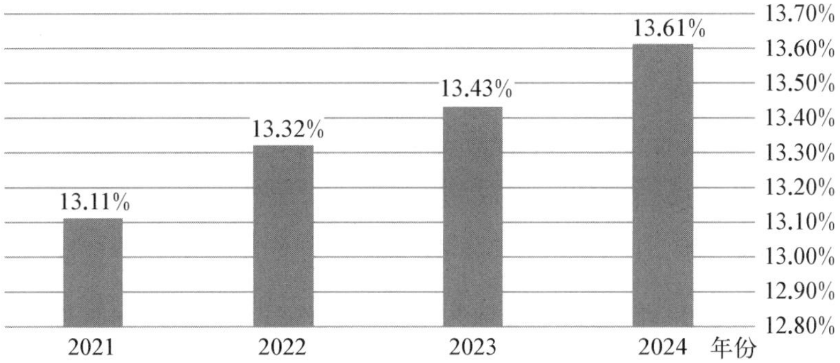

图 1　2021—2024 年上海 0—18 岁人口比例[①]

“儿童优先原则”既是联合国《儿童权利公约》和中国促进儿童发展的核心理念，也是上海儿童友好城市建设的核心理念。该原则不仅主张“一切为了孩子”“向所有儿童的生存和正常发展提供基本保护”，充分考虑儿童的需求和利益，确保儿童在各个方面都能得到优先关注和保障，还要求政府将儿童发展放在国家和社会发展的大框架下重点推进，采取有力措施优先保障儿童利益，推动公共资源优先向儿童配置。

（一）“儿童优先原则”的起源

1. “童年”概念的诞生。儿童优先原则的起源最早可以追溯到“童年”概念的诞生。人类文明早期，儿童一直是被压榨和奴役的对象。在 16—17 世纪，经历工业革命和启蒙主义的洗礼后，“童年”开始被视为一种具有社会

① 注：按上海统计部门公开的人口数据推算。

结构和心理条件规定性的概念。卢梭是最早提出“儿童”及“童年期”概念的学者之一,他主张从“儿童本位”出发,尊重和遵循儿童随着时空的变化而呈现不同的特点和属性。

2. 儿童中心论的提出。19 世纪末 20 世纪初欧美等国家和地区掀起“儿童研究运动”,英国学者约翰·洛克提出“白板说”,认为儿童不是缩小版的成人,而是后天环境塑造的结果。从瑞士教育家裴斯泰洛齐提出“自然教育”、福禄贝尔倡导“早期教育”到杜威明确提出“以儿童为中心”的发展理念,哲学家和教育学家开始认识到,儿童不是成年社会集体意识和集体无意识的一部分,而是具有自身特点和规律的发展阶段和特定群体。成人社会花时间养育心智健康的儿童,不仅反映了成人社会的良好品性,也是对社会未来前途的最好保障。在学术界的积极推动下,狭隘的“成人优越论”被摒弃,以儿童为中心的发展理念成为推动现代社会进步的重要思想之一。

3. 儿童利益最大化。第二次世界大战后,国际民主妇女联合会在反思战争对人类社会的侵害时,率先提出将 6 月 1 日定为“国际保护儿童日”,以保护少年儿童免受战争危害。随后,国际社会提出“儿童最大利益优先原则”,强调在制定法律法规、政策规划和配置公共资源等方面,要优先考虑儿童的利益和需求。1959 年 11 月 20 日,联合国大会通过了《儿童权利宣言》,提出了各国儿童应当享有的各项基本权利。此后,在若干国际公约和区域性条约中这一原则又多次得到重申,如 1979 年联合国《消除对妇女一切形式歧视公约》、1986 年联合国《关于儿童保护和儿童福利,特别是国内和国际寄养和收养办法的社会和法律原则宣言》、1987 年《非洲儿童权利和福利宪章》等。

但宣言不具有法律约束力,为进一步加强对儿童权利的保护,1989 年 11 月,联合国大会通过了《儿童权利公约》,为儿童权利保护订立了一套全面的国际法律准则,表明了人类决心“将最宝贵的东西给予儿童”,并建立机制予以实施。该公约提出将“儿童最大利益优先原则”作为制定公共政策的理论基础,并明确儿童群体享有生存权、发展权、受保护权及参与权。正如 P. 奥斯通指出,该公约显示了国际人权领域半个世纪以来追求“普遍性的”人权的成就，它发展并重新建构了 45 年前《世界人权宣言》中的相关原则。《儿童权利公约》的通过体现了国际社会对儿童权益和福祉的进一步重视和深化，要求政府、社会组织和个人在决策和行动时，始终把儿童的权益放在首位，确保儿童得到充分的保护和照顾。

（二）“儿童优先原则”的确立

1990 年，“儿童优先原则”在首次世界儿童问题首脑会议上提出，明确要求世界各国做到“一切为了孩子”，其基本含义是在资源分配方面，儿童的基本需求应得到优先满足。在联合国的积极推动下，围绕该原则进一步凝聚全球共识，形成了一系列具有社会文化规范性的新制度和新范式。

1996 年，联合国儿童基金会和联合国人居署共同提出“儿童友好城市方案”。2001 年，《人类居住议程Ⅱ》将儿童群体纳入环境决策体系。2004 年，联合国儿童基金会制定《建设儿童友好城市的工作框架》。2016 年，联合国住房和城市可持续发展大会上，联合国儿童基金会发布“你的人居之声”，提出孩子们需要更加便利、安全、包容、韧性的城市整体环境。2018 年 5 月，联合国儿童基金会出版《为儿童的都市化——儿童应答型都市计划手册》，交叉融合规划、城市设计、行为学、经济学、公共管理等多学科，探究城市如何更好地服务于儿童的真实需求。

中国在 1992 年 2 月颁布的《九十年代中国儿童发展规划纲要》中就将“儿童优先”作为需要坚持的基本原则，《中国儿童发展纲要（2011—2020 年）》和《中国儿童发展纲要（2021—2030 年）》除将“儿童优先”作为纲要指导思想和基本原则的重要内容外，还在各主要发展领域目标、策略、措施的设置上全方位落实儿童优先理念。

（三）“儿童优先”理念在上海

上海作为国际化程度较高的城市，较早就认识到“儿童优先”理念的前沿性和重要性。

20 世纪 20 年代起,曾师从杜威的教育学家陈鹤琴在上海先后创办 8 所小学(附设幼儿园)和 1 所女子中学。1926 年他和张宗麟共同发表《我们的主张》一文,提出“一切为了儿童,为了儿童的一切”的教育主张,这一主张不仅进一步发展了杜威“以儿童为中心”的教育理念,强调了儿童在教育中的核心地位,还结合中国国情和儿童心理特点,提出以促进社会进步为目标的现代儿童教育理论。

新民主主义革命时期,宋庆龄开创的少年儿童事业使这一理念得到进一步发展。她站在历史、国家和民族的高度将“一切为了孩子”扩展为“一切为了孩子,为了孩子的一切,为了一切孩子”,这一表述不仅深刻地揭示了少年儿童事业的全貌和目标,要求把最宝贵的东西给予儿童,还提出要关爱所有少年儿童,特别是残疾、穷困和弱势儿童的成长。在她指导下创办了中国福利会、《儿童时代》杂志、少年宫等机构,为新中国保护儿童、教育儿童和促进儿童全面发展做出了巨大贡献。

1982 年上海市妇女联合会《为了孩子》创刊,重申“一切为了孩子,为了孩子一切”的办刊理念。1999 年上海市妇女联合会、上海社会科学院联合举办第一届“为了孩子”论坛,后升格为“为了孩子”国际论坛,诚邀国际学术界共同研讨儿童发展议题。2001 年由上海市政府颁布的《上海儿童发展“十五”计划与到 2015 年规划思路》提出“一切从儿童主体出发,使‘儿童优先’的意识深入社会”。2005 年上海市儿童发展研究中心由上海市妇女儿童工作委员会办公室与上海社会科学院联合成立,率先开展儿童友好城市的前期研究。

2024 年上海市推进儿童友好城市建设论坛发布《上海推进儿童友好城市建设年度报告 2024》与《上海市儿童友好政策指南 1.0 版》,进一步扩大了儿童友好理念的社会影响。

二、 上海儿童友好城市建设的历程

随着儿童友好城市的概念在国内外得到广泛认可,儿童友好城市建设近年来已经上升为国家战略。上海也积极围绕“儿童优先”核心理念，开展了一系列具有特色的儿童友好城市建设的实践探索。

（一）起步与探索阶段（1990—2018 年）

一是理念宣传，规划先行。上海儿童友好城市建设的起步可以追溯到 20 世纪 90 年代，从“十五”儿童规划开始积极宣传“儿童优先”理念；2006 年“十一五”规划进一步明确上海贯彻“儿童优先”原则的行动准则。2011 年，“十二五”儿童规划认为儿童优先是现代社会发展的基本原则，并在策略措施中专门设置了“建设儿童友好型生态环境”的要求。2016 年，在全国各省市中率先将“努力建设儿童友好型的文明城市”写入“十三五”规划的指导思想中，力求理念先导，通过规划引领，为儿童成长营造友好型环境。

二是科研主导，探索推进。2005 年 11 月由上海市妇女儿童工作委员会办公室与上海社会科学院联合成立上海市儿童发展研究中心，率先围绕儿童友好城市建设的重点问题开展课题研究。来自上海不同研究机构的专家学者先后中标国家哲学社会科学基金项目、市决咨项目和市哲社项目，围绕儿童友好城市、社区、家庭、儿童政策制度等议题开展相关研究，为政府决策提供参考和依据。

（二）逐步推进阶段（2019—2021 年）

2019—2021 年，上海市儿童友好城市建设遵循“社区—城区—城市”的发展路径，形成了创建试点、制度推进、标准明确的工作体系。在三轮以街镇为单位的创建过程中，儿童优先原则逐渐从政策理念转变为具体经验实践，并进一步往儿童友好城市的方向纵深发展。

1. 创建试点，制度推进。2019 年，上海市妇儿工委、市民政局、市妇联、团市委联合发布《关于上海市开展儿童友好社区创建试点工作的指导意见》，提出在全市范围内以街镇为单位，试点创建 50 个具有示范效应的儿童友好社区。经过一年多创建，2020 年，84 个街镇被命名为首批上海市儿童友好社区示范点,选取儿童友好社区建设中的特色、亮点和创新之处,汇编形成33个案例,形成可复制、可推广的经验。2021年,市妇儿工委继续下发《关于进一步做好上海市儿童友好社区创建工作的通知》,推动更多街镇开展儿童友好社区的申报创建工作,74个街镇响应号召开展新一轮的申报创建工作。经过两年的创建,全市产生了158个儿童友好示范型社区。

2. 明确标准,城区联动。2020年,结合上海实际,制定实施《上海市儿童友好社区建设标准(试行)》,从保障措施、空间设施、服务支持、人员机构、社会氛围5个方面,制定56项指标。其中明确街镇设立儿童服务中心,使用面积不少于200平方米(可适当包括室外面积);居村层面设立儿童之家,使用面积不少于50平方米(可适当包括室外面积),形成"一中心多站点"网络布局。

3. 规划引领,多方协同。区、街镇两级财政做好儿童友好社区建设和运营资金的基础保障,积极统筹各方资源,利用社区公益基金,发动区域内企事业单位、媒体和专业公益人士共同参与,形成政府主导、社会化参与的共建机制;同时将"建设儿童友好社区"作为重大事项纳入《上海市妇女儿童发展"十四五"规划》,该规划在前期试点推进的基础上,2021—2023年为覆盖普及阶段,推动全市所有街镇依据相关文件要求创建儿童友好社区;2024—2025年为提质增效阶段,巩固提升儿童友好社区的服务内涵,优化完善15分钟生活圈功能,推进儿童友好社区—城区—城市的联动建设。

(三)深化与创新阶段(2022年以来)

儿童友好城市建设成为国家重大战略部署,在国家连续出台《关于优化生育政策促进人口长期均衡发展的决定》、"双减"政策、儿童友好城市建设被纳入国家"十四五"规划纲要、国家发展改革委等23部门联合印发《关于推进儿童友好城市建设的指导意见》这一背景下,上海积极响应中央政策,成为首个全域推进儿童友好城市建设的直辖市,儿童友好城市建设进入了深化与创新阶段。

1. 响应国家战略，明确建设目标。2022 年，上海市政府办公厅印发了《上海市儿童友好城市建设实施方案》，明确提出到 2025 年，逐步形成儿童友好城市建设的上海样本、上海路径，到 2035 年，建设成为国内领先、国际知名的儿童友好城市。2023 年出台《上海市推进儿童友好城市建设三年行动方案（2023—2025 年）》，按照这一阶段的主要任务是进一步优化儿童友好城市的政策制度、服务体系、权利保障、空间建设、发展环境和保障机制，提升儿童友好城市的品质和内涵。2023 年 4 月，上海被列入建设国家儿童友好城市名单。

2. 加强立法支撑，完善机制体系。将建设儿童友好社区、儿童友好城市建设分别写入新修订的《上海市未成年人保护条例》；颁布首部地方学前教育与托育服务条例，率先构建托育服务体系，出台托育服务指导意见、标准规范、发展规划；在一网通办“随申办”移动端开设“未成年人专区”，集成有关儿童政务服务事项，联动协调社区内企事业单位，统筹整合社区内儿童活动场所和服务项目，盘活共享存量资源，实现一网式服务、一键式转介、一站式监督。

3. 多方协同，共同推进儿童友好城市建设。2022 年，成立了由市长挂帅的推进儿童友好城市建设领导小组。2023 年 3 月，上海市儿童友好城市建设发展研究中心正式成立，并举办了两届上海市推进儿童友好城市建设论坛。2024 年 11 月，上海市妇儿工委等单位联合举办“为了孩子”中外论坛，聚焦“未来城市与儿童发展”主题，揭牌上海国际儿童友好中心。

4. 加强儿童友好城市公共空间建设。推进学校、医院、公共图书馆、体育场所、交通系统等各类服务设施和场地适儿化改造。市教委印发《上海市儿童友好学校建设实施方案》，全面开展儿童友好学校建设工作；发布《上海市慢行交通规划设计导则》，在城市交通规划中体现儿童友好理念，打造街区儿童友好通学路径，改善儿童安全出行环境；出台《关于加强公园绿地适老适儿设施建设及服务的通知》，在推进“千座公园”城市建设中营造更多富有趣味的儿童活动空间和游憩设施；与同济大学等专业机构签署相关合作协议,助力上海建设具有地方特色的“儿童友好、人人友好”的儿童友好城市,推动杨浦滨江等儿童友好公共空间建设。

5. 健全儿童参与机制,丰富儿童建言渠道。用好人民建议征集、青年汇智团、红领巾理事会、儿童议事会等平台。建立儿童参与的长效机制,拓展儿童代表群体的覆盖面,构建完善集儿童建言引导、征集、反馈、宣传于一体的参与机制。2023 年上海市妇女儿童发展研究中心面向全市开展了 17 场“儿童友好　童向未来”儿童友好进社区系列活动,提升儿童权利意识和参与能力。儿童参与组织成员被评为首位上海市优秀人民建议获奖者儿童代表。

6. 探索监测评估指标,加强标准化建设。完善引入第三方机构组建专家指导团队,探索儿童友好城市的监测评估指标,同时深入儿童友好社区创建各街镇实地个体指导、中期各区团队培训指导与后期项目验收评估工作。启动编制地方标准《上海市儿童友好社区建设导则》和指导手册,从技术层面加强标准化和规范化建设。

三、 儿童友好的上海实践

上海市在儿童友好城市建设中强调政策与实践相结合,市级层面高度重视,区级层面积极响应,16 个区根据本区的特色以及发展理念,学校、企业、社区、媒体等多主体响应,开展形式多样的儿童友好行动。

(一) 构建政府主导、全社会共同参与的工作体系

成立由市长牵头的儿童友好城市建设领导小组,连续多年将儿童友好城市建设纳入市政府年度重点工作,设立儿童友好城市建设专项基金,成立上海市儿童友好城市建设发展研究中心,纵向搭建“市—区—街镇”三级工作实施体系,完善“1+16”全城推进的工作统筹协调机制,横向构建以儿童为中心的政府、社区、企业、研究机构、学校、媒体等多主体协同建设体系。

（二）推进社会政策友好，推动全社会践行儿童友好理念

1. 推动儿童优先发展。上海市各区在制定城市经济社会发展规划时优先考虑儿童需求，推进公共资源配置优先满足儿童发展的需要。健全推进儿童优先发展工作协调机制，加强各机关单位之间的沟通与联系，形成合力共同推进儿童优先发展。浦东新区率先在全国发布城区层面儿童友好规划导则，率先在全市成立区级统筹推进机制、发布区级行动方案等工作，推动全社会践行儿童友好理念。黄浦区制订区级行动计划，积极推进建设上海市儿童友好先行实践区，发布儿童友好城区建设行动指引及系列营建导则，整合社会政策、公共服务、权利保障、成长空间、发展环境五方面致力于儿童优先发展。普陀区健全推进儿童优先发展工作协调机制，普陀区发展改革委联合相关部门推进普陀区高品质儿童友好城区建设。宝山区健全推进儿童优先发展工作协调机制，重点在政策协调、资金投入、项目实施等方面形成合力，以全面实施儿童发展“十四五”规划为主线，强化政府职能、完善联动机制，完成儿童友好社区全覆盖。

2. 城市规划建设充分展现儿童视角。以“一米高度看世界”的视角，推进儿童友好理念融入城市规划建设。从城市功能布局、公共空间设计等方面着手，推进城市建设更加适应儿童身心发展，满足儿童需求。普陀区绿容局积极布局在本区打造一系列儿童友好公园，为儿童提供安全、舒适、快乐的玩乐场所。青浦区全域不断拓宽儿童娱乐活动空间，为儿童提供野餐、露营、垂钓、骑行、水上运动等各类活动场所，打造环境友好、景观优美、滨水可亲的儿童友好生态文明建设新高地。徐汇区为了打造“有温度”的儿童友好滨江空间，建设徐汇乐汇小游园，改造高架下的口袋公园，为儿童提供家门口的儿童绿地；建设西岸自然艺术公园，让儿童探索森虫秘境，激发他们的冒险精神。奉贤区立足“新片区西部门户、南上海城市中心、长三角活力新城”定位，将“一米高度看城市、看世界、看未来”理念融入城市建设，积极打造儿童专属成长空间，相继建成百座公园。

3. 推动儿童全方位参与融入城市社会生活。各区建立健全儿童参与公共活动和公共事务的机制,畅通儿童的反馈参与渠道,在涉及社区事务、社会政策的制定等重大事项上鼓励儿童积极参与,保障儿童在社会、社区以及家庭成长中有更高的参与度。杨浦区以"儿童参与"为核心,实施校社联动项目,举办"杨浦少年说"活动,打造"两会一厅"项目;黄浦区通过多种方式打造"一线多点式"儿童参与城区建设模式;金山区设立"儿童议事会"推动儿童参与社区治理;嘉定区建成"儿童议事会"等百余个儿童参与品牌;奉贤区系统构建儿童参与机制,打造"贤少年会客厅"等品牌活动;崇明区打造"瀛洲少年说"等儿童参与品牌项目;宝山区引导"社区小先生"参与"社区大治理"。

4. 发动全社会力量共同致力于儿童发展。以普惠为导向,支持政府、企事业单位、家庭和个人参与其中,整合社会资源致力于儿童成长。浦东新区打造儿童友好的城区空间体系,细化为城区级、城镇级、社会级三个级别,从公共服务设施、公共空间、出行环境入手构建儿童友好空间。黄浦区制订"儿童友好联盟"伙伴计划,努力将家庭、学校、社区、企业、公益组织等各方力量凝聚起来,为全区儿童营造一个更加友好、包容、支持的发展环境。静安区利用辖区内丰富的儿童服务资源,成立区儿童友好共创伙伴联盟。金山区构建政府主导、多方参与的儿童工作新格局。

(三)推进公共服务友好,满足儿童成长需要

1. 支持发展普惠托育服务。上海市各区的社会组织、社区等提供普惠托育服务,为儿童成长提供良好环境。普陀区卫健委在儿童友好城市建设中致力于打造一个全方位、多维度的儿童友好环境,例如公共场所设置母婴室。普陀区总工会积极创建星级爱心妈咪小屋,鼓励推动更多有条件的机关、事业单位和企业创建工作,通过"普工英"公众号等平台定期推出亲子教育等有趣、有料的科普内容。万里街道建立儿童议事会、宝宝屋、建设心理咨询师团队以及玩家书房等,关注儿童生理、心理的健康发展。静安区结合区域实际为儿童的成长发展提供适宜的政策、空间、环境和服务。在全市率

先试点托育“宝宝屋”建设，打造“教育在社区，社区懂教育”的社会治理创新模式。浦东新区打造儿童专属的托育设施。各行政区在托育服务与科学育儿等方面为儿童提供健康、良好的成长环境。

2. 保障儿童健康成长。关注儿童的心理健康，开展儿童生命教育等健康教育，培养儿童珍爱生命的意识，提高自我情绪调适能力。静安区注重学校心理健康教育软硬件基础建设和内涵式品质化发展，持续优化学生关心关爱系统建设。黄浦区致力于营造关爱特殊儿童的社会氛围，积极搭建特教学生的成长阶梯，积极实施“在你的世界爱着你”公益计划，关爱特殊儿童。针对特殊儿童的实际情况，充分挖掘社会资源，为学生提供社会实践学习与自我展示的舞台。

3. 丰富儿童文体服务供给。各区合理规划文体设施布局和功能，推进图书馆、文化馆、美术馆等向儿童免费开放，推动有条件的公共体育设施向儿童低收费或免费开放，组织面向儿童的阅读推广、文艺演出、展览游览等活动，开展丰富多彩的体育活动，在体育实践中提升儿童的身体素质，促进儿童健康成长。宝山区重视儿童科创教育，组织了一系列儿童科普课堂。崇明区拓展儿童人文参与空间，加快儿童友好城市阅读新空间、“生态科普论坛进校园”等服务项目落地，满足儿童多元成长需要。松江区积极引导儿童参与，培育“华亭童学荟”等儿童参与品牌。打造校外实践教育资源特色，建成22家市、区级劳动教育基地，开展“春耕、夏耘、秋收、冬藏”系列劳动教育特色品牌活动。徐汇区充分营造“有感受度”的儿童友好文化氛围，建设黄道婆纪念馆，鼓励儿童在实践中弘扬中华优秀传统文化，保护非物质文化遗产，传承纺织技艺。通过丰富儿童文体服务供给，开展儿童智育、体育、美育活动，为培养德智体美劳全面发展的社会主义建设者和接班人而努力。

（四）推进权益保障友好，完善公益普惠儿童福利体系

各区加强儿童友好城市建设，积极关注困境儿童的成长，保障困境儿童的权益。例如黄浦区守护困境儿童健康成长，积极开展困境儿童关爱服务

活动,同时聚焦儿童抗逆力培育等难题,开展复合式帮扶,不让一个孩子掉队。普陀区加大对困难家庭重病、残疾儿童基本生活保障和专项救助力度。

(五)推进儿童成长空间友好,提升城市空间品质和服务效能

1. 推进城市公共空间适儿化改造。积极加强城市街区、社区、道路以及学校、医院、公园、公共图书馆、体育场所、绿地、公共交通等各类服务设施和场地适儿化改造。浦东新区打造符合儿童特点的托育设施、教育设施等,推进全龄共享的适儿化空间改造;黄浦区结合“一江一河”“一街一路”构建儿童友好空间;静安区在城市更新中积极推进公共空间和服务设施适儿化改造,发布区儿童友好地图;长宁区结合城市更新打造苏州河沿线桥下空间等儿童友好空间;闵行区改造一批儿童友好公园;虹口区全域推进城市公共空间和服务设施适儿化改造;奉贤区“百座公园”相继建成;崇明区积极开展儿童友好自然生态建设,开拓儿童友好绿色发展路线。

2. 改善儿童安全出行体验。完善慢行交通体系,加强人行道、自行车道规划建设,优化校园周边步行线路规划和人行设施,保障儿童出行安全。在儿童的安全出行体验上,浦东新区在公共交通、社会出行环境等方面优化路线,保障儿童出行安全。该区打造的全市首条彩虹斑马线则是践行儿童安全出行的特色举措。崇明区充分发挥自然生态资源禀赋,积极开展儿童友好自然生态建设,开拓儿童友好绿色发展路线。

3. 拓展儿童人文参与空间。积极拓展儿童的阅读空间,建设少儿图书馆,开展儿童友好图书馆建设。普陀区文旅局以街镇图书馆为主体,以需求为导向,以总分馆制为抓手,将儿童阅读服务功能嵌入家门口的各类公共文化空间。闵行区、嘉定区、虹口区结合“15 分钟社区生活圈”打造一批儿童友好阅读新空间。除此以外,各区还致力于增加儿童校外活动空间,加强儿童劳动教育、课外实践以及科技体验。松江区打造校外实践教育资源特色,建成 22 家市、区级劳动教育基地,开展“春耕、夏耘、秋收、冬藏”系列劳动教育特色品牌活动。崇明区构建“3 岛 5 营 N 点”学生劳动教育基地集群,积

极打造“15 分钟劳动实践圈”。杨浦区五角场街道打造上海 AAAA 级青年中心和公益基地——创智农园。

4. 开展儿童友好社区建设。社区积极打造儿童“游戏空间”，提供儿童开展活动的场所和设施。黄浦区结合“一江一河”构建儿童友好的公共空间集群，推动儿童友好社区迈向儿童友好城区。深化儿童友好社区建设，拓展“家门口”的共享儿童活动空间，为儿童提供活动场所与游戏设施。长宁区将儿童友好城区建设与“15 分钟社区生活圈”紧密有机结合，持续打造“一街一品”特色。结合城市更新打造苏州河沿线桥下空间、社区生境花园、儿童主题绿地公园，让儿童可感、可享、可体验。闵行区以民生关切和儿童需求为导向，结合“15 分钟社区生活圈”建设，启动一系列民生实事项目，通过改造一批儿童友好公园、打造一批儿童友好阅读新空间、提供一批优质公共服务，加快构建适应儿童生活和成长的发展环境。嘉定区聚焦城区、街区、社区，构筑绿色健康、充满童趣的公园绿地和游憩空间。

（六）推进发展环境友好，优化儿童健康成长的社会环境

1. 注重培养积极向上的精神文化。上海在开展儿童友好空间建设的同时注重丰富儿童的精神世界、培养儿童积极健康的道德品质。有关单位积极开展优秀传统文化进校园活动，开展共青团实践活动。杨浦区开展儿童非遗作品展，引导少年儿童用非遗语言讲述杨浦滨江故事的创新探索，孩子们在作品中展现对传统文化的价值认同和传承，也通过创意赋予非遗在当代语境中的新生命。徐汇区通过建设黄道婆纪念馆，鼓励儿童在实践中弘扬中华优秀传统文化，保护非物质文化遗产，传承纺织技艺。静安区开发红色场馆系列浸润式少先队活动课程，首创“当红色遇上非遗”红领巾文创微展览，全面建设儿童“安”心成长乐园。

2. 加强法治教育，预防未成年人犯罪。推进未成年人违法犯罪的干预机制，开展未成年人法治教育，引导未成年人遵纪守法，及时发现、制止未成年人不良行为，促进儿童健康成长。普陀区人民检察院成立“蒲公英未检团

队”，专门从事未成年人司法保护工作。普陀区司法局推进“谁执法谁普法”普法责任制落实，加强《上海市未成年人保护条例》《上海市预防未成年人犯罪条例》等地方性法规宣传普及。

四、未来展望：超大型城市儿童友好城市建设的创新探索

儿童是城市的未来，是社会发展的重要力量。上海作为在全国首个全域开展儿童友好城市建设的直辖市，将儿童优先发展理念融入城市治理体系，推动儿童友好城市建设从政策驱动向实践创新转变，开创了具有中国特色、上海特点的儿童友好城市建设新模式。这一创新实践不仅提升了城市文明程度，更为全球超大型城市儿童发展提供了有益借鉴。

（一）健全完善儿童友好政策体系

上海作为超大型城市，建立健全儿童友好制度体系的重要推动力是政府主导、部门协同、社会参与的工作机制。“十四五”期间儿童友好城市建设的目标任务和实施得到了顺利推进，同时上海还建立了儿童友好城市建设评估体系，设置了可量化的指标体系，定期开展评估监测。通过第三方评估、社会监督等方式，确保政策落地见效。这一系列制度创新为儿童友好城市建设提供了坚实保障。

推动儿童参与公共事务。在未来的政策完善和制定过程中，除继续健全相关政策体系外，还需要尽力倾听儿童声音。建立儿童参与机制，进一步发挥社区、学校儿童议事会的作用，让儿童直接参与城市治理，收集儿童对城市建设的意见建议，使政策制定更贴近儿童需求，更具针对性和实效性。

儿童友好全覆盖。在保障儿童基本权益的同时，要做到关爱所有儿童，特别是残疾、贫困和弱势儿童，继续加大对流动儿童的关心关怀，使儿童友好的理念惠及所有孩子。

（二）创新探索儿童友好空间建设

在城市空间建设中进一步融入儿童友好理念，打造更多的示范性项目。如“一江一河”沿岸的儿童友好滨水空间，设置安全、有趣的游乐设施；改造社区微空间，建设儿童友好口袋公园，让儿童在家门口就能拥有优质活动空间。

持续引进市区优质教育资源，呵护儿童身心健康，不断丰富儿童校外活动设施，加强普惠式托幼服务。提升儿童的交通出行体验，为学校建设安全通学路径。

在公共服务领域，进一步推进儿童友好医院、图书馆、少年宫、儿童活动中心以及各类商场、培训中心等儿童设施使用的便利性。提升儿童保健服务水平，医院设置儿童专属候诊区，图书馆、少年宫和儿童中心的开放时间与儿童闲暇时间进一步匹配，亲子活动中心和商场为亲子活动提供更多便利，通过体现“儿童优先原则”的便民举措，切实改善儿童成长环境。

（三）营造儿童友好的文化氛围

超大型城市的发展样板是全球可持续发展的重要内容。要更好地克服城市发展中各类不利因素对个体发展的影响，就需要牢牢树立“以人为本”的理念，从孩子做起，进一步营造“一切为了孩子”的城市文化氛围，开展形式多样的宣传教育活动。举办儿童友好艺术节、儿童戏剧节等活动，创作儿童友好主题文艺作品。通过媒体宣传、公益广告等方式，传播儿童友好理念，提升全社会认知度。

在社区层面，加强未成年人保护，加强对困境儿童的关爱，积极开展邻里互助、丰富亲子活动等服务；通过数字赋能，提供儿童活动场所查询、预约等服务，促进儿童友好服务落地生根。

积极开展儿童公益慈善事业，培育儿童友好社区、社会组织，推广先进经验，加强儿童友好研究和学术交流，分享建设成果，不断提升城市文明程度,形成全社会关爱儿童的良好氛围。

儿童友好城市建设是一项系统工程,需要持续发力、久久为功。未来,上海将继续深化儿童友好城市建设,在政策创新、空间营造、文化培育等方面探索新路径,为儿童创造更加美好的成长环境,并为建设卓越全球城市注入新的活力。在彰显上海城市温度的同时,为推进城市治理现代化提供有益启示。

参考文献:

[1] 上海市发展和改革委员会、上海市儿童友好城市建设发展研究中心:《上海推进儿童友好城市建设年度报告 2024》。

[2] 马列坚主编:《儿童友好与儿童发展》,上海社会科学院出版社 2023 年版。

[3] 张璐:《上海儿童友好社区政策演进与案例分析——基于浦东新区的实践与反思》,"上海社工"2022 年 9 月 4 日。

[4] 施雯、黄春晓:《国内儿童友好空间研究及实践评述》,《上海城市规划》2021 年第 5 期。

[5] 梁巍:《让城市回归儿童——儿童友好型城市政策框架及其中国探索》,《少年儿童研究》2018 年第 4 期。

国际化大都市儿童科技素养提升的发展路径思考

吕海燕[①]　池彦琪[②]　卫颀颉[③]

摘　要　对科学兴趣的引导和培养要从娃娃抓起。本文聚焦儿童科技素养培育，通过文献研究、座谈调研、案例研究、专家访谈等方法，系统探究上海儿童科技工作进展成效。研究发现，上海在多元主体参与、活动形式灵活、对象广泛覆盖等方面已取得一定进展，但在资源调动、资源迭代、普惠可及等方面仍存在发展瓶颈。为助力上海加快建设具有全球影响力的科技创新中心，强化未来社会发展关键人才资源供给，回应儿童及家庭对成长发展的更高期望，上海需进一步优化顶层布局、完善供需匹配、加强需求响应，以探索出系统化、引领性且可复制、可推广的儿童科技素养培育模式，构建更具特色的发展路径。

关键词　儿童科技素养；科技教育；科普资源

对科学兴趣的引导和培养要从娃娃抓起。当代中国少年儿童既是实现第一个百年奋斗目标的经历者、见证者，也是实现第二个百年奋斗目标、全面建成社会主义现代化强国的生力军。党的十八大以来，全国中小学儿童科技工作全面加强，中小学生科学教育水平及科技素质持续提升，青少年科

---

① 吕海燕，上海投资咨询集团有限公司技术总监、正高级工程师。

② 池彦琪，上海投资咨询集团有限公司智库研究中心副主任、高级工程师。

③ 卫颀颉，上海投资咨询集团有限公司智库研究中心助理研究员。

技实践取得明显成效。为贯彻落实《中国儿童发展纲要(2021—2030年)》《关于加强新时代中小学科学教育工作的意见》《全民科学素质行动规划纲要(2021—2035年)》《上海市建设具有全球影响力的科技创新中心“十四五”规划》《上海市科普事业“十四五”发展规划》《上海市儿童友好城市建设实施方案》等文件精神,上海作为聚焦建设“五个中心”重要使命、聚焦建设社会主义现代化国际大都市战略目标的全国改革开放排头兵、创新发展先行者,积极响应党和国家的决策要求,努力探索一条符合中国特色、上海特点的儿童科技素养发展之路。

本文以尊重儿童成长规律、完善儿童科技工作架构、释放儿童科技工作资源、激发儿童科创潜力为重点,通过文献研究、座谈调研、案例研究、专家访谈等方式,对本市儿童科技工作进展成效进行梳理,对标国内外先进儿童科技工作,为上海提供经验借鉴,并基于国内外前沿探索对标和当前经济社会发展的时代需要,提出具有上海特色、国内引领的儿童科技素养发展路径建议。

一、关注儿童科技素养的重要性

2020年,习近平总书记在科学家座谈会上指出,好奇心是人的天性,对科学兴趣的引导和培养要从娃娃抓起,使他们更多了解科学知识,掌握科学方法,形成一大批具备科学家潜质的青少年群体。2021年,国务院印发《全民科学素质行动规划纲要(2021—2035年)》,对馆校合作、校外科普活动开展以及科学家进校园等科普实践活动作出具体指示,鼓励校内外科学教育资源有效衔接。2023年2月,习近平总书记在中共中央政治局第三次集体学习时强调,要在教育“双减”中做好科学教育加法,激发青少年好奇心、想象力、探求欲,培育具备科学家潜质、愿意献身科学研究事业的青少年群体。2023年5月,教育部等十八部门发布《关于加强新时代中小学科学教育工作的意见》,希望通过3—5年努力,中小学科学教育体系更加完善,大中小学及家校社协同育人机制明显健全,科学教育质量明显提高,中小学生科学素质明显提升。

世界范围内,多国也愈发意识到公民科技素养是影响国家国际竞争力的关键因素,纷纷将提高公民科技素养作为本国发展战略。美国国家科学技术委员会发布《绘制成功之路:美国 STEM 教育战略》,旨在通过促进学科融合、提升数学和科学等学科素养,确保年轻一代做好未来创新与就业的准备。英国教育与科学部颁布《国家科学教育课程标准》强调科学对学生学习与发展的重要意义,明确学生须学习基本科学内容,包括科学探究、生命进程、物质及其属性与物理过程。日本政府制定的《科学技术基本计划》最新一期强调,应以实现“Society 5.0(超智能社会)”为总目标,重视人才培养,从中小学阶段培养学生的好奇心和对数理化课程的兴趣,鼓励博物馆组织科普教育活动,让儿童接触更多科学知识与实验。

儿童在现代化建设中扮演着重要角色,作为未来社会发展的关键人才资源,是实现人才强国战略、创新驱动发展、立足世界前沿的关键要素。上海作为建设具有全球影响力的科技创新中心和社会主义现代化国际大都市的超大型城市,探索建立具有中国特色、上海特点的儿童科技素养发展模式,不仅有助于总结上海路径、发挥创新策源功能,还将推进中国未来持续保持高质量发展动力,开拓国际科技交流合作新路径、新模式。

二、 上海儿童科技工作发展的成效与经验

上海高度重视国家创新体系的韧性与活力,将儿童作为未来中国进入创新型国家前列、上海建设成为科创中心的强劲动力源,不断赋予儿童友好城市建设更加深刻、更高水平的发展内涵,为广大儿童提供领略科学技术价值与魅力的机会,致力于发现并培养一批具有科研潜质和创新精神的科创后备人才。长期以来,上海积极将有关领域政策规划向儿童科技工作倾斜,《上海市建设具有全球影响力的科技创新中心“十四五”规划》《上海市科普

事业“十四五”发展规划》《上海市教育发展“十四五”规划》《上海市青少年发展“十四五”规划》《上海市儿童友好城市建设实施方案》《上海市推进儿童友好城市建设三年行动方案(2023—2025 年)》等多部政策文件对儿童科技类实践体验、科技内容优化、科普空间打造、科教平台建设提出具体要求,为充分引导儿童爱科学、学科学、用科学和未来提高创新能力打下坚实基础。

(一)积极调动优质多元的资源优势

政府、高校、企业在儿童科技工作领域各具优势与资源,通过探索多条线协调联络、优化各方力量配置的新模式,逐步形成全社会共同参与、协同共建的良好氛围。

一是政府部门积极将儿童科技工作与相关机构职责相结合。上海市教育委员会将科技创新导入学生课程设计、研学旅行、社会实践基地等场景平台;上海市科学技术委员会在 2023—2024 年度上海市科普基地认定中纳入 29 家青少年科学创新实践工作站;上海市文化和旅游局通过探索“科普+旅游”新模式,让儿童得以在旅途中学习前沿科技。

二是高校依托教研人才优势提供高水平专业支持。“大师课堂——院士专家进校园”系列活动、同济大学铁道与磁浮科普实践教育基地等都是向儿童及时普及科技成果、弘扬科学家精神的核心力量。

三是企业立足自身行业与技术资源优势,是儿童科技工作的重要社会性补充。特斯拉、巴斯夫、戴森、上海磁浮交通发展有限公司等企业出于可持续发展愿景与社会责任感,立足研发经验积累和对技术前沿市场的长期洞察,通过建立体验中心、社会化科技馆、研发科教课程、开发模拟体验项目等方式体现专业价值与社会价值。

(二)主动探索灵活开放的科技工作形式

为适应当前中小学生教学强度与教学形式,满足儿童对科普、科教体验的需求，兼顾地区间儿童科技资源分布不均的现状，上海积极探索科技资源开放式、系统化、常态化流动的新模式。

一是注重专业科技资源“走出去”。当前中小学生忙于学科类学习，专业科技资源难以走进校门、家门，仅聚焦场馆内展教内容“提质”并不能有效为发展科技素养“增能”。为此，上海自然博物馆在上海市教委支持下，积极开展“馆校合作”，通过“博老师研习会”“校本课程开发”“馆本课程”教研共建，“青少年科学诠释者”“实习研究员”实践体验共建和“自然博物馆学校”资源综合体共建，让科普资源“铺”开来，让科普格局“联”起来，让科学生态“活”起来，将科普资源“装入学生书包”。

二是加强科技资源“引进来”。鉴于区域间儿童科技空间、资源、服务水平差异，基层科普阵地的打造有赖于资源的导入与凝聚。区科协打造家门口科普生态圈“社区书院”。街镇积极整合基层党建、科技、文化力量，导入市场化机制与高校、企业等社会化资源，依托市科协“科普经理人”三级管理体系，获得资源落地转化与特色项目开发的个性化、专业化指导。

（三）注重儿童科技工作的对象包容性与资源可及性

部分儿童由于身体状况或家庭情况特殊、所在地科普资源与水平有限，参与科技实践的渠道受限。为针对各类特殊需求因地制宜“科润童心”，上海积极开展各类科普资源普惠式开放和科教资源输送、共享、培育工作。一方面，畅通特殊儿童科创体验通道。上海海昌海洋公园等部分场所面向残障儿童免费开放，承接残障儿童研学活动，静安区少年宫“科普百校行”等系列活动将科普资源导入校园，满足残障儿童“寓教于乐”。另一方面，注重输送专业科普教学资源走进城郊与乡村。上海科技馆基于展教资源，通过“科普进五个新城”和“乡村教师支持项目”，帮助远离市中心地区的教师熟悉展览、课程、活动、讲座等教育资源，以公益或合作形式配送馆校资源包，优化乡村科普教学环境。

三、 上海儿童科技工作发展的瓶颈问题

经过调研走访和国际对标,为进一步实现上海儿童科技工作与国际密切接轨、保持国内领先、凸显上海特色,本研究梳理得出当前上海儿童科技工作在政策体系的系统性与协调性、基础设施与队伍力量的完备度与先进性、多元社会力量的发动协调力度和科教布局的包容度与均衡性等方面仍有进一步优化提升的空间。

(一) 政策机制对社会资源的调动力有待进一步提升

本市科技素养发展尚未形成专门规划纲要、行动计划等政策文件,缺少围绕儿童科技素养的系统性政策体系,有关内容往往散落在青少年发展、教育发展、校外培训、科普基地建设、科技创新中心打造、科普事业发展等各领域,缺乏整体性、独立性设计。科创实践与赛事中崭露头角的儿童也缺乏后续培养体系与进阶梯度设计。

当前儿童科技工作以基层和社会主体自发探索为主、上级部门支持推广以条线对接为主,整体统筹的协调机制尚不健全。跨部门的整体性统筹相对欠缺、滞后。如"生境花园""自然博物馆学校"等实践虽有亮点,但大多立足于基层干部的自主性、积极性和馆校已有的联系,全市馆校合作机制、行业部门与全市街道长期协作机制并非稳定和体系化合作,无法有章可循。

现有科技素养较为权威的衡量手段除年度性的创新型赛事外,仍以课内学科测验、统一考试形式为主,从学科型知识点、概念、公式等考核角度出发,缺乏从科技实际应用场景领域、素养提升角度出发形成的结构化考核模式,符合中国特色的科技素养评估监测机制有待建立。

(二) 基础设施与队伍的前沿性和迭代发展节奏还需提高

上海教育数字化尚在转型探索阶段,数字化协同建设与发展机制尚未

建立，虽已在推进“教育信息化应用标杆培育校”“数字化转型赋能示范校”“元宇宙重大应用场景示范校”等示范点项目，但仍在点卯式亮点提炼阶段，尚未深化形成长期性、可推广、可复制的转型应用模式，基础设施难以充分支撑高质量科教工作。

5G、人工智能、大模型、数字孪生等新兴技术尚未做到与教研科研内涵、教育教学内容、学习互动与协作方式方法、教学评估与及时反馈过程充分结合，且资源项目平台多而散，重复性多、完整性欠佳，实际使用体验对儿童及家长不友好，即技术导入尚未跟上科技实际发展节奏。

基层以及远郊区反映，专职从事于儿童科技资源创作、儿童科普工作研究、儿童科普产业经营、儿童科技实践活动组织策划的儿童科技工作者数量与水平有限，人才队伍规模和服务水平与实际需求存在缺口。

（三）优质资源的普及化、均衡化应用还需进一步加强

上海较多制造业、信息技术行业企业拥有丰富的科普资源与较高的专业水平，但与谷歌、宝马等国际大型企业提供的“青少年编程实践营”“概念模型创意工坊”等重磅项目相比，本市企业拥有的专业资源尚未被充分释放，更多科技素养和社会化专业力量有待发掘。

在《上海市中学生综合素质评价身心健康与艺术素养、创新精神与实践能力等方面市级及以上项目目录》中，被纳入该目录的科普赛事活动及团队项目仅占 25.1%。校外教学机构科创辅导能力参差不齐，学生和家庭在选择时缺乏权威名单目录和官方考级进阶的清晰路径参照，导致学生的科创兴趣特长被发掘后也难以找到合适场景获得持续性辅导与发展，普及型科技教育的常态化机制有待建立。

全市 165 家博物馆中，嘉定、金山、松江、青浦、奉贤等区的博物馆总数为 35 家，仅约占全市 21.2%。即使是中心城区科教能力高、场内资源丰富的场景接纳人数也极为有限，如浦东青少年活动中心 1 楼的“大飞机科创体验馆”一旦上线就被瞬间抢光参观名额，难以惠及大部分家庭。针对弱势家

庭的孩子或者身心存在残障情况的儿童,当前仅有少数场馆建立了资源输送项目并研发针对性辅助设备,绝大多数弱势儿童仍受客观条件限制难以平等地享受科技资源,资源布局和供给存在地区和群体差异。

四、国内外儿童科技工作经验借鉴

儿童及家庭的人文科技素养发展需求水平与社会经济发展水平紧密相关。国外部分发达国家和国内如北京、深圳等市在意识到儿童科技素养是影响国家国际竞争力的关键因素后,积极开展各类实践探索,在完善儿童科技工作政策体系、加强技术赋能教学环境、调动多方专业力量参与等方面均有探索。

(一)完善政策体系,探索评估机制

我国高度重视儿童科技工作,持续更新教学计划,注重科教统筹推进,多地进行了有益的探索。中国香港特别行政区政府近年来高度关注学生信息技术素养的提升,先后发布《2018 年香港学生信息素养学习框架》《2022 年香港学生信息素养学习框架(更新版)》,引导学校提供面向各年龄段学生的信息素养教学。香港 STEM 教育也备受关注,2022 年教育局相关报告指出,要加强在中小学推广普及、寓乐、多元的科技、工程、数学等课程,推行编程教育,将信息技术元素(如人工智能)纳入小学高年级及中学课程。深圳市 2024 年紧密围绕创新驱动发展战略以及“创新引领型全球城市”目标定位,发布《深圳市中小学科技创新教育行动计划(2022—2025 年)》,对科创教育工作机制、科学素质评估体系、科创教育课程体系、竞赛体系等方面做出具体要求。

国外部分发达国家在儿童科技工作领域积累了丰富的经验,并在政策支持、教育理念、科技资源投入等方面形成了较为成熟的发展模式。2023 年 6 月,日本内阁审议通过第四期《教育振兴基本计划(2023—2027)》,作

为日本“教育立国”的行动指南与教育改革的“风向标”，旨在全面、系统地推进与日本教育振兴有关的措施。该期教育振兴基本计划将“培养可持续社会的创造者”作为重点之一，重视教育与社会发展联结，关注儿童的创造性、主体性、问题解决能力、批判思维等高阶能力，探究性课程、STEM 课程等课程类型成为改革重点。美国对评估体系的优化完善进行了大量探索，关注教学质量监测。美国各州都须围绕信息与通信技术（Information and Communications Technology，ICT）标准向美国教育部汇报学生技术素养。由于尚未形成全国统一标准，各州往往结合自身情况选择或建立评估框架，如纽约州设计了《K－12 计算机科学和数字熟练度标准》，包括计算式影响、计算式思维、网络与系统设计、网络安全和数字素养等五个模块。美国国家教育进步评估（National Assessment of Educational Progress，NAEP）针对全美四年级、八年级、十二年级学生进行学校年度评估，技术与工程素养（Technology and Engineering Literacy，TEL）和 STEM 近几年也被纳入评估范围，旨在检测儿童理解与应用技术的能力，为未来发展创新相关能力奠定基础。

（二）提质教学环境，迎接迭代升级

为支撑教学创新转型，德国十分关注教育基建的提升与投入。德国联邦政府和州政府于 2019 年签署《中小学数字化协议（2019—2024 年）》，旨在推进数字教育基础设施建设投资，大力推动教学数字化进程。2022 年德国发布“STEM 行动计划 2.0”呼吁关注女孩与妇女 STEM 教育权益，组织学生竞赛，拓展全国 STEM 集群，为青少年提供线下帮助或与 STEM 网络中心协调提供线上支持。

教学环境的质量与更迭速度和紧跟科技发展步伐密切相关。印度《国家教育政策》强调加强学生的团队协作、数字素养、编程、计算思维和技术伦理等知识技能的培养，鼓励开发匹配儿童各年龄段特点的数字化课程和教学方法，适时引入 AI 等新兴科目。印度电子和信息技术部的国家电子政务

司等部门合作推出“青少年为发展与 AI 并肩作战”计划,赋能八至十二年级的学生掌握人工智能技术,为学生提供一个学习与应用人工智能的平台,锻炼学生开发有社会价值与影响力的技能方案。北京市北师大二附中未来科学城学校在智慧校园建设中,引入 AI 听说课堂,通过交互大屏进行教学与练习,实现实时反馈和学情分析,提升教学效果与学习体验。上海六所学校入选教育部中小学人工智能教育基地,通过探索人工智能教育实施方式,以校园信息科技、通用技术等课程为主要依托,大力丰富教育教学资源,满足师生高质量线上线下融合学习需要。

(三)推进师生共进,释放多方力量

教师作为学生提升科技素养的重要引路人,其教学水平和科教视野至关重要。国内外多个国家与地区优化教培体系、赋能教师教学水平的探索已涌现出较多亮点。

中国香港地区所有公立学校指定一名 STEAM 教学协调主任接受科技发展专业培训,适时举办校际、全港乃至跨区域层面的 STEAM 活动。北京市启动“人工智能赋能教育教学能力提升”基础教育干部教师全员专项实训,采取市级全员通识培训、区级种子教师培训和校本实践实训相结合的方式,围绕智能技术赋能教学设计、作业设计、考试题目命制、综合实践设计等教学育人环节“加油”“充电”。

信息与通信技术是以色列师范专业的重要组成部分:第一年教师将参加信息与通信技术素养初级和高级课程;第二年信息与通信技术将整合到教学必修课程;第三年师范生须选修“信息技术与先进数字应用的整合和数字时代的规划研究——教育和教学过程中基于 ICT 的教学模式”。印度中央中等教育委员会与印度纳斯科姆 IT 行业贸易协会合作,通过系列化网络研讨会帮助教师适应人工智能、大数据、云计算、网络安全、区块链、机器自动化、增强现实等新兴技术。

除校内科教资源外,科技素养的更多专业化资源在校园外的社会主体

中。众多行业领域的社会力量积极参与儿童科教工作,形成多元参与样板。日本科普传播渠道多样,纸媒出版物丰富多彩,其中,科普期刊是儿童科普事业的重要力量,如《儿童科学》(『子供の科学』)建刊90年,涵盖物理学、电子学、机器人技术等广泛主题,正文注有完整假名(文字读法),采用适合儿童的风格编写,并包含制造机械玩具和开展科学实验等趣味动手板块。谷歌在加利福尼亚州英格尔伍德为少数族裔高中生提供课后代码辅导,并开展技术与数字创新实践活动;为优秀少数族裔学生提供"繁荣奖学金",帮助他们进入顶尖学府。通用汽车将企业专业优势资源导入课堂与课后学习内容,如与"所有人的AI"非营利组织在密歇根州开展沉浸式暑期夏令营,与阿育王社会企业家培育组织合作开展"STEM变革挑战赛"。赛默飞世尔科技从2015年开始举办"赛默飞科学公益日"活动,将自身使命与中国本土科学人才发展实际情况相结合,创造性地引入"扶智"的前瞻理念,携手中国青少年发展基金会推出"小小科学家"项目,开发"科学盒子",通过儿童亲手操作的科学实验,启蒙科技创新。

五、 优化上海儿童科技工作的三点建议

上海为加快实现建设具有全球影响力的科技创新中心目标,应不断强化未来社会发展关键人才资源的有效供给,回应儿童及家庭对成长发展的更高期望,探索系统化、引领性、可复制、可推广的儿童科技素养培育模式。

(一) 优化顶层布局,凝聚儿童科教科普工作合力

习近平总书记指出,要把科学普及放在与科技创新同等重要的位置。建议提前研究谋划将儿童科普、科教工作细化嵌入市"十五五"规划,与科技创新协同部署推进。把提升儿童科技素养作为提升人口素质,推动教育、科技、人才一体化发展的重要突破口,深入实施全民科学素质行动,为

全社会开展儿童科普工作创造良好环境和条件。积极将前沿科技、科普教育融入学校常规课程体系。加强对上海儿童科技资源科普化机制与行动的基础研究,充分探索能上升到制度性安排的成果,再引导市教委、市科委、市科协、市文旅局等部门及各级有关单位进行儿童科技资源合理配置和均衡化覆盖。探索建立体系化、分层次、可持续、重实效的因材施教模式,实现有天赋、有能力、有兴趣的科创儿童被早发掘、早培养、早锻炼、早成长。

加强多方力量统筹协调,认真贯彻落实党的二十大精神和党中央、国务院关于健全学校家庭社会育人机制等重要部署,推进儿童科技素养发展方面学校积极主导、家庭主动尽责、社会有效支持的协同机制,进一步整合场馆、高校、科研院所的专业科普资源,引入企业、社会组织、基金会、儿童参与团队等广大社会力量,将前沿科技、科普资源融入常规课程体系,走进学校、社区,进行合理配置和均衡化覆盖,逐步探索出更加有水平、有活力、有效率的资源供给与应用模式,形成儿童科技素养发展方向清晰、力量多元、联动紧密、积极发力的有效协同机制与积极向上的良好氛围。

完善科技素养标准化监测评估体系,强化有关行业主管部门科技工作行政管理责任,强化儿童科普、科教监督检查,加强科技工作能力建设。参考国际学生评估项目(Programme for International Student Assessment, PISA),优化儿童科技素养专业评价机制与服务质量监测标准,进一步深化对儿童科学素养指数的研究与挖掘,为提升本土儿童科技素养水平提供数据支撑和理论依据。监测评估不仅强调对科学知识的掌握,还注重科学知识的应用能力和科学思维的培养,通过跨学科背景、情景化评估、多维度评价,提升对儿童科学知识的掌握应用能力、科学思维能力和科学价值观的监测准确性、严谨性与科学性,既有利于彰显儿童科学素养发展水平,也有利于引导科普教育机构系统化、体系化、进阶式设计教学内容,让儿童在进行科普资源选择时有章可循。

（二）促进供需匹配，推动以儿童发展需求为导向的科教资源供给侧结构性改革

开发学校、场馆、社区等应用场景，引入前沿技术设施和服务。梳理发布学校、场馆、社区等儿童学习与生活空间中可以引入科教科普设施和服务的场景，支持企业、社会组织和高校科研院所等开发有针对性的前沿技术和产品。建立健全学校、场馆、社区引入前沿技术设施和服务的管理机制，研究建立儿童友好的科教科普产品谱系及标准。试点探索将人工智能技术与教育结合，实现教学内容与学生的多维深度互动，引导学生渐进式理解与分析问题，让教学适应每位学生个性化学习需求与节奏。

推进传统技术设备升级，创新科普工作环境。发挥学校和科研机构科教资源丰富、科研设施完善的优势，基于已有科技工作基础推进科教环境升级。推进流动性数字科技馆建设，借鉴“社区书院”科学资源普及化模式，统筹流动科技馆、科普大篷车、乡村科技馆建设，探索多元主体参与的运行机制和模式，提高服务质量和能力，深化上海儿童科教基地的创新探索，推动优质儿童科普资源适当向城郊、乡村和弱势儿童倾斜。

为进一步建设基础教育阶段高素质儿童科技工作者队伍，建议大力提高科学教师学历水平与教学素养，充分利用在校期间师范类专业标准化培养体系，将儿童科技教育前置，从源头巩固儿童科技工作者实践水平；完善在职儿童科技工作者选拔、培训、定期考核体系，扩大培训与监测覆盖范围，及时推广上海科技馆“博老师”等特色项目经验，精准提升儿童科技工作者专业能力与队伍整体素质；积极做好儿童科技工作宣传发动工作，动员有一定成就、声望、热心科普的科技领域专家、社会各界知名人士和已退休的学者参与儿童科技工作，经规范化选拔、登记、注册纳入儿童科技工作者队伍统一管理范畴，努力打造阵容大、素质高、有稳定性的队伍。逐步建立覆盖校内外科教科普工作者队伍的人才培养体系。参考蒙特梭利教育学理念，探索通过混龄模式，鼓励大龄高阶儿童引导低龄入门儿童开展科学教育

实践。

(三)实现需求响应更加普及,推进多方资源服务互鉴、共建、共享

创新现代儿童科技工作协同体系,推进科技类、行业型、企业型场馆与学校和其他社会力量的多方联动,构建集成化、系统化、开放化的合作网络与协作平台,推动各方做好资源与服务的供需对接,促进优质儿童科技资源有序开放。引导和促进公园、自然保护区、风景名胜区、机场、车站、电影院等公共场所强化科普服务功能,充分开发利用现有空间、产品等资源条件,全力打造处处科普、时时科普的儿童友好生活空间。优化社区书院等社区层面的科普阵地布局,可参考儿童友好社区装置的嵌入模式,结合社区场地条件合理增设儿童科教设施,提升儿童接触科普资源的可及性。探索发布上海儿童科教资源地图,并融入数字化方式将高质量科教点位与科创主题实践路线上线"随申办"的"儿童友好专区",提高资源集成度、受众知晓度与获取便利度,适当避免"秒杀"式项目报名形式,保障报名家庭的覆盖率不断提高,避免在资源分布不均的基础上受众过度重复。

推动跨地域交流共享,惠及更多儿童,鼓励类似上海海昌海洋公园面向全国残障儿童免费开放的模式和上海天文馆为残障儿童研究特殊教具、课程的创新做法,引导场馆积极承接特殊教育学校和面向弱势儿童群体的实践活动,用实地参观、趣味学习的方式让所有儿童都能在实践中感受科技魅力。引导优秀科教教师队伍与博物馆成熟的教研队伍"走出去",大力向城郊、郊区及西部地区等儿童科教力量薄弱的地方输送公益科普资源、加强科教指导、普及儿童科技工作理念,推动偏远地区科普教育质量整体提升。

拓展儿童科学素养建设交流渠道,充分利用青少年科创类赛事进行儿童创新成果展示与激励,帮助儿童从科技参与的过程与成果中获得自豪感,强化兴趣,提升参与科技创新的自主性。充分发挥国际公认的儿童友好理念、科学共同体理念优势,搭建高层次、高水平交流合作平台,以儿童科教、

科普成果丰富交流内涵,增强文明互鉴,推动价值认同,彰显科技实力与可持续发展的责任感和胸怀。充分利用国际儿童节、世界儿童日、世界城市日等重要时间节点,促进儿童科普实践交流展示和科普、科教产品与服务的交流互鉴,让更多“小科学家”走上世界舞台,享受世界为儿童科技素养提供的支持与关怀。紧密结合人工智能、云宇宙等重点领域专业论坛及峰会平台,增加儿童与科学“大咖”开展对话的可能性。

参考文献:

[1] Committee on STEM Education, “Charting a Course for Success: America's Strategy for STEM Education,” *National Science and Technology Council*, 2018.

[2] UK Department of Education, *National Curriculum in England: Science Programmes of Study*, 2015.

[3]『第 6 期科学技術・イノベーション基本計画』, https://www8.cao.go.jp/cstp/kihonkeikaku/index6.html.

儿童成长与城市发展：儿童友好城市的国际实践与中国路径*

裘晓兰①

摘　要　构筑和谐的生态系统、为儿童提供良好的成长环境是促进儿童发展的全球共识。儿童友好城市是20世纪90年代后期兴起的先进发展理念，以联合国儿童友好城市行动框架为基础，通过积极的城市治理，在法律法规制定、政策规划和资源配置等方面优先考虑儿童的利益和需求，为儿童提供更多的成长机会。儿童优先是我国促进儿童发展的重要原则。坚持儿童优先原则，需要在公共政策制定和资源配置中将“儿童优先”落实到位，促进儿童健康、全面发展。本文立足本土发展特征，在借鉴国际经验的基础上探索实践中国特色儿童友好城市建设方案，以期通过将儿童友好城市理念全面融入城市发展规划、鼓励地方探索多样化实践路径、构建政府统筹和社会多元参与的协同建设机制、保障儿童最大限度的公共参与，积极推动与形成儿童成长和城市发展的双向促进格局。

关键词　儿童友好城市；儿童成长；城市发展；国际实践；中国路径

儿童是人类社会最珍贵的财富，肩负着代际传承与未来发展的双重使命。儿童的生存状况、教育水平以及身心健康，不仅是人类文明延续的基

---

* 本文原载《少年儿童研究》2025年第3期，收录于本书时略有改动。

① 裘晓兰，上海社会科学院社会学研究所助理研究员。

石，更深刻影响着国家和民族的长远命运。因此，推动儿童健康成长、确保每一个孩子都能拥有光明未来，既是家庭的殷切期盼，也是国际社会和各国政府的共同责任。儿童友好城市理念自 20 世纪 90 年代后期兴起，作为以儿童需求为核心的先进城市规划理念，已在世界范围内得到广泛实践与推广。本文以儿童友好城市理念为切入点，通过分析不同社会经济背景下城市应对儿童发展问题的多样化实践模式，深入探讨这一国际理念在中国本土化的适配路径，旨在为构建更适宜儿童成长的城市环境提供理论支撑与实践参考。

一、 基于儿童视角的城市发展——儿童友好城市的目标构想和行动框架

儿童发展水平是衡量一个国家或地区人口素质、人民生活质量、社会进步程度以及现代化水平的重要标尺。城市作为人类文明的象征，不仅是经济与文化的中心，而且是儿童成长的关键场域。在全球城市化进程加速的背景下，如何有效整合城市资源，构建适应儿童需求的优质发展环境，并为其提供可持续的保障，已成为城市规划与治理的核心命题。

（一）城市发展与儿童成长

城市化是社会生产力发展到一定历史阶段的产物，也是国家现代化的重要标志。人口集聚加速、经济结构升级、城市空间优化、社会关系重塑等共同构成城市化的显著特征。为儿童提供安全、安心的成长环境，是城市发展的基本课题。全球城市化趋向使得城市在儿童成长中扮演着至关重要的角色，不断完善的制度体系和城市建设布局、不断提升的公共服务水平和生活质量等都为儿童成长提供了前所未有的支持和保障。然而，必须看到，基于成人视角的城市规划和以经济开发为主导的发展模式也为儿童成长带来了诸多新的问题。

从既往研究看,虽然不同学者对于城市化对儿童发展的影响持不同看法,但学术界基本达成以下共识:一方面,不断扩展的城市化发展为儿童提供了更多发展机会,如城市的社会物质环境能在知觉、认知、情感等方面给予儿童更多积极的刺激,为儿童带来归属感、受重视感和价值感①;另一方面,伴随城市无限度扩张而来的交通事故、噪声、污染,以及贫富差距、暴力、犯罪行为等将儿童置于危险的境地②。为此,家庭和学校对儿童的行动进行诸多限制,这不仅减少儿童获得外部环境资源的可能,也剥夺其在社会环境中获得成长经验的机会③。

城市应该为儿童提供安全和优质的发展环境。1989 年联合国大会通过《儿童权利公约》,其核心精神是维护儿童的社会权利主体地位,进一步强化政府对儿童权利保障的责任。据此,1992 年联合国儿童基金会将儿童权利保障与城市可持续发展相结合,提出应将儿童权利作为城市发展的核心要素,而增进儿童福祉和提高生活质量是城市可持续发展建设管理的终极指标④。城市发展和儿童成长是一对相辅相成的关系。一方面,可持续发展的城市为儿童的健康成长提供了保证,是儿童权利保障的坚实后盾;另一方面,儿童的健康成长为城市的可持续发展提供了支持,是城市发展的永续动力,而将儿童权利与城市可持续发展目标相结合正是儿童友好城市的核心理念。

(二)儿童友好城市构想的提出和推进

1996 年,联合国关于人类居住状况的会议在伊斯坦布尔召开,其间,联

① R.A. Hart, *Children's Participation: The Theory and Practice of Involving Young Citizens in Community Development and Environmental Care*, London: Earthscan Publications and UNICEF, 1997.

② K. Malone and L. Hasluck, "Australian Youth: Aliens in a Suburban Environment," in L. Chawla, *Growing Up in an Urbanizing World*, London: Earthscan Publications and UNESCO, 2002.

③ K. Malone, "Street Life: Youth and Sustainable Cities" (Editorial Special Issue), *Local Environment*, 2002, 6(1).

④ UNICEF, *Convention on the Rights of the Child*, New York: United Nations Publications, 2002, https://www.unicef.org/child-rights-convention/convention-text.

合国儿童基金会代表向大会提交了《儿童权利和居住》草案，强调儿童在可持续发展中的重要作用，正式提出儿童友好城市构想。在此基础上联合国儿童基金会和联合国人类住区规划署共同启动了“儿童友好城市倡议”，并达成“儿童的健康程度是衡量人类生活环境的健康程度和政府管理水平的最终指标”共识[①]。该倡议指出，儿童友好城市是通过系统性治理将儿童权利全面融入城市发展的实践范式，不论是大城市、中等城市、小城市还是社区，在公共政策制定中都应确立儿童优先原则，将儿童权利保障纳入决策框架[②]。儿童友好城市倡议的核心是将城市可持续发展和儿童权利保障有机融合，强调城市应为儿童提供更好的发展空间，这也成为建设儿童友好城市的基础视角。

进入21世纪，儿童友好城市理念在全球得到进一步推广。2000年，联合国儿童基金会成立了儿童友好城市秘书处和研究中心，为促进儿童友好城市倡议的推广和落地提供全面支持。2002年，联合国儿童问题特别会议通过《适合儿童成长的世界》行动计划，其中儿童友好城市倡议被列为核心项目。《适合儿童成长的世界》行动计划在强调上述倡议重要意义的同时，明确了地方政府在提高和保护儿童权利过程中的重要职责，指出“地方政府应确保所有的发展政策以儿童利益为中心，在长期计划的基础上建构没有贫民窟的儿童友好社区和城市，市长和其他地方领导人要切实提高儿童生活质量”[③]。这在进一步加快儿童友好城市建设步伐的同时，使得儿童友好城市理念成为全球城市的共识和目标。据统计，截至2024年，全球超过3 500个城市/社区加入了儿童友好城市倡议，美国、德国、西班牙、意大利等40多个国家建立了儿童友好城市官方组织，除欧美发达国家外，亚洲国家如韩国、菲律宾、印度尼西亚，以及非洲和中东等地发展中国家的城市和

---

① UNICEF, *Building Child Friendly Cities: A Framework for Action*, Florence: UNICEF Innocenti Research Centre, International Secretariat for Child Friendly Cities, 2004.

② Ibid.

③ UNICEF, *A World Fit for Children*, 2002.

社区也都积极加入儿童友好城市的建设行列①。

(三)儿童友好城市的基本内涵和行动框架

美国学者查特吉将儿童友好城市描绘为“儿童有权利享有健康的、被保护的、受到关心的、得到教育的、令人鼓舞的、没有歧视的、有文化的环境,且在被忽视时有权追求这些权利”②的城市。相比较而言,联合国儿童基金会对儿童友好城市的定义更为普及,儿童友好城市是指“致力于实现《儿童权利公约》规定的儿童权利的城市、城镇、社区或任何地方政府体系,在这些城市或社区,儿童的心声、需求、优先事项和权利是当地公共政策、程序、决策不可或缺的一部分”③。

虽然表现形式有所不同,但从理念的形成过程,以及学术界和联合国儿童基金会的定义可以看到,儿童友好城市的核心价值明确且统一,即在城市可持续发展中切实构建保障儿童权利的社会环境,促进儿童发展。对于儿童友好城市的特征,国际儿童友好城市秘书处做了如下说明:儿童友好城市是地方政府在城市层面全面实现《儿童权利公约》的过程,旨在促进对儿童权利的认识和理解,因此转化为改善今天和未来城市生活的力量④。换言之,儿童友好城市建设具有两层含义:一是推进城市全面保障儿童权利的落实,促进儿童健康成长;二是培育儿童成为现在和未来推进城市发展的主体力量。

为进一步推进儿童友好城市建设,联合国儿童基金会对儿童友好城市的基本内涵进行了勾勒⑤(见表1)。

---

① UNICEF, “Building Communities for Every Child Through the Child Friendly Cities Initiative,” https://www.unicefusa.org/what-unicef-does/respect-children/child-friendly-cities.

② Sudeshna C., “Children's Friendship with Place: A Conceptual Inquiry,” *Children, Youth and Environment*, 2005, 15(1).

③ 联合国儿童基金会:《构建儿童友好型城市和社区手册》,2019年。

④ P. Newell, “Towards a European Child Friendly Cities Initiatives,” Unpublished Conceptual Paper Developed for Workshop at the UNICEF Innocenti Research Centre, 7-8 July, 2003.

⑤ UNICEF, *Partnerships to Create Child Friendly Cities: Programming for Child Rights with Local Authorities*, 2001.

表 1　儿童友好城市的基本内涵

序　号	基　本　内　涵
1	所有儿童都能便捷且切实获得高质量、健康的社会基础设施，干净的生活用水，充分的公共卫生设施和整洁安全的活动场所
2	地方政府应确保在政策制定、资源分配和日常事务管理中，始终坚持贯彻儿童优先原则
3	为儿童创造安全的环境和空间条件，使他们能够自由获得休闲、学习、社会交往、心理发展和文化表达的机会
4	在公平的社会和经济条件下创造可持续发展的未来，保护儿童免于自然和社会灾难的危害
5	儿童有权利参与和他们生活相关的政策决策，有权利获得表达自己意见的机会
6	给予弱势儿童群体更多关爱，如父母生活或者工作在街头等家庭的儿童，父母为残障人员家庭的儿童，以及困难家庭的儿童等
7	消除性别、信仰、社会和经济差异造成的歧视

上述基本内涵可以归纳为以下四个方面的内容：

一是保障儿童基本的生活安全，包括有安全饮水资源和基础卫生设施、未被污染的生活环境、免受暴力对待和虐待、可以在户外安全行走和活动等，保证每个儿童都有权生活在安全和包容的城市环境中。

二是提供儿童必需的社会服务，无论种族出身、宗教信仰、收入、性别或残疾与否，每个儿童作为城市居民都能平等地获得基本生活、医疗和教育保障，享受各项公共社会服务。

三是赋予儿童参与决策的权利，包括参与和儿童群体相关的公共法律、政策、预算等制定和决策的权利，可以自由表达对城市的愿景和意见的权利等。

四是满足儿童各类活动的需求，包括可以参与家庭、社区和社会生活，可以参与学习、文化和社会活动,可以享受游戏和娱乐玩耍等权利。

为帮助地方政府更好地理解和推进儿童友好城市建设,联合国儿童基金会指出,在构建儿童友好城市过程中,地方政府需要在儿童公共参与、法律支持框架、全市范围内的儿童政策、每一项儿童权利和对应机制、儿童评估与评价、儿童财政预算、定期儿童状况报告、大力宣传儿童权利、为儿童提供独立宣传等9个领域给予特别关注和重视①。

二、儿童友好城市建设的国际实践——美国、埃及和韩国的经验

儿童友好城市不是理论式而是行动式的实施计划②。目前,建设儿童友好城市已经成为全球共识,许多城市和社区都在积极推进和落实,并积累了多元的探索经验。不同的国家和地区面对的儿童发展问题不尽相同,与此同时,社会、政治、经济结构和地区资源禀赋的差异使得城市在应对儿童课题时的行动模式也呈现显著分野,如高收入国家更多聚焦精细化服务供给,发展中国家则优先选择应对基础权益保障。本文选择美国"安全通学路计划"、埃及"儿童保护机制"和韩国"儿童友好城市行动计划"3个覆盖发达国家、发展中国家与新兴工业化国家的不同实践案例作为分析对象,为构建适配中国本土需求的儿童友好城市建设提供实践参考。

(一)美国的实践——从"步行巴士"到"安全通学路计划"

1. 建设背景

随着城市化进程的不断深入,伴随高密度开发而来的公共空间缩减、交

---

① UNICEF, *Building Child Friendly Cities: A Framework for Action*, Florence: UNICEF Innocenti Research Centre, International Secretariat for Child Friendly Cities, 2004.

② P. Newell, "Towards a European Child Friendly Cities Initiatives," Unpublished Conceptual Paper Developed for Workshop at the UNICEF Innocenti Research Centre, 7-8 July, 2003.

通环境恶化等问题加剧了家长对儿童安全出行的担忧，其结果是城市发展造成城市空间对儿童的包容度越来越低，儿童独立活动性也越来越低。这种情况在经济发达地区尤为显著，不仅对儿童身体健康产生负面影响，也对儿童的认知、社会化、情感能力等的发展造成阻碍[①]。“步行巴士”就是针对此而设计的一个儿童行动项目。

“步行巴士”指事先设定可供儿童步行的通学路线，并指定集合地点和时间，在成人的陪同下儿童结伴以队列即“巴士”形式通学。“步行巴士”的概念最早由澳大利亚社会改革家戴维·恩格维希于 1992 年提出，1997 年以后美国的芝加哥、波特兰等城市将“步行巴士”概念引入实践，随后英国、澳大利亚、新西兰、日本等发达国家的城市也相继推行并获得极大发展。

2. 推进方式

“步行巴士”的对象主要为小学年龄段的儿童，陪同的成人一般由家长或是社区志愿者等担任，其具体实施不仅依靠学校和家庭、社区之间的互相配合，地方政府部门和社会组织等多元力量也广泛参与其中，是一项多方共同参与的系统行动。以波特兰市为例，当地市政部门为“步行巴士”提供了专项经费，并通过市政工程提供各类保障，如在线路上增设路灯和交通标志等；市交通部门提供规范地图协助制定安全的“步行巴士”路线，并负责在交通管制和数据监测方面提供保障；市警务部门负责提供犯罪高发区和交通拥堵区的信息并加强“步行巴士”途经区域的监督执法，以及与地区儿童安全联盟合作为儿童和家庭发放行人安全手册、为志愿者提供安全培训等；市卫生部门负责向儿童和家庭宣传“步行巴士”计划，推广健康生活；地方政治团体负责提交改善环境的政策提案，制定相关政策或法规；第三方专业组织

---

① G. Corpuz, A. Hay and D. Merom, “Walking for Transport and Health: Trends in Sydney in the Last Decade,” Australasian Transport Research Forum (ATRF), Transporting the Future: Transport in a Changing Environment, 2005 (28th), Sydney, New South Wales, Australia, https://trid.trb.org/view/788861.

协同儿童、家长和政府共同对“步行巴士”进行项目可行性和成效的评估[①]。

为进一步推广和支持“步行巴士”,2005 年美国国会通过了“安全通学路计划”,旨在提高儿童步行和骑自行车通学的安全性,同时鼓励健康的出行方式,为此美国联邦公路管理局设立了专项资金,用于支持和改善全美 50 个州及哥伦比亚特区的交通基础设施和开展相关项目。2012 年,“安全通学路计划”被全面纳入美国“联邦出行替代计划”,这也促进了地方政府将儿童步行和骑行安全纳入公共发展规划。如奥克兰市将“安全通学路计划”与市“完整街道”政策相结合,修建了连续的步行和骑行通道,并在学校附近设立了自行车停放设施;纽约市将“安全通学路计划”融入社区改造,在学校周边区隔出限速 20 英里[②]/小时的“儿童安全区”等。

总体看,美国推进“安全通学路计划”的主要目的是提升儿童独立活动安全性和增进儿童的社会交流。从实施结果看,参与步行和骑行的儿童身体素质得到了改善。同时,“步行巴士”等重点项目的实施有效缓解了通学时段社区和学校周边的交通拥堵状态,节约了维护校车的财政开支,减少了由接送孩子用车造成的环境污染。更为重要的是,“安全通学路计划”通过政府主导,整合地方和社会资源共同推进,在增强“社会纽带”连接的同时,也带动了公共服务、市政交通等结合儿童实际需求进行调整和改变,促进了城市环境的全面改善。作为提升儿童通学安全的典范案例,“安全通学路计划”为儿童友好城市建设提供了有益的实践模式。2020 年,联合国儿童基金会美国分会向全美提出“为每个孩子打造社区”倡议,明尼苏达州、科罗拉多州、得克萨斯州等诸多州积极响应并正式加入联合国儿童基金会儿童友好城市的评估认证。截至 2024 年,美国已有 2 个城市获得儿童友好城市认证,同时还有 10 多个城市在申请和等待认证中[③]。

① 周菲菲:《美国城市学校儿童“步行校车”组织方式及启示》,《教育学术月刊》2014 年第 4 期。

② 英美制长度单位,1 英里约等于 1.61 公里。

③ UNICEF, “Building Communities for Every Child Through the Child Friendly Cities Initiative,” https://www.unicefusa.org/what-unicef-does/respect-children/child-friendly-cities.

（二）埃及的实践——“儿童保护机制”

1. 建设背景

20 世纪 90 年代以后，中东和北非地区在农村人口持续流入和高自然人口增长率背景下快速推进城市化，然而城市扩张过程中卫生、教育、住房、交通等基础建设和公共服务等未能同步发展，这为居住其中的儿童带来了诸多成长问题[①]。鉴于此，中东和北非地区儿童保护机构于 2004 年发起了“儿童问题国家行动计划”倡议，强调政府是改善儿童生活环境的主要力量，督促各国改善儿童的成长环境、推进儿童权益保障，同时提出了建设儿童友好城市的建议。此举得到了多个城市的积极响应，其中埃及亚历山大省通过建立“儿童保护机制”促进儿童友好城市建设，为发展中地区提供了优秀示范。

埃及于 1996 年出台《儿童法》，并规定每个省市均需成立儿童保护委员会，主管儿童保护相关事务。然而，政局不稳引发的经济衰退和社会动荡使得上述工作未能很好落实，儿童成长状况十分堪忧。2005 年的埃及人口与健康调查显示，有 1/4 的儿童被剥夺了 7 项基本社会服务（住房、卫生、水、食品、教育、保健和信息）中的至少 1 项；5 岁以下儿童有 1/4 存在发育不良；城市和农村儿童发育迟缓的比例分别达到 27%和 30%[②]。为改善此状况，2006 年，埃及亚历山大省和下属地方政府共同建立了“儿童保护机制”。

2. 推进方式

儿童保护机制是一项地方性儿童事务沟通协调机制，挂靠埃及家庭和

---

① UNICEF/MENA, *Child Protection, Protecting Children from All Forms of Violence and Exploitation*, https://www.unicef.org/mena/child-protection.

② Fatma H. El-Zanaty and Ann A. Way, “Egypt Demographic and Health Survey (EDHS) 2008,” Cairo, Egypt: Ministry of Health, El-Zanaty and Associates, and Marco International, 2009, https://dhsprogram.com/pubs/pdf/FR220/FR220.pdf.

社区发展的相关基金会,由亚历山大省儿童委员会主管并指导工作,成员单位包括教育、卫生、福利等与儿童相关的 10 个政府职能部门、4 个青少年中心、8 个儿童社会组织和 3 个地方政府,由亚历山大省财政、埃及儿童基金会、中东和北非地区儿童保护机构等共同提供经费。儿童保护机制的职责是加强儿童保护、颁布和执行儿童保护相关政策、法令和措施,其主要工作包括以下四类:一是定期对区域儿童发展状况和需求进行评估,据此协助政府制定相关政策和措施,将儿童权利保障纳入地方发展战略和计划;二是识别困境儿童并采取适当干预措施,如确定困境儿童的资格并给予必要的生活扶助和教育支持,为失学、辍学儿童提供教育和技能学习机会等;三是建设各类公共儿童设施,特别是推进贫困地区的儿童公共空间和体育文化场所建设;四是为儿童举办各类学习和文化活动,为儿童保护相关人员举办讲座和培训活动,向媒体和社会进行儿童保护情况说明和宣传等。

亚历山大省儿童保护机制的主要目的是为儿童提供生存、发展和安全保障,成立初始,其工作侧重对困境儿童的保护、儿童保护工作机制的建立以及相关政策的制定和推进,之后工作范畴逐渐扩大到推进儿童参与公共决策、指导地方政府推进有利于儿童发展的地方治理等。从运作模式看,儿童保护机制是一项由地方政府监督的半自治机制,由儿童委员会统筹指导,省政府各部门协同社会组织和地方政府共同推进,这一模式被称为"亚历山大模式"①,得到了埃及中央政府的高度认可,并在全国加以推广。伴随其他省市陆续加入,亚历山大儿童保护机制的覆盖面不断扩大,开始从地方性机制向全国性儿童事务沟通协调机制发展。基于此,埃及政府于 2016 年进一步提出至 2030 年构建完成全国性儿童友好司法体系的目标,希望通过完善司法保护和享有文化权利实现儿童的全面发展与面向所有儿童的高水平福祉。截至 2023 年,埃及超过 1/3 的省以及包括开罗、达米埃塔等在内的

① Osman El Hassan M. Nour, "Building Child Friendly Cities in the MENA Region," *International Review of Education*, 2013,59(4).

主要城市均已实施儿童保护机制[①]。目前埃及尚未参与儿童友好城市认证，但儿童保护机制得到联合国儿童基金会的支持和肯定，如2013年起联合国儿童基金会配合儿童保护机制在埃及试点设立儿童友好空间，为有需要的儿童提供保护和活动空间，2015年协助埃及国家儿童权利委员会出台针对高危儿童的标准化操作程序，2017年帮助埃及开通儿童求助热线等[②]。可以说，儿童保护机制是埃及推进儿童友好城市建设的基座，以此为依托，埃及正着力推进面向2030年的儿童友好司法体系升级转型。

（三）韩国的实践——“儿童友好城市行动计划”

1. 建设背景

2013年，在联合国儿童基金会韩国委员会的推动下，首尔市城北区成为韩国第一个推进儿童友好城市建设的社区。以此为契机，儿童友好城市建设理念在韩国迅速普及。2015年，联合国儿童基金会韩国委员会开启“儿童友好城市行动计划”，向全国基层市镇发出邀请，并设立儿童友好城市促进协会以更好地推进计划。同年，该计划被韩国保健福祉部纳入2015—2017年全国儿童行动计划，这也意味着儿童友好城市建设在韩国国家层面得到了认可和全面推行。

从背景来看，韩国之所以从国家层面大力推行儿童友好城市建设，是希望通过提升社会整体环境为儿童及其家庭提供更好的生活和更多成长机会，以缓解日益严峻的低出生率和人口老龄化问题，而地方政府之所以积极响应和参与儿童友好城市建设，则是出于迫切希望吸引和留住有孩子的年轻家庭，以保持当地的活力和人口均衡。

---

① UNICEF, “Towards a Child-friendly Justice System in Egypt,” https://www.oecd.org/content/dam/oecd/en/publications/reports/2023/07/towards-a-child-friendly-justice-system-in-egypt_5334d0c6/9f5b0524-en.pdf.

② UNICEF, “Child Protection Programming for Children on the Move in Egypt,” https://www.unicef.org/egypt/media/2786/file/COM%20EN.pdf.

2. 推进方式

基于联合国的行动框架，在联合国儿童基金会韩国委员会的指导下，由地方政府主导推进是韩国建设儿童友好城市的主要特征。在联合国儿童基金会提出的儿童友好城市建设九大重点工作板块基础上，针对儿童意外事故较多，特别是儿童道路事故多发的国情，联合国儿童基金会韩国委员会增加"安全环境"作为第十个重点工作板块，并据此制定儿童友好城市建设评估表，以提供给有意向加入的城市和地区。根据要求，评估获得 60 分以上(总分 100 分)的城市将进一步提交儿童友好城市建设四年行动计划，作为指导纲领全面推进儿童友好城市建设。

从具体推进来看，联合国儿童基金会韩国委员会负责全面指导，向各地派驻推进小组负责与当地政府的沟通协调，各地方政府主导推进当地的儿童友好城市建设。一方面，面对特别增加的"安全环境"板块，多个地方政府推进实施了"学校区域改善项目"，将儿童出行安全和城市规划改造相融合，通过在学校区域增设减速带、行人专用路、人行道防护栏以及成立道路监测专班等方式保障儿童的出行安全。首尔等重点城市还推行了"交通安全引导员陪伴"项目，通过在交通事故多发的小学门口安排交通安全引导员陪伴学生回家的方式保障儿童通学安全。同时，加强交通安全教育也是主要措施之一，如 2024 年首尔市启动了"移动儿童安全体验教室"项目，配备虚拟现实技术的巴士前往小学、幼儿园等为儿童提供火灾、交通事故、地震等紧急情况的体验式教育。另一方面，地方政府建立专门的工作机制全面推进儿童友好城市建设成为韩国的一个特色举措。如首尔市在区政府层面成立儿童友好城市建设小组，其主要职责是根据区域的发展特征制定儿童相关政策并统筹协调推进落实，在保证儿童友好理念在区域规划中得到全面体现、保障儿童政策和措施的连续性和稳定性的同时，儿童友好城市建设小组的职能还包括在落实重点工作板块的框架下，确保相关政策和措施可以精准对接区域内的儿童发展需求，推动儿童友好城市建设与地方发展紧密结合。

与联合国儿童基金会韩国委员会全面合作，通过制定统一标准、设立评估筛选以及要求市政配套支持等具有韩国特色的做法，在保障儿童友好城市建设切实广泛推进的同时，极大地促进了建设成效的提升和与国际对接。截至2024年，韩国有213个地方政府加入“儿童友好城市行动计划”，整体推进儿童友好城市建设，涉及的地区覆盖全国80%的儿童，其中有91个市镇获得儿童友好城市认证①。

三、儿童友好城市建设的经验与借鉴

关注儿童成长环境，构筑儿童友好城市，既是儿童利益最大化发展理念的具体体现，也是城市可持续发展目标的落实保障。虽然遇到的具体问题可能不同，但伴随着城市的不断发展，生活在其中的儿童都面临着发展的困境。以联合国儿童友好城市行动框架为基础，通过积极的城市治理，在制定法律法规和配置公共资源等方面优先考虑儿童的利益和需求，为儿童提供更多的健康成长机会，已成为共识。上述提到的美国、埃及和韩国的实践也为我们提供了经验与借鉴。

（一）主要经验

1. 不同模式形成各具特色的建设策略

不同的城市拥有不同的发展模式和发展侧重点，儿童友好城市建设没有统一的标准②，从国际实践来看也是如此。不同城市的政治制度、经济发展、现代化程度、社会文化背景和儿童人口特征千差万别，虽然构建儿童友好城市的核心理念都是基于可持续发展原则和儿童优先原则，目标任务都

① UNICEF, “A Decade of Making Cities Child-Friendly: Celebrating the 10th Anniversary of CFCI in South Korea,” https://www.childfriendlycities.org/stories/decade-making-cities-child-friendly-celebrating-10th-anniversary-cfci-south-korea.

② UNICEF, *Partnerships to Create Child Friendly Cities: Programming for Child Rights with Local Authorities*, 2001.

是满足儿童的成长需求,以及为儿童提供更有利的发展机会和更安全的生活环境,然而在建设背景、重点项目、推进方式和落实措施上呈现多元化,美国、埃及和韩国的实践也恰好体现了3种典型的建设模式(见表2)。

表2　美国、埃及和韩国的儿童友好城市建设实践

内容	美　国	埃　及	韩　国
建设背景	高度集约化的城市发展导致城市空间对儿童的包容度越来越低	城市扩张过程中,基础建设和公共服务滞后对儿童成长形成阻碍	日益严峻的低出生率和人口老龄化问题
重点项目	“步行巴士”“安全通学路计划”	“儿童保护机制”	“儿童友好城市行动计划”
推进方式	由下至上:学校和家庭、社区等具体推进,政府和社会组织等共同支持和保障	由上至下:省市儿童委员会主管、政府职能部门和地方政府主导推进,社会组织协同参与	由上至下、与联合国儿童基金会合作:在联合国儿童基金会韩国委员会指导下,地方政府主导推进,社会力量协同参与
落实措施	提升公共服务、优化市政规划,改善交通基础设施,建立儿童公共参与机制,宣传儿童保护,设立儿童财政预算,完善法律法规,将儿童出行安全纳入城市发展规划	救助困境儿童,完善儿童公共设施建设,提升公共服务,宣传儿童保护,建立儿童公共参与机制,设立儿童财政预算,完善法律法规,将儿童权利保障纳入城市发展规划	救助困境儿童,完善儿童公共设施建设,提升公共服务,改善交通基础设施,宣传儿童保护,建立儿童公共参与机制,设立儿童财政预算,完善法律法规,将儿童友好城市建设纳入城市发展规划

2. 发展目标:提升城市对所有人的“友好度”

推进儿童友好城市建设并非要建一个儿童主导的城市,而是以原有城市为基础,通过一系列的政策措施提升城市对儿童的“友好度”,其“重点是引导政府制订一系列行动计划让城市环境适合儿童生活和成长”[①]。儿童

① 布伦丹·格利森、尼尔·西普主编:《创建儿童友好型城市》,丁宇译,中国建筑工业出版社2014年版。

友好城市就是善待和关爱儿童的城市，但这并不意味儿童友好城市具有排他性。城市对儿童权利的切实保障，意味着更为科学和合理的城市规划，意味着更为友善和公正的公共服务，也意味着更适合城市中所有人的生活和发展。无论是美国通过“安全通学路计划”促进社区空间规划更为合理、公共政策更为务实，还是埃及通过“儿童保护机制”、韩国通过“儿童友好城市行动计划”的评估，发现对儿童发展的不利因素，进而通过政策干预解决问题，引起城市环境的积极变化，都体现了儿童友好城市建设不仅对儿童有利，而且让在城市居住的所有居民和城市本身受益。正因此，建设儿童友好城市就是建设对所有人友好的城市。

3. 系统工程：儿童友好城市建设是永远的“现在进行式”

从国际实践可以看到，建设儿童友好城市是地方政府全面实现儿童权利、促进儿童成长的一项系统性工程，需要协同教育、医疗卫生、规划、交通、环保、文广等部门共同推动，同时需要全社会整合资源和力量共同支持和协作。儿童友好城市倡议的长期目标是“通过建设地方利益相关方的能力，确保为儿童带来可持续的成果，不遗余力地促进儿童权利”①。美国从 1997 年几个城市的“步行巴士”实践到 2005 年覆盖全国的“安全通学路计划”，再到 2020 年启动全美“为每个孩子打造社区”倡议；埃及从 2006 年亚历山大省的“儿童保护机制”出发，到埃及政府于 2016 年进一步提出至 2030 年构建完成全国性儿童友好司法体系的目标；韩国从 2013 年推进第一个儿童友好社区建设，到 2015 年启动“儿童友好城市行动计划”，再到 2024 年 91 个市镇获得儿童友好城市认证。各国对于儿童友好城市的建设始终在不断推进和完善中。因此，儿童友好城市建设是一个持续的发展过程，其目标并不是要在短期内，或是通过某个项目来全部落实或完成儿童友好城市建设，而是通过循序渐进地推进，不断优化和提升儿童的成长环境。从这一点来看，儿童友好城市建设是永远的“现

① 联合国儿童基金会：《构建儿童友好型城市和社区手册》，2019 年。

在进行式”。

(二)启示和借鉴

儿童优先是我国促进儿童发展的重要原则。在国家发展战略框架下,关注儿童成长环境,以实现儿童权利最大化为立足点,通过推进儿童友好城市建设保障儿童成长与城市经济社会发展同步,是践行儿童优先原则的实践路径。从中国的情况看,进入21世纪后部分省市开始探索推进儿童友好城市建设,如2012年广东省在《广东省儿童发展规划(2011—2020)年》中将“儿童友好社区建设项目”列为示范性工程之一;2015年,深圳市将儿童友好城市建设纳入市委工作要点和市“十三五”规划;2016年,《上海妇女儿童发展“十三五”规划》提出要进一步优化社会公共环境、营建儿童友好城市;2019年,成都市启动儿童友好社区试点工作;等等。在地方探索的基础上,2021年是我国在国家层面全面推进儿童友好城市建设的重要节点。这一年,《中华人民共和国国民经济和社会发展第十四个五年规划和2035年远景目标纲要》将儿童友好城市建设列入重大工程,《中国儿童发展纲要(2021—2030年)》将建设儿童友好城市和儿童友好社区列为“儿童与环境”领域的主要发展目标。同年,国家发展改革委等23个部门联合印发《关于推进儿童友好城市建设的指导意见》,明确指出要让儿童友好成为全社会的共同理念、行动、责任和事业,在社会政策、公共服务、权利保障、成长空间、发展环境等方面充分体现和实践儿童友好,并具体提出到2025年,在全国范围内开展100个儿童友好城市建设试点的目标任务。至2024年,已有覆盖31个省份的93个城市进入国家儿童友好城市建设试点。由此儿童友好城市建设在我国经历从发展理念到地方探索之后,进一步进入了国家行动的新发展阶段,“儿童友好正在成为中国城市高质量发展的新内涵”①。立足中国的实际发展情况,在借鉴国际经验的基础上探索本土化儿童友好

① 宋文珍:《儿童友好城市的创建策略与实现路径》,《中国校外教育》2022年第6期。

城市建设模式是中国的发展之路，今后应从规划先行、创新驱动、多元共治、参与保障四个方面着力，形成儿童友好城市建设与城市高质量发展双向促进的局面。

1. 全面推进儿童友好城市建设融入城市发展规划

随着社会转型和发展，城市规划的价值导向逐步开始由传统的“关注物质空间”转向“关注社会经济”，进而再向“作为公共政策的城市规划”转变①。儿童是城市的重要成员和未来主人，在城市环境建设和社会公共资源分配中，积极纳入儿童视角，确保在城市的规划中充分考虑儿童的利益，不仅可以纠正社会不平等、保障儿童权利，也可以“丰富城市发展内涵、促进城市创新治理”②。截至 2023 年底，全国已有超过 130 个城市（含直辖市城区）编制了儿童友好城市建设实施方案和行动计划，明确提出任务举措和政策清单；有 90 余个城市将儿童友好理念融入了国土空间规划和各类部门专项规划③。未来应遵循“以人民为中心”原则和以“高质量发展”为目标，全面推进儿童友好城市理念和建设行动纳入城市发展规划体系。一方面，在国家层面要继续推进儿童友好城市建设的整体规划和专项指导，为地方实现城市建设与儿童视角的有机融合提供支持和指引；另一方面，可以参考国际经验，在国家和省市级层面设立儿童友好城市建设的联席会议制度和协同推进机制，主导和推进儿童友好理念全面融入城市发展规划，在出台法律、编制行动计划、部署工作、制定财政预算、完善社会治理等环节为儿童友好城市建设提供制度保障。

2. 鼓励地方探索儿童友好城市建设多样化实践路径

儿童友好城市建设是先进发展理念，倡导在城市制度结构、社会实

---

① 何流：《城市规划的公共政策属性解析》，《城市规划学刊》2007 年第 6 期。

② 刘磊、雷越昌：《社区规划中的儿童友好政策探索与思路——以深圳市儿童友好型社区试点经验为例》，《城市建筑》2018 年第 12 期。

③ 邱海峰：《中国儿童友好城市建设启动 3 年来已有 93 个城市开展试点——让城市多些“1 米视角”》，《人民日报》（海外版）2024 年 11 月 21 日。

践、公共服务等体系中将儿童发展作为起点,将实现儿童发展作为目标,最终为包括儿童在内的所有居民营造一个更好的城市环境。因此,儿童友好城市建设是一个普适性发展理念。从国外经验来看,推进儿童友好城市建设时,发达地区更倾向于关注消除工业化和城市化给儿童发展带来的消极影响,致力于提高服务儿童的环境和空间质量,推进过程中更多采用依托专业社会组织或与社会力量合作携手政府共同推进的方式;欠发达地区则多将重点放在儿童基础设施建设和公共服务完善方面,致力于保障儿童的生存权利、提高儿童生活质量,推进过程中更多显现行政力量主导的特征。我国幅员辽阔,不同城市的社会经济发展状况各不相同,儿童发展面临的问题也各有差异,如在北上广深等城市因学习压力大、运动时间空间受限等引发肥胖、近视和心理健康等成为儿童健康的主要问题,而在经济欠发达地区生长迟缓、低体重和贫血等成为儿童健康的主要问题。因此,推进儿童友好城市建设不宜采用统一模式和标准,在推进方式和落实途径上,要充分尊重地方的自主性,要与地方的社会经济发展进程相协调。一方面,要鼓励发达地区依据自身的发展特征,积极探索推进儿童友好城市的多元实践路径和模式;另一方面,要以健康服务和教育为重点领域,面向贫困地区积极推进儿童友好城市建设试点,通过建立“试点—推广”机制,支持和鼓励地方政府结合区域特质探索适儿化设施配置与服务供给模式。

3.构建政府统筹、社会多元参与的协同建设机制

儿童友好城市建设是一项系统工程,政府统筹下协同社会多方共同建设是多数国家和城市选择的路径。儿童友好城市内涵覆盖政策、服务、空间、文化等多元维度,目标是全方位构建和打造对儿童友好的环境。因此,不仅需要政府各职能部门间形成可持续的协同工作机制,也需要高效整合区域资源,构建社会多元主体共同参与的合作推进机制。因此,2021 年发布的《关于推进儿童友好城市建设的指导意见》将“多元参与,凝聚合力”列为基本原则之一。从实际情况来看,目前我国儿童友好城市建设仍处在初

期阶段，呈现"以政府为主导，参与主体缺乏多元化"和"各参与主体之间缺乏联动"等现实问题[①]。针对这些问题，可以参考国际经验，在地方层面建立儿童友好城市建设协调机制，一方面可以借此加强政府各相关职能部门间的统筹协调和横向合作，另一方面也能通过政策引导和项目孵化，激发各类社会组织、企事业单位等社会主体的参与活力，从而形成多维度、立体化的建设格局，系统推进儿童友好城市建设。

4. 推进和保障儿童最大限度的公共参与

儿童作为独立主体参与城市发展是儿童友好城市建设的基本要求，2021年发布的《关于推进儿童友好城市建设的指导意见》明确提出要推动儿童全方位参与融入城市社会生活。从国际经验来看，充分尊重儿童的意见，保障儿童公共参与权利是共通的做法。例如，美国"步行巴士"不仅持续性改善儿童的公共领域体验，也促使儿童与社区其他成员进行更多交往，引导和推动儿童更多地参与社区公共平台的建设；埃及"儿童保护机制"通过建立儿童和青年议会，鼓励并支持儿童参与公共服务政策的制定。参与权是《儿童权利公约》规定的儿童四大基本权利之一，我国自 1991 年加入《儿童权利公约》以来，在推进落实儿童权利方面取得了重大进展，但不可否认的是，在城市的规划与建设中儿童大多数时候依旧只是被动的接受者，国内的儿童友好城市建设也较多将重点放在"提供儿童服务和环境建设方面"[②]。从中国实际出发，推进儿童友好城市建设不仅需要在城市规划和发展中立足儿童视角，也要让儿童作为"具有主观能动性与无限潜能的参与者、规划者和设计者"[③]参与城市建设，推动城市发展。一是要增强儿童参与公共事务的意识和能力，通过加强顶层设计，科学、系统地培养儿童公共参与意识，

---

① 朱琳彦、谭琲珺、李树文：《国内建设儿童友好型城市的实践探索——以深圳市、成都市和长沙市为例》，《社会与公益》2020 年第 12 期。

② 同上。

③ 宗丽娜、朱晓宇、方博宇等：《儿童参与支持下的中国儿童友好型城市创建模型初探》，《北京规划建设》2020 年第 3 期。

提升公共参与能力。二是要构建儿童公共参与的机制和平台,扩大儿童公共参与的领域,深化参与层次,引导、鼓励、支持儿童参与各类力所能及的社区服务、城市建设和治理,在各项与儿童有关的重大城市决策过程中保障儿童有效参与和意见表达。

社 区 环 境

儿童友好社区的概念内涵、实践框架与本土策略*

宋耀萌[①]

摘　要　儿童友好社区建设对于推动城市治理现代化和完善基层儿童福利体系具有重要现实意义。作为儿童友好社区建设的先行者，上海市N镇建立起以政策标准为核心的儿童友好社区建设模式，并确立了与组织保障、空间设施、公共服务、人员机构和儿童参与相匹配的行动机制。脱胎于国际儿童友好城市话语体系的中国儿童友好社区建设应坚持党建引领、提高思想站位、完善标准体系、打造本地特色、聚焦儿童参与，探索贴合中国社会语境的儿童友好社区发展路径。

关键词　儿童友好；儿童友好社区；儿童福利体系；行动机制；本土策略

---

* 本文原载《少年儿童研究》2025 年第 1 期，收录于本书时略有改动。

① 宋耀萌，华东理工大学社会与公共管理学院博士研究生。

一、 问题的提出与文献回顾

当代儿童作为未来30年国家建设与社会发展的中坚力量,其成长与发展环境备受瞩目。1996年,联合国儿童基金会(UNICEF)和联合国人类住区规划署(UN-Habitat)共同发布了儿童友好城市倡议(Child Friendly City Initiative, CFCI),倡导在世界范围内建设儿童友好城市。随着国际儿童友好理念的传播与儿童福利事业的发展,越来越多的国家和地区参与儿童友好城市倡议。2021年,我国正式将儿童友好城市建设纳入国家"十四五"规划,并于同年发布《关于推进儿童友好城市建设的指导意见》(以下简称《指导意见》),强调将儿童友好原则融入社会政策与城市规划,促使儿童友好理念成为社会共识与公民自觉。作为"人民城市人民建,人民城市为人民"的重要实施载体,儿童友好城市建设成为提升城市发展品格、打造宜居未来城市的重要课题。

社区是社会治理的基层单元,也是童年社会生态建构的基础性场域。儿童友好社区建设在促进以儿童为媒介的社区资本积累与治理主体联结的同时,对于完善以社区为本的基层福利体系具有重要现实意义。自儿童友好城市倡议发布以来,围绕儿童友好社区的建设与发展,学界基于空间视角、主体视角和关系视角形成了一批研究成果。空间视角主要围绕儿童友好空间建设的维度与框架、内容与原则、指标体系与评价标准等展开。如霍雷利(Horelli)提出应当围绕住房与改造、基本服务、儿童参与、安全与保障、社区关系、环境质量、资源分配、可持续发展、归属感等维度建立高品质的儿童友好社区[①]。崔志华等人认为应当从设施更新与优化、空间改造与提升、体制改革与呼吁三个层面完成社区空间更新[②]。郭药等人在研究儿童友好

① L. Horelli, "Constructing a Theoretical Framework for Environmental Child-Friendliness," *Children, Youth and Environments*, 2007, 17(4).

② 崔志华、罗启敏:《儿童友好型社区公共空间更新设计研究》,《设计》2024年第16期。

社区街道设计时提出应从“供”与“需”的角度入手，挖掘街道与儿童互动的潜在价值①。主体视角下的儿童友好社区建设研究聚焦多元主体参与儿童友好社区福利供给、建设发展与价值共创的路径。如唐晓容以广州从化区的一个公益项目为例，分析了项目组、企业、社会组织、村民等多元福利主体在乡村儿童友好社区建设中的作用②。袁晶等人通过总结社区儿童友好服务项目经验，认为社会工作参与儿童友好社区建设应当坚持以儿童为中心，调动家长参与积极性，强化“家—校—社”资源联动③。关系视角下的研究注重社区空间友好度对居民社区参与、活动多样性等方面的影响。如周望等人认为提升社区公共空间对于儿童的友好度可以促进居民参与社区治理④。而刘堃等人研究发现儿童友好型社区公园通过吸引儿童活动，可以有效激活多类型、多群体的户外活动⑤。

有关儿童友好社区建设与发展的研究已经形成相对丰富的议题，但总体呈现碎片化视角和学理性较浅的研究态势。一是理念层面，对于“儿童友好”和“儿童友好社区”的概念内涵与外延的阐释不足，难以观照到一般经验背后的理论逻辑。二是实践层面，多集中于地方案例的经验介绍和模式总结，针对儿童友好社区内部的具体运作逻辑仍缺乏细致剖析。那么，在当下社会治理现代化与儿童福利制度转型的背景下，应当如何理解儿童友好社区的概念内涵？一个运转良好的儿童友好社区需要具备哪些结构要素？其实践机制又是怎样的？作为舶来品，儿童友好社区建设的本土化策略有

① 郭药、石一杉、王正：《儿童友好城市社区街道空间的“供”与“需”》，《城市观察》2023年第3期。

② 唐晓蓉：《乡村儿童友好社区建设的多元福利供给模式》，《中国社会工作》2023年第18期。

③ 袁晶、单影、陆晨妍等：《社会工作介入儿童友好型社区建设的实践与反思》，《中国社会工作》2022年第15期。

④ 周望、焉超越、董欣滢：《社区公共空间儿童友好度影响居民参与社区治理的实证研究》，《深圳社会科学》2021年第6期。

⑤ 刘堃、万心怡、周佩玲：《儿童友好型社区公园对户外活动多样性的影响研究——基于深圳市红荔社区自然实验》，《上海城市规划》2022年第6期。

哪些?本文遵循理念—行动的分析框架,以上海市N镇儿童友好社区建设为例,在尝试理解“儿童友好”与“儿童友好社区”概念内涵的基础上,探寻儿童友好社区建设的实践框架,以期为儿童友好社区模式创新和深化儿童友好社区建设提供经验范例。

二、“儿童友好社区”概念要义辨析

(一)“儿童友好”核心内涵

“儿童友好”作为“儿童友好社区”的词源,始终是儿童友好社区概念演化生成的重要基础。为加深对儿童友好社区的理解,需要对“儿童友好”概念进行集中和可操作化的辨析。早期有关“儿童友好”的说法散见于儿童行为科学、儿童医学与儿童认知心理学等领域。在儿童行为科学领域,鲁迪格(Ruediger)将儿童在与同辈群体互动中呈现出来的关心、分享、帮助等行为定义为儿童友好行为①,首次在儿童行为科学领域运用“儿童友好”的概念。随后,阿迪克(Adik)基于“生物—心理”模型,将生命初期减少技术使用转而注重母亲24小时照顾的病房定义为儿童友好病房②,第一次将“儿童友好”概念应用于儿童医学与护理领域。而赫布斯特(Herbst)开发了一套学龄前儿童认知与运动发展量表,旨在监测儿童在认知与运动领域的友好发展③。随着儿童友好城市倡议的发布,“儿童友好”作为儿童成长发展领域的特定概念,在理论与实务的研究中得到广泛应用。

从儿童作为人所拥有的不容侵犯的尊严和价值来看,儿童权利保障构成了儿童友好的理念根基。李雨姝等人认为“儿童友好”概念的演进经历了

---

① S.S. Ruediger, F. Dorothy, “Assessing Aggressive and Friendly Behaviors in Young Children,” *The Journal of Psychology: Interdisciplinary and Applied*, 1971, 77(2).

② L. Adik, “The Mother-Infant Unit at Tallinn Children's Hospital, Estonia: A Truly Baby-Friendly Unit,” *Birth Issues in Perinatal Care*, 1994, 21(1).

③ I. Herbst, G.K. Huysamen, “The Construction and Validation of Developmental Scales for Environmentally Disadvantaged Preschool Children,” *South African Journal of Psychology*, 2000, 30(3).

人类权利到儿童权利的孕育期、儿童权利到儿童友好的形成期以及理论形态到制度实践的发展期三个时期[①]。联合国《儿童权利公约》(以下简称《公约》)第一次从权利视角对政治、经济、文化、公民和社会等各个圈层中的儿童权利予以国际法层面的规定。由此,以生存权、发展权、受保护权和参与权为基本内容,以儿童权利保障为理念根基的儿童友好概念得以确立。

从社会历史发展轨迹来看,保护儿童作为弱势群体共享公平正义原则构成了儿童友好的价值追求。儿童友好城市倡议是在审视现代化发展中不可持续的城市化道路对儿童成长发展影响的基础上提出的,其本身蕴含着对于儿童作为城市边缘化人群平等地参与城市规划与建设、分享城市发展红利的正义追求。正如查特吉(Chatterjee)认为儿童友好指的是儿童有权利拥有健康、被保护、得到关心、受到教育及没有歧视的环境,并且当以上福祉被忽视时有权利追求[②],儿童友好往往与社会公平正义相伴而生。由此可见,在儿童权利保护的基础上,儿童友好城市建设被赋予了公平正义的价值意涵。

从营造儿童友好社会氛围的具体举措来看,儿童参与是儿童友好城市建设的核心要义,同时也是促使儿童友好理念落地的具体途径。儿童友好城市倡议将儿童有权表达意见和受到重视、尊重与平等对待纳入总体目标框架。我国学者邓芸认为当下我国儿童参与权经历了从应有权利到实有权利的发展历程[③]。《指导意见》提出建立儿童参与公共生活与公共事务的体制机制,全方位推动儿童融入城市社会生活,这项内容为落实儿童参与权提供了又一重要政策依据,并将儿童参与对于城市发展与儿童成长的重要性提升到另一政策高度。儿童参与权在我国现有法律与政策体系中的结构性位置奠定了儿童参与在儿童友好概念中的重要地位。

---

① 李雨姝、鄢超云:《“儿童友好”理念的核心内涵及其教育实践》,《学前教育研究》2023 年第 3 期。

② S. Chatterjee, “Children’s Friendship with Place: A Conceptual Inquiry,” *Children, Youth and Environments*, 2015, 15(1).

③ 邓芸、杨可:《浅议儿童参与权》,《社会科学家》2007 年 S1 期。

综合国内外有关儿童友好的认识,对于"儿童友好"概念的理解应明确以下几点:承认儿童权利主体的地位,并遵循"儿童优先"与"儿童为本"的原则;儿童生存与发展环境的创设应有利于儿童成长;创造有利于儿童发声的空间;重视儿童与社区、家庭、成人、同辈群体之间的互动、交流与反馈等。其中,儿童权利保障构成了儿童友好的理念根基,公平正义是儿童友好的价值追求,儿童参与则是实现儿童友好的关键途径。

(二)"儿童友好社区"概念内涵

在以儿童权利保障为基础的"儿童友好"理念下,关于"儿童友好社区"的理解包括体系—空间两种取向。联合国儿童基金会关于"儿童友好社区"的表达倾向于从体系维度阐释,即致力于建设实现《公约》规定的儿童权利的城市、城镇、社区或任何地方政府体系。在这些城市或社区,儿童的心声、需求、优先事项和权利是当地公共政策、程序、决策不可或缺的一部分[①]。相对而言,学界多从空间维度展开阐述。如海德尔(Haider)与麦卡利斯特(McAllister)将绿色空间、场所功能、独立流动的可能性、积极的社会化或睦邻关系以及儿童参与决策议程等要素纳入儿童友好社区概念范畴[②③]。海科拉(Haikkola)与诺德斯特姆(Nordström)提出一个嵌入实质性儿童友好元素的环境,包括住房、基本服务、安全与保障、环境质量、资源分配,以及减贫、生态、归属感和连续性、善政等[④⑤]。在英国早期"城市中的成长"项目

---

① 联合国儿童基金会:《构建儿童友好城市和社区手册》,https://www.unicef.cn/media/8641/file/。

② J. Haider, "Inclusive Design: Planning Public Urban Spaces for Children," *Proceedings of the Institution of Civil Engineers-Municipal Engineer*, 2007, 160(2).

③ McAllister, "Child Friendly Cities and Land Use Planning: Implications for Children's Health," *Environments: A Journal of Interdisciplinary Studies*, 2009, 35(3).

④ L. Haikkola, M. G. Pacilli, L. Horelli et al., "Interpretations of Urban Child-friendliness: A Comparative Study of Two Neighbourhoods in Helsinki and Rome," *Children, Youth and Environments*, 2007, 17(4).

⑤ M. Nordström, "Children's Views on Child-friendly Environments in Different Geographical, Cultural and Social Neighbourhoods," *Urban Studies*, 2010, 47(3).

中,基本服务的提供、活动的多样性以及免受人身危险的自由被列为儿童友好社区建设的重要指标。

学界对"儿童友好社区"的定义在儿童权利框架下形成了涵盖政策规划、服务供给、环境空间、社会关系、儿童参与等内涵丰富、形式多样的讨论议题。儿童友好社区建设脱胎于儿童友好城市话语体系,在具备儿童友好城市体系功能的同时,亦具有自身独特又多样化的安排。儿童友好社区指的是以保护儿童权利与促进儿童健康成长发展为目标形成的一个涵盖空间、设施、服务、参与等各类功能性要素的普惠共享型的集合化场域。其中,儿童及其家庭福利和服务需求的满足是儿童友好社区的本质属性。

三、 儿童友好社区建设的实践框架——以上海市 N 镇为例

(一) 案例概况

上海市 N 镇地处浦东新区东南方位,是该地新片区建设特殊经济功能区和现代化新城的主要承载区,区域面积为 152.15 平方千米,共有 20 个居委会、3 个居委会筹建组、1 个行政村。该镇现有人口 14.1 万人,18 岁以下儿童 16 989 人,其中,户籍人口儿童 9 521 人,常住人口儿童 7 408 人,境外儿童 60 人。辖区内婴幼儿(0—3 岁)3 400 人,学龄前儿童(4—6 岁)4 217 人,学龄儿童(7—12 岁)5 548 人,青春期儿童(13—18 岁)3 824 人。域内公共资源丰富,现有大中小学 24 所,天文馆、博物馆、海洋公园、湿地湖泊等文旅场所为儿童友好社区建设提供了多样化载体。

(二) 儿童友好社区建设中的结构要素

1. 政策标准

作为儿童友好城市建设先行先试的地区之一,上海市深耕社区治理领域,家门口服务体系、社区网格化管理及"15 分钟社区生活圈"等已呈规模

并进入精细化治理阶段,社区治理具有丰富的文化底蕴以及较为扎实的设施基础。基于此,上海市儿童友好城市建设遵循“社区—城区—城市”的发展路径,并于2019年发布《关于上海市开展儿童友好社区创建试点工作的指导意见》,正式开启儿童友好社区的创建,同时颁布《上海市儿童友好社区建设标准(试行)》(以下简称《建设标准》),为各街镇的儿童友好社区创建提供了操作工具与实践指南。2022年,《上海市儿童友好城市建设实施方案》出台,该方案提出了5个方面、20项具体建设任务,为深化儿童友好社区建设指明了方向。N镇以市级层面系列化的政策标准、行动战略为导向,将儿童友好社区政策要求落实到包括前期工作设计、中期实践落实和后期成果评估在内的多个环节。前期工作设计阶段,N镇结合本地发展特色,积极梳理域内的儿童友好资源,明确了国际风、未来感、海湖韵的高品质儿童友好社区建设风格。中期实践落实阶段,N镇妇儿工委办发挥牵头单位的功能,积极打破委办局之间在儿童友好场地、服务等方面的资源壁垒,促进儿童友好资源在全域中的流动。后期成果评估阶段,N镇吸纳市级专家督导团队提出的“跟踪居民实际需求,打造儿童友好特色服务项目”等意见,将2014年开设的“阳光宝宝工程”优化升级为本镇特色服务品牌,向居委会配送优质早教资源,满足社区居民的早教需求。

2. 组织保障

基于对儿童友好事业发展的实践共识与理念认同,N镇儿童友好社区创建工作得到了镇党委、政府的高度重视和全面支持。镇两委班子成员通过主题会议或例行会议等形式多次听取镇妇儿工委的汇报,为创建工作提供了思想引领、组织协作和阵地支持等多重保障,并在儿童友好工作开展前期发布《关于N镇成立儿童友好社区创建工作领导小组的通知》,设立专门的领导小组办公室,由镇党委副书记担任组长,副镇长、镇妇儿工委主任担任副组长,党政办等内设机构、团委等群团组织、相关镇属事业单位、驻区单位及各社区负责人共同参与。此外,N镇结合本地区儿童福利事业发展实际,本着专款专用、统筹高效的原则,设立了儿童友好社区创建专项资金,并在各职能部门工作经费中安排用于儿童友好项目的专项经费，其中，优学工程、团委爱心暑托班、妇联亲子阅读、青少年公益科普等专项经费约 310 万元。同时，充分发挥社区自治基金及公益创投作用，鼓励社区以自治项目的形式推进社区儿童服务项目的开展，激活了社区内部公共服务力量。如 H 居民区的“时间换乘 e 栈—无忧课堂”项目，依托社区自治基金，通过鼓励父母做志愿者、子女享受志愿服务，形成了爱心三点半等喘息式服务项目，打造了一种具有“兑换制”特点的全新社区自治互助学习系统，实现了儿童、家庭和社区的多方共赢。

3. 空间设施

长期以来，儿童需求在城市空间规划设计中处于弱势地位，儿童城市游戏空间呈现出弱标准、偏态化、区隔化的现实景观①。N 镇借助儿童友好社区创建的契机，结合“中心有湖，两面临海”的区位优势以及各类共建共享的服务空间，打造出“1+1+20+*N*”的儿童服务阵地网络。其一，N 镇以嵌入的方式在青年中心建立儿童服务中心，在文化服务中心建立儿童服务分中心，形成了兼具组织教育、文体娱乐、社会实践、安全保护、法律维权、家庭支持等多项功能的服务菜单，辐射辖区内居民、楼宇园区白领、驻区单位员工等家庭中 18 岁以下儿童。其二，N 镇在辖区内的 20 个居委设立儿童之家，并对儿童之家的空间进行功能分区，分设游戏区、益智区、休闲区等，并安装母婴设备、儿童马桶、儿童洗手台等；同时鼓励社区儿童之家完善日常管理制度，并配备图书、教具、运动器材等设施。近年来，N 镇着手开展儿童之家优化升级行动，通过镇级“1+3+*X*”儿童服务平台链接社区、学校等单位的资源，探索在天文馆、博物馆、美术馆、临湖艺术空间、书局等公共场所建设社会化的儿童之家。其三，将对儿童游戏、休闲等需求的满足纳入规划目标，串联环湖观景台、星空之镜公园、湖光文化艺术空间、大隐湖畔书局、天空之

① 周路路、周蜀秦：《“自由是如何消失的”：城市儿童公共游戏空间的审视与探讨》，《南京社会科学》2018 年第 9 期。

境海滩、海绵步道等多个室外儿童友好站点,形成特色化的儿童室外游览线路,满足了儿童及其家庭日常游憩需求。由于空间布局与设施配置能够有效确保儿童及时、便捷地享受社区资源,并显著提升辖区内的儿童友好氛围,因此,N 镇始终将空间规划与设施配置作为推进儿童友好社区建设的首要策略。

4. 公共服务

儿童友好社区应当考虑儿童身心发展呈现的历时性与共时性并存的特征,并根据不同年龄、不同类别儿童及其家庭的需求提供多样化的公共服务。N 镇坚持以项目化的方式委托专业社会组织为不同年龄段儿童提供专业化、高品质的服务,并形成相应的服务品牌。针对 0—3 岁婴幼儿打造“阳光宝宝工程”,为辖区内有需要的家庭提供早教服务,已累计投入资金百万余元,惠及儿童千余人次。针对 4—6 岁学龄前儿童以及 7—12 岁学龄儿童开办“小创客夏令营”,开放科创教育营地,举办爱心课堂、公益讲堂,为社区儿童提供内容丰富、形式多样的学习资源。N 镇共青团组织每年还会与在地高校合作,委托大学生志愿者开展“暑托班”活动,满足中小学生的课外辅导需求。针对 13—18 岁儿童,N 镇将辖区内企事业单位公益资源与中学生的校外实践需求相匹配,邀请中学生参观航海博物馆、海昌海洋公园,开展与海洋生态发展相关的科普讲座、手工制作等各类体验活动。此外,N 镇还针对特定儿童开展有针对性的关爱项目,如居民区依托幼儿园专业团队,为生理障碍、孤独症、学习障碍儿童开展咨询与康复指导服务,向“隐形孤儿”提供“邻家妈妈”支持计划,依托家庭社工为困境儿童提供物资援助与心理健康辅导等服务。儿童及其家庭的公共服务供给是儿童友好社区建设的重点内容,N 镇在创建儿童友好社区过程中,将儿童及其家庭的福利与服务需求的满足放在核心位置,初步形成了系统化、覆盖全年龄段的社区儿童公共服务体系。

5. 人员队伍

人员队伍是儿童友好社区建设推进的重要人力保障。一直以来,N 镇都将人员队伍建设作为儿童友好社区创建的重要内容纳入规划范畴。在创建儿童友好社区期间,N 镇形成了多元主体共同参与儿童友好社区创建的人员队伍体系。其一,整合行政化与专业化人力资源。N 镇儿童友好社区建设主体涵盖领导小组成员单位负责人、街镇儿童督导员与社区儿童主任、儿童社会工作者、社区志愿者等,此外,N 镇积极调动社会组织力量,委托专业社会组织运营儿童服务中心与儿童之家,N 镇现有 5 家固定合作的社会组织为辖区内儿童及其家庭提供服务。其二,加强社会层面的儿童服务人员队伍建设。N 镇积极挖掘学前教育机构教师、辖区内律师、社会企业工作人员、慈善组织成员、高校学生、青少年社工等力量,建立起"社区工作者+社会工作者+爱心志愿者"的队伍模式。其三,完善儿童服务工作者培训体系。N 镇定期组织儿童友好社区创建人员队伍的专业培训,课程内容包括儿童服务工作者通识性教育、职业道德教育、心理素养、儿童社会工作理论与实务技巧、与儿童相关的社会政策等。

6. 儿童参与

儿童参与是儿童友好城市建设的核心要义与目的归宿①,凝聚着儿童友好城市建设的核心力量。N 镇的儿童服务中心每年通过线上线下的方式,招募镇级儿童议事会成员。在成人的引导和支助下,儿童议事会完成了包括社区环境整治、儿童友好标识设计、儿童服务项目优化在内的多项议题。此外,儿童议事员在 N 镇妇联和镇人大办的协助下,举行了与人大代表的面对面活动。儿童议事员围绕经社区调研形成的"特殊困难家庭儿童的照护与关怀"提案,向人大代表陈述了提案内容与可行想法,人大代表对儿童议事员的建议予以了反馈。在此过程中,儿童议事员们在了解人大工作的流程以及人民代表大会制度的优越性和先进性的同时,内化了为人民服务的价值理念。除此之外,N 镇的一个居民区建立了"同桌会"的儿童议事会,通过"'大树下'邻里家庭亲子和谐项目""'小主人翁'系列活动""小小业委

① 宋耀萌、范斌:《结构赋能、价值激发与儿童社区参与的长效机制研究》,《青年研究》2024 年第 5 期。

会”三个循序渐进的阶段,让儿童议事员渐进式地参与社区治理,与居委一道共同发现社区问题、解决社区问题。鉴于儿童参与在儿童成长发展中的重要作用,N 镇在创建儿童友好社区过程中,对儿童参与赋予与空间设施、公共服务相同的权重,打造出以镇级儿童议事会为中心的基层儿童参与网络,吸引了不同年龄段儿童的广泛参与。

(三)儿童友好社区建设的行动机制

1. 跨部门组织合作机制

跨部门合作是关于政府部门、经济部门、第三部门等共同参与公共事务治理的一种叙事表达[①]。N 镇儿童友好社区建设充分发挥政府相关部门与各利益相关方的建设“合力”。首先,在现有的党建引领、网格化的社区治理框架中,N 镇以党群服务中心、居委会等社区单位为主体,依托区域化党建优势,积极协调辖区单位、群团组织和民政、卫健委、教育、公安、规划资源、生态环境、交通等部门,形成跨部门合作组织责任落实机制。在每季度一次的跨部门联席会议上,各部门针对儿童友好社区创建中的难点与堵点,如单位绿地与公园的串联、街区空间的更新、儿童服务资源的整合等,协商出最佳的解决办法。其次,N 镇形成了“政府—社区—家庭”的行动脉络,在综合评估社区特质与家庭需求的基础上,统筹配置儿童科普、艺术、早教、托育等儿童服务资源,以使资源配置最大化地贴近居民需求。最后,N 镇着力强化区、街镇和村(社区)“两委”领导班子成员在儿童友好社区建设中的责任,发挥其宏观统筹和协调的能力,积极吸纳社会公益组织、社区商户、志愿团队和社区居民等主体参与,扩大儿童友好社区主体联动的覆盖面。同时,积极发挥物业管理群、业委会群、楼组群等社区群组的号召力与影响力,动员社区家庭参与社区儿童公益活动与志愿服务,激发社区活力。

① 肖克、谢琦:《跨部门协同的治理叙事、中国适用性及理论完善》,《行政论坛》2021 年第 6 期。

2. 资源整合与协调机制

如果说完善的组织架构与责任落实机制是儿童友好社区建设的前提，那么以党组织为领导的儿童友好社区创建工作小组职能角色的发挥则是关键环节。N镇尤为重视各级“两委”班子宏观统筹和协调能力的发挥，扩大儿童友好社区主体联动的覆盖面，为儿童友好社区创建提供资源与智力支持。如N镇党委与上海建桥学院、海音幼儿园联合开展的“家园合力、打造海洋特色课程建构”的市级家教课题，成为N镇儿童友好服务的特色品牌。此外，N镇党委书记牵头，与辖区内的上海电机学院合作成立了“儿童大学”，并邀请上海电力大学的教师为辖区内的家庭开展传统文化家庭教育，讲授儿童友好工作理念，取得了政府与高校合作推进儿童友好工作的重要突破。除此之外，在党组织的支持与领导下，N镇第一小学还和上海科大讯飞信息科技有限公司签署了人工智能AI创新教育的协议，以打造全国智慧教育示范学校。这种以党组织为领导、以合作共赢理念为根基的资源整合与协调机制打破了政府、高校、社区之间的发展壁垒，对于优化教育资源配置、培育优质教育品牌、提升教育质量具有重要现实意义。

3. 基层儿童保护机制

儿童保护是儿童友好的重要内容，所谓儿童保护机制是指有关儿童保护方面特定责任归属与保护措施办法的具体安排①。近年来，基层未成年人保护工作站与社会工作服务站（以下简称“两站”）建设全面铺开。N镇积极顺势借力，优化和完善“两站”关于儿童福利与保护的相关机制，加强服务阵地与“两站”的“双向联动”，建立起涵盖强制报告、危机评估、应急处置、评估帮扶、监护干预、护送转接等全过程、全天候的儿童保护机制。此外，为深化镇儿童督导员和居委会儿童主任对于未成年人保护工作的系统认知，为未成年人保护工作的开展提供全面支持和保障，N镇举

① 贺连辉、陈涛：《我国社区儿童保护和服务机制发展新走向》，《中国青年社会科学》2018年第3期。

办了“未保工作能力提升培训会”,围绕“未成年人心理危机预防”“未保站提质增能工作要点”“未成年人风险识别预警与干预”“儿童保护政策”等进行了专题培训,以进一步提升全镇基层儿童工作者业务能力和服务水平,保障未成年人的合法权益。

4. 常态化儿童参与机制

儿童影响自己生活的能力始于对自身权利的认识与了解,这种能力随着儿童感受到自己权利得到尊重而得到加强①。为实现有意义的参与,N 镇按照儿童参与的“兰迪”模型,通过空间、发声、受众、影响四个要素与过程②,建立起常态化的儿童参与机制。空间即营造安全、包容的儿童发表意见的场景和机会;发声指的是给予可供儿童选择发表意见的平台和媒介;受众是指以尊重的态度倾听儿童意见;影响是就儿童意见采取必要的行动或做出反馈。每年年初,N 镇都参照人民代表大会选举程序,选举产生儿童议事会理事长、副理事长以及各部门负责人。此外,N 镇儿童议事遵循“全过程人民民主”的儿童议事流程,在议题的产生、议案的形成、成果的评估等各个阶段,都强调儿童的参与,并将儿童议事机制分为发现问题、收集资料,议事讨论、确定议题,形成议案、开展调研,听取报告、研判表决,提交决议、成果评估,议事反馈、总结归档六个程序。从儿童友好社区建设初期到深化阶段,N 镇始终将儿童参与作为城市建设与社区治理的重要维度,最大限度为儿童赋权,促使其全面参与社区治理及其他领域重要议题的讨论与决策。

5. 系统化监测评估机制

卓有成效的监测与评估有助于跟踪、分析儿童友好社区的建设成果,以确定后续行之有效的举措③。N 镇为观测儿童友好社区建设对儿童生

---

① Piia-Kaisa af Ursin., Leena Haanpää, “A Comparative Study on Children's Rights Awareness in 16 Countries,” Springer Netherlands, 2018.

② L. Lundy, “Voice is Not Enough: Conceptualising Article 12 of the United Nations Convention on the Rights of the Child,” *British Educational Research Journal*, 2017, 33(6).

③ 联合国儿童基金会:《促进儿童和青年参与——备选行动方案》, https://www.unicef.cn/media/9181/file/。

活影响的效度与程度,制定了相关监测评估机制。其一,建立过程监测评估机制。N镇通过定期开展联席会议与现场勘查督导等方式厘定阶段性计划实施过程,包括建设成效、困境挑战、潜在的机会与资源等。其二,建立影响监测评估机制。N镇为评估儿童友好社区创建对儿童带来的具体、可衡量的成效,以期为项目提供信息反馈及整改措施,建立起影响监测评估清单,包括儿童友好社区建设基线指标的达成情况、该项建设在多大程度上保障和实现了儿童权利以及儿童权利宣传与儿童友好氛围营造效度等。

四、儿童友好社区建设的本土策略

儿童友好城市倡议提出了儿童友好城市与社区建设的一般性框架,但由于各国经济发展水平、制度环境与文化传统迥异,脱胎于国际儿童友好城市话语体系的中国儿童友好社区建设必然经历一个本土化过程。本研究基于上海市N镇儿童友好社区建设带来的启示,并结合儿童友好城市倡议对于儿童友好城市与社区建设的相关要求,从中国本土化语境出发探讨儿童友好社区建设的本土化策略。

(一)坚持党建引领,凝聚多元主体力量

党建引领是我国国家治理体系与治理能力现代化的组织基石,为我国各项社会政策的顺利推进与高效落实提供了重要保障。党建引领能够确保儿童友好社区建设方向始终与党的组织路线与方针政策保持一致,进而推动儿童友好工作的顺利落实和长效发展。N镇的儿童友好社区创建始终以党组织的领导为核心,凝聚政府各部门、社会组织、企业、公民团体等多元主体力量,形成了共同推进儿童友好社区建设的强大合力。在此基础上,N镇深入挖掘社区内部共享资源的潜力,将原本分散且缺乏整合的社会化资源进行系统化重组,极大地提升了社区公共服务的可及性与连续性,

为儿童及其家庭构建起一个全方位、多层次的服务体系。儿童友好城市倡议要求建立统一的国家协调机构负责儿童友好社区建设的整体指导与协调,地方政府也应当建立指导委员会负责制定地方性的儿童友好社区行动计划和预算方案,同时,为确保儿童友好社区建设的可持续,应建立长效化的资源筹措机制与相互包容的伙伴关系。在中国社会发展语境下,党的领导深入社会治理的各个环节,自然而然地承担起儿童友好社区建设中统筹协调的重任,且只有发挥党组织强大的组织力与凝聚力,才能够将儿童友好社区建设工作的各项措施落到实处,推动儿童友好社区建设迈向更高水平的发展阶段。

(二)提高思想站位,深化儿童友好理念

儿童友好社区继承了儿童友好城市的建设理念和价值原则,将对儿童的柔性关怀渗透到基层社区治理与城市高品质发展的各个环节。因此,在儿童友好社区建设过程中,应深刻理解儿童友好理念内涵,主动将"儿童优先"原则嵌入城市治理现代化、"人民城市"建设以及可持续发展的全过程①,满足最广大儿童及其家庭的福利需求。N镇政府立足于本地区域化发展与儿童友好工作实际,主动回应国家和上海市"十四五"规划中有关城市治理和儿童福利保障的战略要求,将"儿童优先"原则纳入相关部门的"十四五"规划,通过提高思想站位,以理念渗透的方式,为儿童友好社区建设寻求可持续建设之路。儿童友好城市倡议鼓励各国各地区在儿童友好社区建设中根据国情与经济社会发展状况,因地制宜地开展多样化的路径探索。将儿童友好社区建设与我国社区治理现代化、"人民城市"建设以及可持续发展相结合,一方面能够提升儿童作为幼弱群体在整个社会发展中的可见度,保障儿童参与城市与社会发展的各项权益,另一方面对于培育城市精神品格具有重要现实意义。

① 范斌、宋耀萌:《儿童权利视域下儿童友好城市建设研究》,《城市问题》2023年第8期。

（三）完善标准体系，强化规范建设支撑

儿童友好社区建设的相关政策文件与实践标准能够为儿童友好社区建设的开展提供规范化支撑。由于儿童友好社区建设是一项长期且系统性的工程，相关职能部门应积极出台阶段性的儿童友好社区建设战略规划或行动计划，制定地方性儿童友好社区建设指南、认定标准与评估体系，细化以组织保障、空间建设、服务体系、人员机构、儿童参与等为主要维度的评估指标。同时，组建以政府工作人员、高校专家和专业儿童服务工作者为主体的专家团队，开展陪伴式督导，以提升儿童友好社区建设的质量与水平。N 镇根据中国社区发展协会制定的《儿童友好社区建设规范》以及《建设标准》的相关要求，形成了本地区儿童友好空间更新点位清单、儿童公共服务清单等，在设立儿童友好社区建设专项资金的同时，积极构建政府—市场—社会“三位一体”的资金筹措模式，促进儿童友好社区建设资金来源的社会化。儿童友好城市倡议要求细化儿童友好社区建设评估指标以监测儿童友好社区创建对儿童生活的影响。在儿童友好社区建设的顶层设计中，N 镇积极制订阶段性的行动计划，并完善与此相对应的指标体系，能够为儿童友好社区建设提供规范化的支撑。

（四）结合本地特色，制定分类建设方案

儿童友好社区创建倡导方案多样化，而评估指标只是提出了基础性的要求，因此，要想把儿童友好真正贯彻到创建工作全过程，仍需要与当下其他工作进行深度融合，开展多样化、在地化的探索。儿童友好社区创建单位应积极吸收借鉴“一街一品”社区治理项目经验，将儿童友好社区建设内容融入现有“旧区改造”、绿地改造、公共空间升级等项目中统筹实施，打造富有本地文化特色的儿童友好社区创建案例；同时制定城区和郊区、老旧小区和新型小区等不同地域、不同类型的儿童友好社区创建方案或指引，为街镇根据本辖区特征灵活创建提供相关指导。N 镇正是在相关政策与标准的基础上，结合本地区临海、基础设施完善、高知群体聚集的在地化

优势,明确了国际风、未来感、海湖韵的高品质儿童友好社区建设风格,在上海市全域儿童友好社区建设中独树一帜。儿童友好城市倡议鼓励各国各地区在国际政策框架的引导下开展在地化实践,并推荐了一些其他国家的特色实践案例,如墨西哥的"逐块构筑社区"场所营造、巴西圣保罗的"儿童道路安全保护计划"等。结合本地区的发展实际,打造特色化的儿童友好社区,能够最大程度上贴近区域社会发展与儿童及其家庭需求,触及儿童友好社区建设的本质。

(五)聚焦儿童参与,营造儿童友好氛围

在儿童友好城市建设中呼吁儿童参与是儿童参与权由"应有权利"向"实有权利"在地方一级落地转化的重要途径。因此,应将儿童参与作为丰富城市底蕴、提升城市精神品质的重要内容予以制度层面上的重视,成立各级儿童议事会或儿童顾问专委会,适当听取儿童意见并为儿童赋权,使其全面参与社会热点问题或社区治理重要议题的讨论与决策。同时,扩大儿童参与的主体范围,考虑不同年龄、不同类型儿童的具体情况,鼓励困境儿童、流动儿童等积极参与,实现包容性参与。N 镇坚持将儿童参与作为儿童友好社区建设的重要内容,并形成常态化与可持续的儿童社区参与机制,同时,拓展儿童在社会公共领域中的参与范畴,如向儿童及其家长发放公共生活满意度调查问卷,举办镇级的儿童代表大会、小小联合国峰会等活动。儿童参与是儿童友好城市倡议实践框架中的一项重要内容,联合国儿童基金会为促进儿童参与发布了一系列相关文件,明确有意义和高质量的儿童参与需要满足公开透明、自愿参与、尊重儿童、包容性等重要条件等①。可以说,用"儿童的视角"看待儿童友好社区建设,既是落实儿童参与权的必然要求,也是提升儿童友好社区建设品质的重要途径。

① 联合国儿童基金会:《促进儿童和青年参与——备选行动方案》,https://www.unicef.cn/media/9181/file/。

上海儿童参与社区及社会公共事务的模式及机制初探

卫琛婕[①] 何彩平[②]

摘 要 近年来,随着国家对儿童友好城市建设的逐步推动,儿童参与权的落实逐渐受到重视。上海已于2022年底实现儿童友好社区建设全覆盖,并成为全国首个全域推进儿童友好城市建设的直辖市。在儿童友好社区建设过程中,上海各区、街镇、居(村)委因地制宜,开展了形式多样的儿童参与社区及社会公共事务的服务活动。本文基于对上海市妇联系统的儿童友好工作者开展的问卷调查及儿童参与实践案例分析,以儿童参与程度模型为理论指导,以儿童参与的程度、主动性、决策权和儿童与成人的互动形式为分析视角,将上海儿童参与社区及社会公共事务的模式归纳为活动式、咨询式、治理式、建言式和主导式;总结了上海儿童参与社区及社会公共事务的五大机制,即政策制度保障机制、部门条块联动机制、家—校—社协同机制、儿童参与长效机制、监督评估保障机制;就顶层设计缺乏规范化标准、儿童参与氛围尚显不足、儿童参与的监督评估保障机制有待完善等问题提出了对策。

关键词 儿童友好;儿童参与;社区事务;社会事务

---

① 卫琛婕,上海市妇女干部学校教研员。
② 何彩平,上海市妇女干部学校教研员。

一、研究背景

(一)儿童参与的政策背景

儿童的参与权是联合国《儿童权利公约》(以下简称《公约》)规定的儿童所拥有的四大基本权利之一,《公约》规定儿童有权对影响其本人的一切事项自由发表自己的意见①。近年来,随着国家对儿童友好城市建设的逐步推动,儿童参与权的落实也逐渐受到重视。2021 年,国家发展改革委等 23 个部门印发《关于推进儿童友好城市建设的指导意见》,明确提出儿童友好是指为儿童成长发展提供适宜的条件、环境和服务,切实保障儿童的生存权、发展权、受保护权和参与权,并提出要全面保障儿童参与的权利,促进儿童参与。

上海儿童友好城市建设工作经历了不同阶段,从社区向先行示范区再向城市层面逐步推进,主要牵头部门由市妇儿工委办指导下的市妇联等部门转变为市发展改革委牵头、多部门联合建设。2019 年 7 月,由市妇儿工委联合市民政局、市妇联、团市委下发了《关于上海市开展儿童友好社区创建试点工作的指导意见》,试点创建上海市儿童友好社区,“儿童参与”是重点创建内容之一。截至 2024 年 6 月,街镇层面已成立 303 个儿童议事机构,并形成各具特色的儿童参与机制和小小规划师、设计师、讲解员、社区主理人、河湖林长、小委员等儿童参与的系列品牌,部分区已实现区、街镇、居(村)三级儿童议事网络覆盖,儿童参与的影响力不断扩大。在儿童友好社区建设任务初步完成的基础上,2022 年 9 月上海市政府办公厅印发《上海市儿童友好城市建设实施方案》,在构建儿童友好政策制度板块特别提出推动儿童参与公共事务、拓宽儿童参与渠道和方式、加强儿童参与的制度性和政策性保障等具体要求。目前,市人民建议征集办在构建的覆盖市、区、

① 联合国儿童基金会:《儿童权利公约和其任择议定书》,https://www.unicef.cn/reports/convention-rights-child。

街镇的"1+16+215+6400+X"立体多元的建议征集网络中,已将儿童需求纳入,鼓励儿童共同参与城市建设。

(二) 儿童参与的理论和实践

1. 儿童参与程度的模型理论

罗杰·哈特的儿童参与阶梯模型是儿童参与研究领域的经典理论之一,该模型从非参与到高参与度分为八个梯度(见图1),前三个梯度被定义为非参与,后五个梯度属于实质性的参与,但又因成人主导和儿童主导而有所区别。该模式虽然提供了较为清晰的儿童参与的目标[①],但被认为儿童参

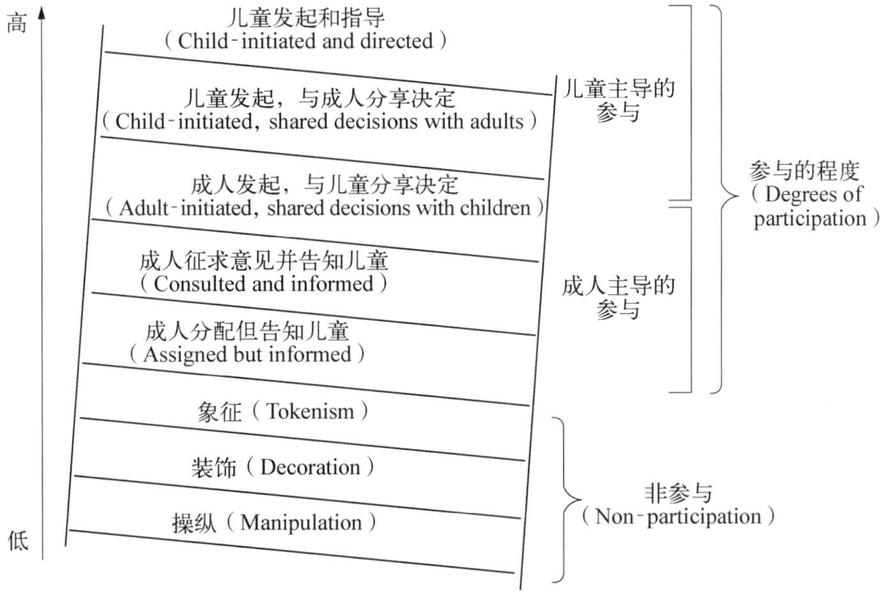

图1 罗杰·哈特的儿童参与阶梯模型[②]

---

① Roger A. Hart, "Stepping Back from 'The Ladder': Reflections on a Model of Participatory Work with Children," in *Participation and Learning: Perspectives on Education and the Environment, Health and Sustainability*, Springer Dordrecht, 2008.

② Roger A. Hart, "Children's Participation: From Tokenism to Citizenship," *Papers*, 1992.

与是按顺序发生的[1],儿童参与的程度是按等级和次序排列的[2]。

在该模型的基础上,诸多学者基于儿童参与的实践和发展修正了阶梯模型,其中,特雷泽删除了“非参与”的三个阶梯(因这三个阶梯存在弱化了儿童参与程度的层级及先后关系等被诟病的问题),形成了儿童参与的五类程度模型(见图 2),该模型更关注儿童本身,以儿童为中心,不存在最好的儿童参与程度,适用于更广泛的环境。该模型中的五种儿童参与程度也因儿童参与的主动性、决策权和儿童与成人的互动形式等产生了成人主导或儿童主导的差异[3]。

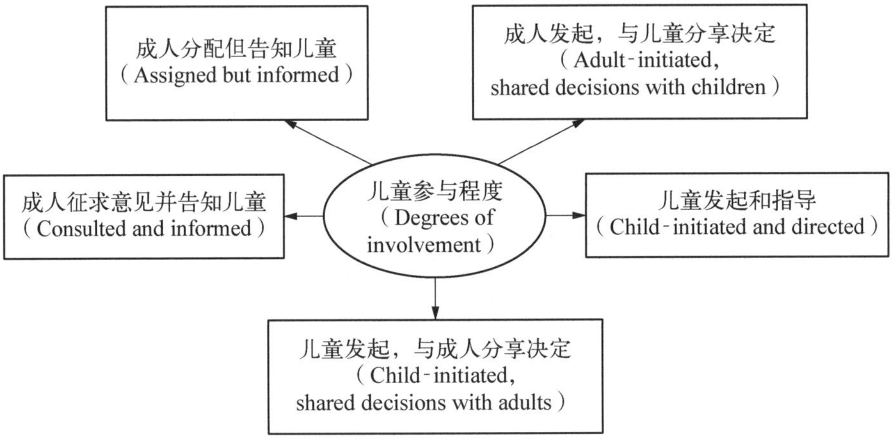

图 2　特雷泽的儿童参与程度模型[4]

2. 国内外儿童友好城市建设中的儿童参与实践

根据儿童友好城市官网对“儿童友好城市”的定义,其是指一个致力于

---

① P. Kirby and M. Woodhead, “Children's Participation in Society,” in *Changing Childhoods: Local and Global*, Chichester: Wiley/Open University Press, 2003.

② P. Treseder, *Empowering Children and Young People: Training Manual*, London: Children's Rights Office and Save the Children, 1997.

③ Ibid.

④ L. H. Jones, “Putting Children at the Centre—A Practical Guide to Children's Participation,” London: Save the Children, 2010.

通过实现联合国《儿童权利公约》规定的儿童权利以改善其管辖范围内儿童生活的城镇、社区或任何地方的治理体系。国外的部分儿童参与实践形成了较为长效的模式和机制，以确保儿童在社区和社会事务中发挥积极作用。第一类是形成了具有规模的儿童参与组织体系，如西班牙共设有 298 个地方儿童理事会，约有 11 490 位儿童参加社区环境的创设①；芬兰海门林纳有青年议会等多级网络和儿童参与发声平台②；又如日本北海道儿童友好项目官网提到新雪谷市设有儿童议会及儿童社区发展委员会。第二类是儿童参与决策类的具体事务，如加拿大儿童友好项目官网提到阿尔塔巴斯卡的大年龄段儿童通过青年理事会的模式参与构建儿童友好型法律框架和全市儿童权利战略；又如德国慕尼黑的奥林匹亚公园完全由儿童参与运营，以培养儿童的公民意识和义务③等。

国内部分城市大多以自上而下的方式推进儿童友好城市建设。其中，深圳市妇女儿童工作委员会于 2020 年底发布了《深圳市儿童参与工作指引（试行）》，是国内首部儿童参与的工作指引，将社会公共事务、社区事务、学校事务、家庭事务、网络事务和其他与儿童生存与发展密切相关的事宜确定为儿童参与的具体内容。

3. 儿童参与的影响因素

儿童作为社会中的一大群体，参与社会的行为还是相对受限，国际上有学者回顾了近 30 项参与式项目的评估后认为虽然有证据表明“良好的儿童公共参与”可以提高儿童的能力、自尊和自信，但实际上儿童对公共决策的影响很小④。《中国儿童参与状况报告（2017）》显示中国儿童在学校之外的

① 张建、杜青春：《儿童友好城市视角下的城市公园规划建设——巴塞罗那对北京的启示》，《北京规划建设》2020 年第 3 期。

② 联合国儿童基金会：《促进儿童和青年参与——备选行动方案》，https://www.unicef.cn/media/9181/file/。

③ 长沙市“儿童友好型城市”创建工作领导小组办公室编：《相约未来——创建儿童友好型城市理念与实践》，中国建筑工业出版社 2021 年版。

④ P. Kirby, S. Bryson, *Measuring the Magic? Evaluating and Researching Young People's Participation in Public Decision-Making*, London: Carnegie Young People Initiative, 2002.

参与很不充分,儿童参与受时间、空间等基本条件的限制,儿童公共参与渠道较少[①]。上海市妇联早在2007年就儿童参与权的实现进行了研究,认定了儿童有权参与、儿童有参与的主观能力,但应考虑其年龄及认知能力水平;成人应创设有利于儿童参与的环境,为儿童赋权,培养儿童参与能力[②]。

成人对儿童参与的影响是实现儿童参与权落实所面临的一大挑战。联合国儿童基金会南亚地区办公室在2004年开展的一项关于成人和儿童参与的报告显示,儿童在参与的落实过程中对成人存在不同程度的依赖[③]。因此,对儿童参与模式的梳理需要特别关注儿童参与支持者,即儿童友好工作者们,他们经过相关培训,能够引导儿童参与,为儿童提供支持和方向。基于此,本文对上海市妇联系统内部的儿童友好工作者人群开展了问卷调查,以了解上海儿童参与的现状,调查对象包括街镇、居(村)委儿童友好工作者及儿童参与项目具体运营方(社会组织)这三类儿童友好工作者人群。

二、上海儿童参与社区及社会公共事务的模式

儿童参与是一个持续的过程,随着儿童友好建设从社区到城区再到城市逐步推进,儿童参与的领域和事务也逐步拓宽,儿童参与的平台也进一步拓展,这些都对儿童参与的模式产生了影响。本文将主要以特雷泽的儿童参与程度模型为理论指导,以儿童的参与程度、主动性、决策权和儿童与成人的互动形式为分析视角,尝试阐述活动式、咨询式、治理式、建言式和主导

① 苑立新主编:《中国儿童参与状况报告(2017)》,社会科学文献出版社2017年版。

② 史秋琴主编:《儿童参与与公民意识》,上海文化出版社2007年版。

③ UNICEF ROSA (Regional Office of South Asia), "Wheel of Change: Children and Young People's Participation in South Asia," 2004.

式这五类儿童参与模式的差异性（见表1）。

表1 上海儿童参与社区及社会公共事务的模式差异表

模　式	参与程度	主动性	决策权	儿童与成人的互动形式	典型案例
活动式	成人分配但告知儿童	低	成人	成人单向告知儿童可选择	各社区的亲子活动
咨询式	成人征求意见并告知儿童	一般	成人	成人单向咨询儿童可知晓	人民意见征集办儿童友好意见征集
治理式	成人发起，与儿童分享决定	中	成人为主	双向协商	宝山区“社区小先生”
建言式	儿童发起，与成人分享决定	较高	平等	双向合作	徐汇区区政助理
主导式	儿童发起和指导	高	儿童为主	儿童主导成人共享	嘉定区南翔镇丁同学

（一）活动式儿童参与

居（村）委儿童友好工作者的调查问卷显示，在社区内，儿童特别是低年龄段儿童社区参与的方式大多是通过参与社区活动，特别是亲子活动，儿童参与的年龄段首先集中在7—11岁，其次是4—6岁，儿童家庭参与率达86.83%。儿童友好社区的建设要求居（村）委针对不同年龄段、不同类别的儿童需求拟定服务方案，及时在社区宣传平台发布服务内容和项目，听取儿童和家长的需求以改善社区服务。因此，基层妇联的儿童友好工作者往往将其在工作过程中为儿童提供的服务也作为儿童参与的一种类型，“参与活动”是最具普遍性的儿童参与模式。

在此类儿童参与模式中，儿童参与的程度属于“成人分配但告知儿童”，儿童的年龄普遍偏小，该类参与模式对儿童的参与能力要求不高，但该模式是最广泛和最基础的儿童参与,具有普惠性。在该模式下,儿童是否参与的决策权在成人,儿童友好工作者整合资源,设计并发布活动,活动内容较为广泛,活动形式多样,但该类活动会受到社区活动场地及其他资源的限制,活动人数往往有限,儿童能否参与一定程度上会受到限制。同时,家长看到活动招募后是否报名及是否带儿童参与,并不是所有的家长都会充分告知儿童活动的具体情况及询问儿童的参与意愿,因此,儿童参与的主动性也相对较低,儿童与成人的互动形式为“成人单向告知,儿童可选择”。

(二)咨询式儿童参与

“儿童是儿童问题的专家”,在儿童友好社区—城区—城市建设的过程中,与儿童相关的社区及社会公共事务议题往往会邀请儿童作为咨询对象。在社区层面,儿童较多参与友好空间建设的咨询,如徐汇区华泾镇连续三年就儿童友好公园建设、生活盒子儿童活动空间建设、镇域公交路线优化、社区微更新治理等方面邀请儿童参与咨询座谈。如在华泾公园建设的咨询过程中,儿童提出了设置各类滑梯攀爬架、小森林探秘、勇敢者道路等具体建议,最终都落地成了公园里的“蚕宝宝”乐园、“千足虫”躺椅、“竹节虫”秋千、“刺蛾茧”探险洞等新奇有趣的设施。在城区层面,儿童开始参与城区和城市重大规划的咨询,如浦东新区在编制儿童友好城区建设方案的过程中发放了4.7万份儿童需求问卷,将儿童合理的诉求转化为政策实践。在市级层面,如市人民意见征集办就“打造儿童友好的城市空间”“推进‘一江一河’儿童滨水空间建设”“儿童友好学校建设”等儿童友好建设重点工作开展了广泛的儿童建议征集,并在官网就儿童建议给予总结和回应;又如淮海中路街道的四位儿童参与了市妇儿工委办开展的上海市家庭教育条例立法调研座谈会,市人大立法专家现场向儿童解读条例(草案),咨询儿童的意见建议。在国家层面,如在《中华人民共和国未成年人保护法(修订草案)》向社会征求意见的过程中,华东政法大学附属中学的李同学提出建议修改

第116条,该建议得到了全国人大常委会法工委的采纳和来函感谢,开创了中学生立法意见被全国人大立法采纳的先河。

在此类儿童参与模式中,儿童参与的程度属于“成人征求意见并告知儿童”,儿童的年龄及参与能力需达到一定水平,儿童需要理解成人所咨询的议题,并能够在充分思考后提出合理的意见建议。在该模式下,成人通过征求儿童意见,创建儿童参与的渠道和途径,儿童的参与程度有所提高。儿童能够决定是否参与咨询并表达自己的想法和意见,儿童参与的主动性也有所提升。儿童与成人的互动形式为“成人单向咨询,儿童可知晓”,成人对儿童咨询的重视程度决定了儿童参与结果的影响程度,儿童的意见可能会对成人的决策产生一定影响。

（三）治理式儿童参与

上海作为习近平总书记关于全过程人民民主的重要论述的首次提出地,正在把全过程人民民主融入人民城市建设的各个方面,儿童也是推动城市治理和社会发展的一大力量。儿童参与是联动家庭及更多成人参与社会治理的有效抓手,让儿童“牵手”成人,能够更高效地解决社会治理的难题。在社区层面,如宝山区“社区小先生”项目通过“宝山社区通”线上平台闯关等方式,引导儿童参与创建全国文明城区、垃圾分类、楼组自治等具体的社区及社会治理的重点工作,引导儿童从自己做起、从身边做起、从小事做起,带动家长在社区提供志愿服务、参与社区治理等方面发挥积极作用。依托“社区小先生”项目,宝山区成功破局基层治理、人文创建等方面的社区动员难题,7.8万余名少先队员到社区参加闯关任务,带动11万名家长主动到社区报到,参与卫生清洁、堆物清理、楼组建设、志愿服务等社区公共事务。治理的场域也得以进一步拓展到学校内,如蓬莱路第二小学的品牌课程“蓬莱小镇”,把学校界定为“小社会”,打造“当家做主”的情境,实现儿童自理自治;又如上海市静安区第一中心小学的小公民自治委员会,由儿童自主参与学校事务的管理。

在此类儿童参与模式中,儿童参与的程度属于“成人发起,与儿童分享决定”,对儿童的年龄及参与能力有较高要求,儿童需要在成人的指导和协助下执行具体事务,并开始参与具体的决策,儿童的参与程度进一步提高。在该模式下,治理的议题和方式方法大多仍旧由成人主导,但成人开始平衡自身在其中发挥的作用并给予儿童更多的自主性,儿童参与的主动性较高。儿童与成人的互动形式为“双向协商”,彼此产生影响。

(四)建言式儿童参与

在基层儿童参与理念和实践逐渐普及的基础上,为进一步践行人民城市理念,不断提升儿童参与的广度和深度,促进儿童更好地参与全过程人民民主,儿童参与建言的诸多实践应运而生。在社区层面,如奉贤区奉浦街道的“明日委员”项目针对不同年龄段的儿童,通过政协委员课堂、社情民意沙龙、模拟政协提案、高校“智库”协商等方式培养儿童参与的能力,“明日委员”全年需向“人民建议征集邮筒”提交人民建议 1 份。在城区层面,如徐汇区区政助理项目每两年举办一届,引导儿童利用寒暑假和课余时间,实地观察、走访调研,成长为“小小建言人”。项目从最初的发现问题,只是提个建议,到现在更注重实践探究,推动问题解决,旨在培养儿童的社会责任意识、团队协作意识、创新思辨意识、奉献服务意识。在“区政助理”履职期间,徐汇区通过邀请部分人大代表、政协委员、青联委员与儿童面对面,协助相关委办局与“区政助理”对接等方式,畅通儿童了解城区发展、参与城区建设的渠道路径。

在此类儿童参与模式中,儿童参与的程度属于“儿童发起,与成人分享决定”,对儿童参与的能力要求较高,更适合高年龄段及拥有较强综合能力的儿童群体,儿童的参与程度处于较高水平。在该模式下,儿童有自己的想法,能够设计并执行完整的建言流程,儿童的自主性和主动性较强。儿童根据自身能力及建言项目的执行情况,主动寻求成人的支持,成人往往不直接参与,而是根据儿童的需求提供相关的专业知识等支持供儿童参考,但成人需确保建言项目的完成度。该模式中，儿童与成人具有平等的决策权，儿童与成人的互动形式为“双向合作”。

（五）主导式儿童参与

在多年儿童参与的实践过程中，儿童的参与意愿持续增强，儿童的参与能力逐步提升，儿童的参与平台得以拓展，其中涌现出了许多能力强、有担当的儿童参与主导者。如嘉定区南翔镇的丁同学持续多年积极参与社区公益活动，随着年龄的增长，她以敏锐的观察力发现社区建设中的问题，先后就道路路牌拼音标注错误、社区青少年空间建设等议题主动向路政部门和社区建设管理部门建言献策并得到采纳，荣获“2021 年度上海市优秀人民建议人”荣誉称号，当与时任市委书记面谈时她还主动介绍了自己所在的社区儿童议事会项目。又如青浦区盈浦街道的黄同学，是首届社区儿童议事会的成员，在多年持续参与社区公益活动的过程中，他逐步成长为社区儿童参与项目的主导人，负责社区儿童议事会新成员招募和议事活动策划等具体事务。当了解到社区亟待解决垃圾分类的问题之后，他带领社区儿童聚焦环保主题开展了一系列活动，并将相关成果以展览、建言报告等多种形式提交到社区管理部门。在他的带领下，越来越多的儿童参与并为社区发展出谋划策，与社区一同成长。

在此类儿童参与模式中，儿童参与的程度属于“儿童发起和指导”，对儿童参与能力有极高要求，儿童需在持续参与的基础上以锻炼其团队合作、资源整合等较为综合的能力，儿童的参与程度处于高水平。在该模式下，儿童自主性非常强，能够形成清晰而明确的想法和具有操作性的执行策略，在遇到困难的情况下也更倾向于自己寻找解决办法，儿童的主动性和决策性较强。儿童在面对成人时也相对处在主导位置，成人的支持可供选择，但不是儿童完成其参与目标的关键。儿童参与的成果可与成人共享，儿童拥有较强的决策权，儿童与成人的互动形式为“儿童主导，成人共享”。

三、上海儿童参与社区及社会公共事务的五大机制

在推进儿童友好社区—城区—城市的创建路径过程中,儿童参与的建设是一项长期性、系统性工程。政府及相关部门、基层组织等在政策保障及实践方面已经形成了一些机制,为儿童参与的长效发展保驾护航。本文基于上海实践案例,总结了儿童参与社区及社会公共事务的五大机制:政策制度保障机制、部门条块联动机制、家—校—社协同机制、儿童参与长效机制、监督评估保障机制(见图 3)。

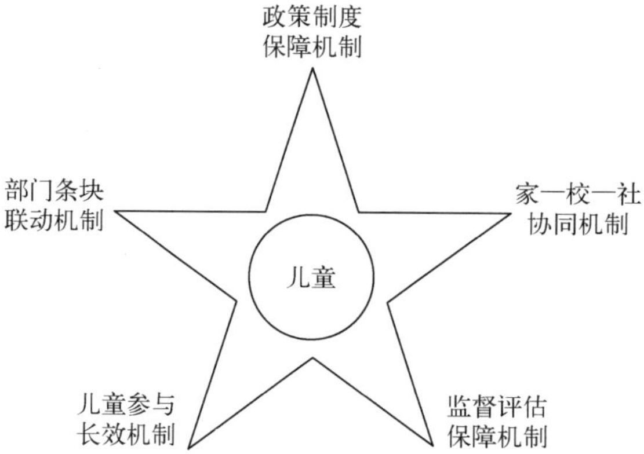

图 3　上海儿童参与社区及社会公共事务的五大机制

(一)政策制度保障机制

自 2019 年启动儿童友好社区建设工作以来,上海出台了一系列政策文件以保障儿童参与的落实。2021 年 6 月发布的《上海市妇女儿童发展"十四五"规划》明确提出构建儿童社会参与的机制和环境,拓宽和深化儿童社会参与的领域与层次,探索建立儿童参与社区治理的机制。尊重儿童的主体性,保障儿童的社会参与和意见表达权利,畅通儿童参与和表达渠道,支

持儿童参与各类劳动和社会公益实践活动。《上海市儿童友好城市建设实施方案》和《上海市推进儿童友好城市建设三年行动方案（2023—2025年）》指出要用好人民建议征集、基层立法联系点、红领巾理事会等平台，扩大儿童参与的覆盖面和代表性。构建集儿童建言引导、征集、反馈、宣传于一体的长效参与机制。在组织保障方面，市级层面由市发展改革委牵头成立了上海市推进儿童友好城市建设领导小组办公室，“健全儿童参与机制”“深化儿童友好社区建设”等重点任务为市妇儿工委办和市妇联推进儿童友好城市建设的重点工作。在城区层面，如长宁区出台的《长宁区重大行政决策程序规定》将征集儿童意见纳入重大行政决策，儿童代表作为重大行政决策建议员出席区政府常务会议。

（二）部门条块联动机制

儿童参与是一项需要多部门联动、社会共建的系统工程。人民建议征集、青年汇智团、红领巾理事会、儿童议事会、基层立法联系点……这些都是儿童友好城市建设相关文件中明确提到的儿童参与渠道和方式，但分别属于政府各条块。儿童友好工作者调查问卷数据显示，各级团委（81.19%）、教育（60.4%）和精神文明办（46.53%）是市妇联开展儿童参与项目的三大主要联动组织，儿童参与呈现多场景融合的特点。在社区层面，如四川北路街道协同社区少工委打造的“小小宣讲员”品牌项目和上海市静安区宝山路街道的小小红领巾讲解员团队，都是在街道层面联动辖区内的红色文化资源、在团区委和区精神文明办的指导下，儿童以少先队员的身份为参与主体，通过专业培训、宣讲实践、视频录制、成果产出等方式引导儿童参与。在城区层面，如浦东新区联动区政协教卫体委、团区委、区教育局、区少工委联合组建了“红领巾幸福观察员”儿童社情民意信息员队伍。

（三）家—校—社协同机制

家庭、学校、社会是儿童参与的重要场域，推进家—校—社协同能够有效保障儿童参与的落地落实。在家庭联动方面,如长宁区虹桥街道建立了中外家庭参与的多平台机制;在校社协同方面,如杨浦区儿童友好成长项目通过在学校设立“友童参事会”、招募社会志愿人士组成“快乐智囊团”并对接学校的机制,充分联动了社区、城区和校区,保障越来越多的儿童能够畅言身边事、社区事、政府事,并以此为契机同步形成具有区域效应的儿童参与特色品牌。

更多社会力量的协同能够助力儿童参与提质增效,在社会组织协同方面,如黄浦区五里桥街道儿童服务中心由上海市阳光善行公益事务中心统一运营管理,在儿童服务中心建造初期,机构就参与方案设计及整体构建的各环节,至今已运营多年,在服务供给、项目管理、资源链接及整合等方面都有较为完整的机制。机构依托多年的实践经验在儿童参与模式方面不断提升,形成吾“童”共治的“五童”议事会品牌,在此基础上儿童参与完成的小橘巷改造项目成为上海首个以儿童友好为主题的特色街区。

(四)儿童参与长效机制

要保障儿童参与的长效性和深度,就需要创建一套闭环机制,包含引导、征集、反馈、宣传等环节,以充分尊重儿童主体地位,激发表达意愿,增强参与感和成就感,激励更多儿童参与。在街镇层面,如华泾镇人民政府注重建设儿童参与“议事—决策—落实”的闭环机制,让儿童的意见受尊重,合理的建议能落实,在对生活盒子硬件及环境氛围布置时,儿童提出了增强消防栓显示度、入口处绿植墙美化、增设标语牌等意见,最终都由财政预算保障实现。在城区层面,长宁区妇儿工委办尤为重视儿童参与成果的反馈机制,在长宁区首届“苏河小宁”儿童议事会、“萌治学堂”研修营项目中,34 位儿童共撰写了 15 份提案,涉及道路安全和儿童友好服务完善等多个方面,区妇儿工委办邀请了区交警支队、区建管委、上海凝聚力工程博物馆、古北市民中心等提案涉及的相关部门工作人员现场回应了部分儿童的提案,其中关于“新增路标安全提示牌”的儿童提案得到区交警支队、区建管委等部门采纳。在第二年的项目中，该反馈机制得以保持并成为长宁区儿童参与的特色长效机制。在宣传方面，如上海教育电视台《一起来成长》节目持续多年结合世界儿童日的契机宣传儿童友好理念，并先后邀请了十几位儿童代表以现场参加节目录制和视频参与节目等方式，与成人“共话儿童友好”。

（五）监督评估保障机制

首先，在城市发展重大规划、政策、项目决策中应该有儿童参与监督和评估，但这一机制仍处于探索阶段，如在《长宁区妇女儿童发展“十四五”规划》中期评估满意度调研中有部分儿童参与了评估，儿童综合满意度指数达到 92.58%。

其次，对儿童参与项目的监督评估是儿童参与的“保障器”，更是促进儿童参与的“助推器”。通过监督评估，可以确保儿童参与项目的科学性、合理性和有效性，避免形式主义。

综上所述，特雷泽的儿童参与程度模型强调了儿童参与的多维度和多层面，儿童参与不应是一次性的活动，而应是一个持续的过程，为理解和构建儿童参与的机制提供了理论框架。政策制度保障机制是儿童参与的重要引领，部门条块联动机制和家—校—社协同机制是儿童参与实践的重要支撑，儿童参与长效机制中的反馈和宣传环节能够激励儿童参与，监督评估保障机制能够确保儿童参与的效果和提升儿童参与的成果，五大机制相互关联、相互支持，共同构成了上海儿童参与的完整生态。

四、 上海儿童参与长效发展的问题及对策

（一）上海儿童参与长效发展的问题

1. 顶层设计缺乏规范化标准，条块联动有待增强

首先，上海虽已出台《上海市儿童友好城市建设实施方案》和《上海市推进儿童友好城市建设三年行动方案（2023—2025 年）》，多次提及儿童参

与的重要性,并提出构建集儿童建言引导、征集、反馈、宣传于一体的长效参与机制,但在实际操作中,尚未出台儿童参与的具体实施细则和操作指南,导致各社区和城区儿童参与的模式和机制构建参差不齐。其次,儿童参与牵涉的部门广,政府各条块对于儿童参与的重视程度还存在差异,条块联动尚未形成长效机制。

2. 儿童参与氛围尚显不足,缺乏市级儿童参与品牌

首先,儿童参与的理念比较新,部分成人儿童友好工作者及家长对于儿童参与的认知不足,容易形成儿童被动参与的情况,需进一步构建儿童参与的良好氛围。其次,上海虽已拥有人民建议征集、青年汇智团、红领巾理事会、儿童议事会、基层立法联系点等儿童参与平台,但这些平台在基层和各区存在分布不均衡的情况,上海作为全国首个全域推进儿童友好城市建设的直辖市,尚未形成具有城市特色的儿童参与品牌。

3. 儿童参与的监督评估保障机制有待完善

首先,上海目前尚未建立一套科学、系统的评估体系来衡量儿童参与的成效。在许多儿童参与的实践案例中,儿童意见的采纳情况以及参与过程中的问题和改进措施并未受到足够关注,使得儿童参与的效果难以量化,难以形成闭环管理,不利于儿童参与的长效发展。其次,上海缺乏在城市发展重大规划、政策、项目决策等过程中让儿童参与监督和评估的平台。

(二)上海儿童参与长效发展的对策

1. 编制《上海市儿童参与工作指引》,形成儿童参与任务清单并纳入考核

首先,建议上海市推进儿童友好城市建设领导小组办公室编制并下发《上海市儿童参与工作指引》,给予各儿童友好社区/城区在儿童参与建设方面具体规范的实践指导。该指引需要明确上海儿童参与的总体目标、适用范围及原则;上海儿童参与的具体定义、内容与形式;集儿童参与引导、征集、反馈、宣传于一体的长效机制建设的具体操作流程;提供资金支持、专业

培训等保障措施。其次，建议就儿童参与建设有关部门的具体职责进行梳理，形成任务清单并纳入儿童友好城市（城区、社区）建设评估指标体系之中，以明确各委办局相关工作指标的具体分配，增强政府各委办局儿童参与的协同推进力度。

2. 建设市级儿童参与品牌，宣传推广儿童参与的上海经验

首先，建议上海市推进儿童友好城市建设领导小组办公室根据上海市儿童友好城市建设的亮点和特色，以儿童节、世界儿童日两大儿童节日为重要时间节点，创建市级儿童参与品牌项目，如儿童参与国际论坛。其次，建议通过多元渠道宣传儿童参与的理念，提升全社会对儿童参与的认知度和支持度，并加强与联合国儿童基金会、国际儿童友好城市等的交流合作，进一步向上畅通报送渠道，将上海儿童参与的智慧和经验进一步宣传和推广，提升上海儿童参与品牌的影响力。

3. 明确条块任务清单，构建监督评估机制

首先，建议上海市推进儿童友好城市建设领导小组办公室建立科学的儿童参与评估机制，定期对上海儿童参与的覆盖面、参与程度、意见采纳率、社会影响力等及时进行评估，根据评估结果明确问题和不足，及时采取有效措施加以改进和完善。其次，落实在城市发展重大规划、政策、项目决策中引入儿童影响评价，探索建立儿童优先评估机制。

青少年校外教育发展情况及促进对策*

曾燕波[①]

摘　要　校外教育是对学校教育的有效补充，可作为家庭教育的专业性保障，但有别于学校教育和家庭教育，校外教育的独特作用与素质教育相契合，对青少年健全人格培养和学习能力养成具有特别意义。目前，我国校外教育虽取得重大发展，但各类校外教育机构繁多且缺乏相互融合协作机制，校外教育建设缺乏整体设计和适用标准，优质师资力量不足，不能满足广大青少年的需求。因此，校外教育需树立大教育理念，整合各种教育元素，优化配置，为校外教育场所的建设提供科学化、规范化的技术指导，建立校外教育质量监测评估机制，进行校外教育的立法建设，有效促进和保障校外教育有序快速发展。

关键词　校外教育；青少年发展；机制建设；政策保障

校外教育对青少年身心全面健康发展有很大的促进作用，校外教育在很多发达国家得到了较为系统的发展。目前，我国对校外教育投入的资源较早些年有很大提高，但校外教育仍不能满足广大青少年发展的需求，实行标准和保障机制还不够健全。在法治轨道上推进校外教育体系建设仍需要

---

* 本文原载《青年发展论坛》2023 年第 5 期，收录于本书时略有改动。

① 曾燕波，上海社会科学院社会学研究所研究员。

更多观念、政策、实践上的创新与发展。

一、 青少年校外教育的内涵及重要意义

校外教育是指在基础教育阶段教育系统之内、学校教育计划之外的，有固定场所和固定教师队伍的校外教育机构开展的非营利性的、有效促进青少年身心发展的教育活动。我国的校外教育实施主体是指包括科技馆、博物馆、美术馆、图书馆、体育馆、社区活动中心等在内的各级各类社会教育机构，近年来，民间的各种补习班、兴趣班、特长班等也属于校外教育范畴；从狭义上来讲，是以青少年活动中心、少年宫、少年之家等为主力的校外教育机构。从校外教育的内容来看，开展包括德育、科技、艺术、体育等在内的综合教育实践活动，具体有补习、辅导、教师答疑、艺术（音乐、戏剧等）、科技、阅读、数学、公民实践以及促进健康的社会情感发展等。从校外教育的场所来看，校外教育发生在学校、博物馆、图书馆、公园、社区、青年服务机构等。

（一）校外教育是对学校教育的有效补充

青少年时期是人成长的关键时期，这一时期所受的教育对于一个人成年后的思想和行为将产生关键性的影响。学校教育是塑造青少年人格和认知能力的主要阵地，但学校教育不能完全涵盖青少年基础教育的所有内容。在校外，青少年仍然要学习新的事物，吸收不同的信息，形成个体对外界的认知和理解。学无止境，教育也应当如此。校外教育可以有效促进青少年素质提升，为青少年身心健康和全面发展提供助力，是学校教育的有效补充。

与学校教育相比较，学校的课堂教学一般偏重书本知识的传授，学生缺少社会实践，学生参与的校外教育活动有助于使课堂内所学到的知识得到实践的印证，从而使书本知识进一步得到巩固、丰富和加强。由于校外学习

没有压力,青少年在一种宽松、自由和生动活泼的氛围中学习,青少年的个性发展亦可以得到充分的尊重。同时,现代科学技术的发展日新月异,如果单纯依靠课堂、教学计划、教学大纲和教科书,则无法解决部分课堂教学内容略有滞后的问题,而这也需要校外教育的补充。由于在校外教育中的实践和体验,扩展了青少年的知识视野和眼界,培养了他们的动手、协调、合作、创新等各方面能力,增强了他们对社会的归属感和责任感,这些都会内化为他们自身的素养,帮助他们在学校中更好地学习。学校教育受教学大纲和教学计划的制约,校外教育则不受其影响,具有灵活性、及时性,也更具有针对性。传统学校教育方法重视传授和讲解,而校外教育主要体现为综合实践活动。

(二)校外教育可作为家庭教育的专业性保障

家庭教育具有个别性,很多家长在教育青少年时缺少专业性、系统性的教育能力,此时,找到专门机构对青少年进行有的放矢的培训很有必要。通过校外教育机构举办的各类社会活动、科技活动和文体活动,可激发青少年对科学的兴趣,培育爱心和人际交往能力,对发现和培养青少年文体能力及特长都有帮助,不仅有别于学校的课程教学内容,也有别于以家庭生活照顾和观念习性培育为主的教育。校外教育是以家庭教育为起点的,校外教育的对象多为未成年人,他们选择校外教育活动时决策主体是家长。家长会综合考量自己孩子的兴趣、特长和家庭情况等,在校外教育的场所、内容、方式等方面进行选择。所以,校外教育也要充分考虑家庭教育的基础。

(三)校外教育与素质教育相契合

在素质教育的理念指引下,教育活动应建立在学生主动需要的基础上,并以满足学生的学习需求为直接目的,学生的学习活动亦应通过自主探索的过程进行。校外教育活动充分体现了学生自主选择、自愿参加的原则,而且由始至终都具有主动与自由的特征。校外教育和素质教育都关注学生的终身发展，素质教育体现了家庭、学校、社会的整体化，体现了教育与生活的密切联系。[①] 校外教育着力培养青少年的个性、实践能力、学习能力、交往能力等整体素质。[②] 校外教育所具有的实践性、开放性、自主性以及对特长和个性的尊重，都构成了创新型人才培养的基本途径和重要因素。尤其从青少年的年龄特点来看，他们在校外活动方面所表现出来的社会性和自主性、多面性，使他们的个性形成和个体发展具有了多种可能性和可塑性。[③] 在"大教育"理念下，无论是对国家教育事业的发展，还是对教育改革的实施和推进，抑或是对创新人才培养的实践，校外教育的发展都具有十分重要的意义。

二、 校外教育发展过程简要回顾

当前对于青少年校外教育的实践呈现蓬勃发展的局面，无论从深度还是从广度上来看，发达国家校外教育得到了系统发展。校外教育卓有成效的国家有美国、日本、俄罗斯等，其各有特点。发达国家校外教育与青少年素质培养关系紧密，在校外教育实施中受到来自政府的资金支持，具有结构上统筹调整、资源多元整合、形式丰富多彩、培养目标全面突出、活动对象全面覆盖、教育理念统一协调等特征。美国的校外教育机构多样化，且多以项目形式存在，属于非营利性质。美国接受校外教育的人数占学生总数的1/3多，其中，一半学生来自贫困家庭。日本的校外教育立足于"终身教育"理念，教育机构多样化且相互间融合协作，项目的具体实施是以社区为切入点，整合公民馆、图书馆、学校设施等各种教育资源。西方很多国家在普及

① 孙孔懿：《素质教育概论》，人民教育出版社2001年版。

② 上海市校外教育协会编著：《青少年校外教育基础理论与实践创新研究》，上海教育出版社2017年版。

③ 叶澜：《教育概论》，人民教育出版社1999年版。

义务教育和进入高等教育大众化之后,教育改革的发展趋势为:一是改变视学生为被动受体的传统做法,鼓励教师重新认识学生的主体地位并创造有利于学生潜能发展的学习环境;二是完善学校、社会与家庭组织的“联携”,努力推进学校社会化以及社会学校化;三是纠正学历化社会选拔体制弊端,重视个体实际能力和学习经历的取得。① 可以看出,素质教育才是符合现代社会经济与科技发展的内在需要,校外教育因其在素质培养方面所具有的重要作用,而越来越多地受到关注。要强调的是,发达国家校外教育立法较为系统。通过法律规定,将校外教育的各个方面予以涵盖,从而通过法律强制力保障校外教育资源配置。

中华人民共和国成立后,我国开办少年宫、少科站等校外教育机构,校外教育机构开始发展起来。改革开放之前,受国家经济发展条件落后的制约,中小学生校外教育无法得到足够的财政支持和保障;改革开放之后,国家经济发展较快,针对校外教育的财政投入不断增加,但是受到应试教育理念等多方面的冲击,校外教育一度陷入发展桎梏,无法在教育活动中充分发挥应有的作用。社会对校外教育的评价和认可对于校外教育的发展意义重大,越来越多的家庭和机构认识到青少年素质全面发展的重要性,国家高度重视,经过长期发展,我国校外教育在体系建设上卓有成效,其中的关键点在于政府层面的政策支持。

从政府层面来看,政策的出台是官方层面对校外教育地位的肯定和对校外教育的进一步推动。1957 年,我国第一个校外教育法规性文件《关于少年宫和少年之家工作的几项规定》由共青团中央、教育部联合颁布,校外教育应运而生。改革开放后,党和政府对青少年校外教育工作非常关心,多次出台重要文件指导相关工作,校外教育获得了发展机遇,各地大力改革和新建校外教育机构。1986 年,国家教委、团中央、全国妇联召开的全国少年儿童校外教育工作会议明确提出,各地应该把校外教育机构的建设和发展

① 陈永明:《当今世界教育改革三大趋向》,《外国中小学教育》2003 年第 8 期。

列入各地城镇建设规划。此后,全国各地都兴建了少年宫和少科站,逐步推动中小学生参与高质量、高水平的校外教育活动。2000 年,中共中央办公厅、国务院办公厅联合颁布《关于加强青少年学生活动场所建设和管理工作的通知》,不仅对校外教育提出要求,而且将全国革命博物馆、纪念馆等机构都明确列为校外教育机构,对中小学生组织的参观活动实行免费。2004 年,中共中央办公厅、国务院办公厅颁布《关于进一步加强未成年人校外活动场所建设和管理工作的通知》,明确提出要把校外活动列入学校教育教学计划,校外教育已经从原来学校教育的补充,逐步转变为学校教育的协同环节,成为基础教育不可或缺的组成部分。[①] 进入 21 世纪,我国对校外教育工作有更明确的要求,比如《关于加强青少年学生活动场所建设和管理工作的通知》《关于进一步加强和改进未成年人思想道德建设的若干意见》《关于进一步加强和改进未成年人校外活动场所建设和管理工作的意见》等文件出台,校外教育工作的不断推进使我国校外教育事业蓬勃发展。2021 年,中共中央办公厅、国务院办公厅印发《关于进一步减轻义务教育阶段学生作业负担和校外培训负担的意见》,强调要发挥好校外活动场所在课后服务中的作用,为新时代校外教育机构加快转型升级提供了政策指导。我国的校外教育已经形成了自上而下多渠道、多层次的机构网络。校外教育机构涉及中央许多部门和团体,在这些部门和团体内部,多设有上下畅通的校外教育职能部门。[②] 我国已经建立了比较系统的校外教育体系,各相关部门和单位格局层次分明,协同配合。青少年校外教育的理论和实践,已经突破少年宫、少科站、活动中心的小校外教育概念范畴,确立了涵盖学校、家庭、社会的大校外教育概念。

近年来,在国家大力推进公益性校外教育和要求对中小学生减负的同时,民间校外教育营利性组织风起云涌,提高班、尖子班、精英班、培优班、强

① 吕同舟:《改革开放 30 年校外教育事业的发展历程回顾》,《中国德育》2008 年第 11 期。
② 陆士桢:《中国校外教育的现状与前瞻》,《淮北职业技术学院学报》2003 年第 1 期。

化班等异常火爆。据中国教育学会的数据显示,2016 年,我国中小学课外辅导行业市场规模超过 8 000 亿元,参加学生规模超过 1.37 亿人次。[①] 全国拥有课外辅导业务的教育机构超过 10 万家。[②] 全国基础教育阶段学生的校外教育总体参与率为 47.2%,平均费用为 5 616 元。[③] 在课外培训市场繁荣的同时,也出现鱼龙混杂的乱象。从 2018 年开始,校外培训机构经历七轮整治:无证无照的整治、预收费不得超过 3 个月、培训机构时间不得晚于 20 点 30 分、整治培训机构超纲学习、教师资格证的整治、资金监管整治、培训机构广告整治。目前,民间校外教育营利性组织大为收缩。本研究的对象为国家及相关职能部门倡导的非营利性校外教育机构,因此,各种对青少年加负的以营利为目的的各种校外培训组织并非本研究的内容,此项内容虽然也很重要,但可作为另一研究议题。

三、 我国校外教育面临的主要问题

经过几十年的发展,我国中小学生校外教育事业发展很快,成效明显。但是,校外教育建设上仍存在很多问题,比如,青少年校外教育一直被视为学校教育的拾遗补阙,活动内容往往局限于配合学校开展教育。对于校外教育学的构建、各种场馆建设的规则及管理、校外教育教材制定、校外教育立法建设等亟待制定和完善。

(一)校外教育活动不能满足广大青少年的需求

校外教育是一种可选择的自愿性教育,校外教育具有育人的独特性,是

① 刘宏宇、李江涛、许祖华等:《校外培训机构生源过亿　教套路搞超前教育违背规律》,http://news.china.com.cn/2018-01/02/content_50184524.htm,2018 年 1 月 2 日。

② 吴铎思:《课外辅导市场即将进入整合阶段》,https://www. chinanews. com. cn/gn/2019/08-21/8932762.shtml,2019 年 8 月 21 日。

③ 魏易、刘舒畅:《校外教育市场达 4585 亿! 谁在补习、补什么?》,http://www. 360doc. com/content/18/0204/08/32712951_727583971.shtml,2018 年 2 月 4 日。

以学习者为中心,尊重人的发展的多样性和差异性,让学生在综合实践活动中学会学习,完整地了解社会,在参与和体验中获得发展。[①] 而校外教育的公益性则意味着各种类型的校外教育可以满足广大青少年多层次的发展需要。在校外教育的举办上,从政府主导逐渐转变为以政府为主,动员社会各方面力量积极参与。在校外教育的受益主体上,从面向少数大城市的少数青少年、特长青少年,逐渐辐射到全体青少年。在校外教育的受益内容上,从为国家利益服务逐渐过渡到为青少年成长服务。在校外教育的实现方式上,从只有少数人有条件参加校外活动逐渐实现越来越多的人能够更便捷地享受校外教育资源。近年来,我国校外教育事业取得较大发展,但远远不能满足青少年发展的需要。虽然青少年及家长对校外教育热情高,校外教育社会需求大,但是,校外教育管理较乱、产品欠丰富,影响了校外教育充分发挥育人作用。对上海中心城区的青少年调研发现,虽然青少年和家长对校外教育活动的认同度比较高,认为校外教育对青少年的发展有好处,他们表示最大的收获就是学到了新知识,愿意在校外教育上支出,但青少年参与校外教育活动的时间普遍较少。青少年对于丰富多彩的校外活动需求很大,尤其是可以亲近自然、接触社会的实践活动非常受青少年的喜爱。调查发现,学习紧张、交通不方便、不感兴趣成为阻碍青少年参加校外教育活动的主要因素。家长也大多对教育的内容和方法、教师水平、场所硬件、收费标准等不是很满意,有家长认为,现阶段适合孩子活动的校外场所不是很多,活动创意性不足,让孩子直接体验的机会不多。这说明校外教育还要针对青少年健康成长的需求,加强专业化和精细化建设。在学校育人体系不断优化和大量社会培训机构的冲击下,其核心竞争力下降,供给质量和服务能力有待提升。[②]

① 康丽颖:《中国校外教育发展的困惑与挑战——关于中国校外教育发展的三重思考》,《北京师范大学学报(社会科学版)》2011 年第 4 期。

② 王瑞:《"十四五"规划背景下少年宫教育的思考》,《长春教育学院学报》2022 年第 3 期。

(二) 校外教育项目建设缺乏整体设计和基本规范

很多校外教育场所规模小,同时兼具社区多样复合功能,居委会、文化中心、社区学校及其他场所都在此地办公。存在的问题:一是校外教育在社区统筹协调、载体建设等方面发展不均衡,评估认证、教育培训功能没有得到足够的重视和发挥;二是由工作人员兼职导致的专职、专业管理指导力量不足;三是实践活动项目存在寒暑假活动项目多、日常活动项目少,低年级学生参与活动多、高年级学生参与活动少,常规化活动多、创新性活动少等现象;四是缺乏对不同年龄层次学生参加社会实践活动的科学评价指标体系、评价方式;五是缺乏应有的经费投入保障。因此,校外教育项目建设存在简单模仿甚至生搬硬套学校基础型学科建设的模式,无视两者在教育对象、教育要求、教育方法和评价标准等方面的差异。有研究认为,由于校外教育缺乏对自身规律的研究,缺乏校外教育理论的阐述,缺乏校外教育项目设置、设计、实施、评价等校外教育基础性、纲领性的指导意见,没能有效遵循校外教育所固有的特质和规律,不利于校外教育质量的提升,从而制约了校外教育的发展。①

(三) 校外教育活动场所缺乏设施设备适用标准

中小学生校外活动场所缺乏统一的建设标准,对设备配置、场地条件也无统一规定,造成不同地区校外教育机构在硬件设备配置方面形成差异。由于标准不统一,各地区校外教育机构场所的建设发展不平衡,影响教学质量,容易产生安全隐患。因校外教育建设标准、中小学生人身安全等方面的制度缺失导致的问题影响了校外教育的发展。校外教育是一项系统性工作,整个过程与人、财、物都相关,对相关资源的使用做出科学规

---

① 上海市校外教育协会编著:《青少年校外教育基础理论与实践创新研究》,上海教育出版社 2017 年版。

划和配置,是确保校外教育质量的重要环节。虽然中央、地方都在文件中对校外教育的发展做了要求和表述,但是,仍然与校外教育发展需要的规划方案有一定差距,部分省市对校外教育的投入和保障力度不够。由于没有统一的建造校外教育机构或场所的标准或其他指标,使校外教育机构的建设处于比较盲目的状态,极易造成资源的浪费和不合理投入。校外教育项目缺乏整体设计和建设规范是制约校外教育科学发展的重要因素之一。[①]

(四)校外教育在体系建设上不够完善

作为一项系统工程,校外教育涉及的人员广博。中小学生校外教育事业由政府主导和管理,政府是校外教育发展最主要的支持者和保障者。这些年中央和地方各级政府加大了对校外教育的投入和保障力度,我国校外教育发展成效明显,然而存在校外教育的统一协调管理问题,体系建设亟待完善。一是校外教育管理工作经常涉及多个部门管理,导致日常工作多家管理从而无从应对,或者没有一家管理导致无人问津,影响校外教育的平稳发展。二是不同校外教育机构分属于不同系统,从而产生管理体制的复杂化。校外教育机构隶属关系复杂,在一定程度上导致统筹协调难度大、一些地区财政投入不足和区域发展不平衡等问题。[②] 这些问题在公办校外教育机构中比较突出,公办校外教育机构基本上是事业单位,但是不同地区的校外教育机构行政级别不一致,导致校外教育机构在职能定位、人员配置等方面不统一,归属不同部门的公办校外教育机构,其从业人员的待遇和发展空间差别较大。这种情况会在管理上带来不便,也容易在青少年的服务质量上产生差别。

---

① 康丽颖:《中国校外教育发展的困惑与挑战——关于中国校外教育发展的三重思考》,《北京师范大学学报(社会科学版)》2011 年第 4 期。

② 李建民、易凌云:《新时代校外教育供给模式:本质属性、基本结构与优化路径》,《教育科学研究》2021 年第 10 期。

(五)校外教育保障机制不够健全

从以下几个方面可以看出校外教育的常规保障问题。一是在校外教育机构提供的服务内容上,目前的校外教育主要集中在业务培训领域,只有少数有条件的校外教育机构才会提供教学以外的便民服务,其他诸如餐饮、交通等很难保障;二是在校外教育活动的安全上,安全保障机制尚不健全,校外教育的很多重要内容无法实施。一旦出现中小学生受到损伤的情况,赔偿责任由何方承担比较复杂,容易产生纠纷,影响校外活动的顺利开展,甚至不少校外教育机构为避免出现安全事故,从不开展哪怕是风险较低的活动,比如远游、对抗性体育运动等;三是在校外活动与学校常规课程相结合上,校外教育机构的资源与学校资源没有最大程度地协同,有的不够用,有的资源闲置。校外教育没能与学校教育相互补充,经常与学校教育雷同,有的则成为补习班;四是在校外教育的师资力量上,具有高资质、高水平的校外教育教师比较少,大多数校外教育教师没有教师资格证书以及专业不对口。教师日常培训不足,没有形成机制,从而导致教师职业归属感差、流动性大,校外教育难以达到高水平的教学目的。

四、 促进校外教育发展的对策建议

培养青少年健康的人格品质和完善的生活能力要比简单传授给他们文化课知识更有意义。近年来,关于青少年高分低能、道德薄弱、心理疾病等问题时有发生,这应当引起教育者的深刻反思。我们需要在理念上有所转变,立足于培养“知识完备、体魄强健、人格健全”的青少年,需要我们做更多的工作,对校外教育投入更多的关注和关心。校外教育机构在新的历史阶段,要努力挖掘优势,谋求主动转型,将“等生上门”的传统运作模式转为“主动出击”的服务模式,积极发挥“服务”和“指导”的功能。要创造创新校外教育的内容和形式,制定规范的实施准则,突破当前校外教育面上火热而缺少系统规则的瓶颈,促进校外教育有序深入发展。

(一)做好统一教材的开发

校外教育活动实际运作主要通过项目化课程进行,课程项目的开发主体应该面向社会。设计开发高质量、多层次、实操性强的校外教育教材是完成校外教育目标的基本保证。针对传统校外教育活动零散、不连续、活动之间关联性弱、活动质量参差不齐等问题,校外教育机构可基于国家关于"五育"、数字教育、新版义务教育课程方案和课程标准等文件,通过系统、全面的前期规划,形成主题式的活动群,构建相应的活动课程体系,最终建设一批具备育人功能的活动项目。① 校外教育教材开发要掌握科学性、教育性、趣味性、适用性的原则,校外教育课程教材的资源包可用于设计、组织和实施青少年校外教育活动的资源集合,包括与活动内容相关的背景知识、教材资料、活动组织流程、活动实施的方法(技巧)、器材工具、评估方法等。② 笔者在实地调研时发现,很多机构自行设计教材,如果有一个顶层设计统筹这项工作,综合各地优势,不仅可以为广大校外教育机构和青少年提供优质教材,还可以避免很多地区的重复工作。

(二)加强专兼职教师队伍建设

教师是校外教育有效开展的保证,专业出色的师资力量是校外教育的生命线,构建专业化、社会化教师队伍体系非常重要。目前来看,校外教育师资层次不一,不能完全满足青少年和家长的校外教育需求,因此,选拔教师也要有一个标准,教师的日常培训应该按时进行,要为校外教育教师提供具有针对性的、实效性的专业培训。鼓励校外教育教师从事教科研,创设氛

① 秦蕾、朱冬香、胡盼盼:《论"双减"背景下校外教育高质量发展的三重维度》,《中国校外教育》2023 年第 2 期。

② 上海市校外教育协会编著:《青少年校外教育基础理论与实践创新研究》,上海教育出版社 2017 年版。

围、集聚力量,为校外教师开展科研提供支撑。长期以来,校外教育的优质项目都是围绕名师而展开,因此,实施校外教育名师培养工程也迫在眉睫。

校外教育是一种社会教育,校外教育本身具有显著的社会性,政策调整的倾向是在政府的主导下,借助社会各方面的力量,使得更多青少年能够更容易地享受到更丰富、更优质的校外教育资源,从而充分保障校外教育的公益性。校外教育推出的活动项目要汇聚学校、社会、企业、家庭等多种渠道资源,发挥各界人才优势,包括科学家、艺术家、运动员等,充实校外教育辅导员队伍,为青少年提供多角度、多层面、多学科、全方位的学习机会,一体化整体推进,形成覆盖不同年龄段青少年、满足不同兴趣爱好青少年的丰富多彩的校外教育活动项目。总之,要不断完善校外教育专、兼职教师队伍,才能使校外教育高质量发展。

(三)制定校外教育活动场所的设置标准

贯彻落实国家教育规划纲要及实施教育综合改革的一项重要内容是校外教育活动场所建设要遵循标准化和规范化。制定好青少年校外教育活动场所的设置标准,按设置标准对校外教育活动场所办学进行规划、审批。当前,各地校外教育活动场所建设缺乏统一的标准和明确的规范。因此,相关部门要对制定标准的目的、适用范围、遵循的原则、规划与建设的要求、资源合理有效利用等方面做相关规定。在进行校外教育活动场所建设时,要做到规划布局合理、功能齐全、安全适用、经济美观、满足校外教育的正常使用要求。比如,布局、选址及用地规定按照城乡建设总体规划要求、行政区域规划及中小学学生人数的发展趋势,每个区、县都应合理布局;选址规定应按照环境适宜、交通便捷,远离噪声、污染源,避开公共娱乐场所、集贸市场、看守所等进行合理选址;用地强调在满足需要的同时,提高土地利用率,合理利用地下空间,节约用地,并根据需要适当预留发展用地。

（四）建立校外教育质量监测评估机制

目前，我国青少年校外教育做了大量工作，取得不少成绩，但仍未能满足广大青少年及家长的需求。校外教育管理复杂、发展不均衡等问题，导致校外教育工作很多环节不规范、不协调。校外教育是家校社协同育人过程中的重要一环，针对以上问题，为促进校外教育健康有序发展，有必要建立教育质量监测评估机制。根据国家教育政策和区域校外教育整体发展规划，各地制定适应校外教育发展的评估标准，可制定评价指标四级体系，由上级管理部门或专门机构对校外教育进行全面定时评估。此外，校外教育亟须研究指导性意见，比如制定、完善教材资源包和评估指标体系等，可尝试校外教育学建设。

（五）加强校外教育的立法建设

当前，我国校外教育建设主体太过单一，没有足够的能力负担校外教育所需要的投入，缺乏后续保障使校外教育的开展遇到瓶颈。因此，亟须加强制度管理和立法建设。我国校外教育涉及全体青少年，数量庞大，具备立法的人口基础。同时，校外教育涉及的权益较多且比较重要，比如，我国法律没有明确规定校外教育活动的强制保险，如果青少年在参与校外教育活动期间受伤，其责任主体一般由校外教育机构承担，风险很大，严重影响了校外教育机构组织活动的积极性。近年来，在大力发展校外教育的背景下，校外教育集聚了大量的人力、物力等资源。监管和保障需要制度落实，制度可以明确行为准则，有效降低不确定性带来的风险。在所有制度中，法律是最权威、最具有执行力的一种制度形式。通过法律来规制校外教育，对于校外教育中一些具体和重要的问题明确相关责任、解决方法，是确保校外教育发展的有力举措。

家庭环境

新一代流动儿童及其家庭的特征与服务需求

程福财[1]　何　芳[2]

摘　要　流动儿童是我国儿童群体的重要组成部分。受到父母与家庭流动的影响，这些儿童的生活照顾、保护、教育等均出现了与普通儿童不同的特征与问题。随着经济社会的发展，新一代上海流动儿童及其家庭与10年前相比出现了诸多不同特征，其生活现状与需求有了新的变化。为了深入探究这一群体的特征与服务需求，本研究于2024年对8个上海流动儿童家庭进行了实证调查。调查发现：流动儿童未来返乡意愿低；流动儿童父母受教育水平比从前世代流动人口高，其就职能力与意愿较强；迫于工作和家庭矛盾，流动儿童母亲急需灵活就业，而灵活就业的资源明显不足；流动儿

① 程福财，上海社会科学院国际合作处处长、社会学研究所研究员。
② 何芳，上海社会科学院社会学研究所副研究员。

童及其家庭面临托育服务难及、就近进入公办学校（尤其是公办幼儿园与高中）就读困难、家庭教育指导缺乏、居住社区儿童活动场所与设施不足等问题。为了更好地保障流动儿童权益，有必要从政策层面更加积极回应流动儿童迫切的教育需求；将流动儿童列为科学育儿指导与儿童保护服务的重点对象，在流动儿童聚集区优先配套建设儿童活动场所与设施；强化政策宣导，让儿童公共政策服务切实惠及流动儿童及其家庭。

关键词 流动儿童；儿童权利；社会融入

流动儿童是我国儿童群体中特殊而重要的组成部分。2023 年 4 月，国家统计局与联合国儿童基金会等共同发布的《2020 年中国儿童人口状况：事实与数据》显示，2020 年，中国流动儿童规模达7 109万人。同年，上海户籍 0—14 岁儿童数量为 188.5 万人，非上海籍的 0—14 岁流动儿童数量高达 55 万余人。受到父母与家庭流动的影响，这些儿童在生活照顾、保护、教育等方面均出现了与普通儿童不同的特征与问题。有研究表明，当前上海流动儿童及其家庭与 10 年前相比出现了诸多不同特征。尽管长期和父母生活在一起，他们拥有相对较好的物质生活条件，但是受户籍的限制，这些儿童在就医、就学乃至居住等方面都面临不少问题。因此，在推动儿童福利政策与服务发展的过程中，有必要积极回应流动儿童及其家庭的生活现状与需要，为其生存和发展提供必要的福利政策保障。为深入探究这一群体的特征与服务需求，我们在文献研究的基础上，于 2024 年对 8 个上海流动儿童家庭进行了实证调查，以探究分析当前流动儿童群体的主要特征，考察流动儿童及其家庭的福利需求，进而提出相应的对策建议。

一、新一代流动儿童及其家庭的主要特征

(一)流动儿童迁移时间前置,且居住在上海的稳定性较高

对9—16岁儿童的调查发现,多数流动儿童在婴幼儿时期已经来到所在城市,其中26.6%的受访者出生在流入地,超过52.8%的受访者在幼儿园前已经来到流入地,76.7%的流动儿童在小学前来到流入地。① 同时,根据第七次全国人口普查数据,3岁以下城市流动儿童数量达424万人。② 流动儿童频繁迁移发生率低,迁移过程呈现稳定性的特征。流动人口为了子女教育的稳定性通常会选择保持工作地点的稳定性,流动儿童随父母频繁跨城市迁移的现象已不多见。

本次调研发现,当前流动儿童的父母多为"90后",他们中不少人经历过父母外出打工的"留守"童年,体会过作为留守儿童的苦恼。当他们成为父母后,便倾向于让子女从出生起就留在自己身边,而不是将子女送回家乡成为留守儿童。我们可以从以下访谈记录中了解相关情况。

受访者1:孩子在身边的多,但是大多没有(上海)户口。现在是这样子的,因为我们都希望能带在身边,不希望再回去,基本上没有留守。因为我觉得哪怕钱少一点也不要紧,孩子在自己身边,可以好好教育孩子。现在的确时代不一样,大家的见识也不一样。

受访者2:我现在29岁,跟我年龄差不多的那一代属于"90后"。因为那个年代刚好碰上"打工潮",爸妈去打工,将小孩留在家里交给老人照顾。我们这一代人留守儿童很多。反正当时学得好就学,学不好就别上(学)了。像我身边的同学,有的十八九岁就结婚了,我们那个年

---

① 万国威:《流动儿童调查:典型特征与保护体系建设》,《人民论坛》2024年第1期。

② 王伶鑫、张本波:《城市流动儿童关爱保护现状、挑战与对策建议》,《中国经贸导刊》2024年第4期。

代很多。

访员：所以你不想让孩子再做留守儿童？

受访者2：上初中的时候，我被妈妈放在家里，以前的留守儿童父母不在身边。现在我长大了，就不想让我的孩子远离我。

受访者3：我也是留守儿童，天天住校，周六、周日休息回家一趟，去外公外婆家住两天。所以现在自己做全职妈妈，不能让孩子再留守，不想让自己的孩子再走"留守"这条路。

受访者1：我们也不愿意让孩子做留守儿童，所以选择自己不上班，要不然的话就只能给老人(带)。实际上我也会有抱怨，我要是上班，我的户口也进来了。因为我不能上班，我就交不了那么高的社保。

(二) 流动儿童的流出地以上海邻近省份为主

调研发现，城市经济发展水平越高，跨省流动儿童占比越高。跨省流动儿童占比在城市之间存在较大分化，其中上海和苏州等城市的跨省流动儿童占比超过了五成，长沙、合肥、成都等城市的跨省流动儿童占比则在18.1%—24.6%，而济南和郑州等城市的跨省流动儿童占比低于12.5%。在上海和苏州等跨省流动儿童占比较高的城市，对其流动儿童来源地分析显示，共计28个省份的流动儿童流入两地，尤其以安徽、江苏、河南、山东等邻近省份的儿童较多。这与流动儿童父母会在综合考量流入地的收入、支出、文化、气候、人脉等因素后理性地选择流入地有关。[①] 本次实地调研对象的流出地主要是河南、山东、安徽等，这与上述调研发现一致。

(三) 流动儿童未来返乡意愿低

全国调查发现，超过六成的流动儿童未来想留在大城市，流动儿童回到

① 万国威：《流动儿童调查：典型特征与保护体系建设》，《人民论坛》2024年第1期。

农村的意愿仅为2.4%。①

调研发现,新一代流动儿童家庭可能已经普遍接受、习惯并适应了大城市生活,儿童在上海的社会融入状况较好,对本地人和外地人的身份差异意识并不明显,儿童在成年后重新返回户籍所在地尤其是农村地区的比例预计将非常有限。

访员:他会说他是外地人吗?

受访者4:他知道他的户籍是外地,考试要写,但不知道这个重不重要。他们觉得无所谓了,没什么问题。他自己没有太明显的(感觉)。

访员:他有老家的概念吗?

受访者2:还是有的,比如说要回老家,内心还是知道自己不是本地的孩子,可能没有像大人觉得我是外地的,好像比别人矮或者怎么样。对于是哪里的孩子,他没有太大的概念。我们没有说外地的低人一等,本地的人高(人一等)。他们不会,反正我们小孩跟我们一样的观念。

访员:你觉得你们孩子以后会在这定居还是回老家?

受访者1:看他自己,如果他在这边读完大学,在这里的可能性会比较大。

访员:你们有什么期望?

受访者4:我们可以说不可能回去,会在这里,(或者)可能到其他地方,但是不会回老家的。

(四)亲子共居是流动儿童的主要家庭居住模式,流动儿童母亲就职能力与意愿较强

从家庭居住模式看,与父母一起居住的流动儿童规模和占比快速增

① 万国威:《流动儿童调查:典型特征与保护体系建设》,《人民论坛》2024年第1期。

加,2000 年和父母一起居住的流动儿童占全国儿童人口的比例为 3.6%,对应规模为1 200万人,2020 年该比例增加至 13.1%,对应规模为3 902万人。[①] 同时,有调查显示,约有 86.2%的受访者与父母共同居住,未和父母任何一方居住的比例仅为 2.5%。[②] 在与祖父母共同居住的流动儿童家庭中,祖父母是流动人口的占比在 2000 年仅为 2.5%,到 2020 年已经上升到 10.2%。[③] 我们的调研也发现,新一代的流动人口受教育程度相对较高,拥有大学本科及研究生学历的受访者不在少数。因此,他们对外出就业大都持积极态度。尤其是女性,尽管她们中有部分人暂时没有工作,但普遍不甘愿在家做全职妈妈,希望能找机会重返职场。随着夫妻双方都要外出工作,越来越多的祖辈随迁到子女的居住地,协助照料孙辈。

(五)流动儿童在不同阶段交替呈现流动与留守双重特征

流动儿童和留守儿童常因时间和空间的转移而转换身份状态。研究发现,流动儿童和留守儿童并不是面临不同境况的两种人群,现实生活中是可以相互转化的同一个群体。[④] 很多父母外出务工的儿童在出生至幼儿园阶段留在老家,属于留守儿童;当留守儿童在幼儿园或义务教育阶段来到父母所在的城市就学,就成为流动儿童;对于跨省流动的儿童往往又因无法参加异地中高考,选择在初中阶段或之前就返回老家求学,以提前准备中考,他们又重新变回留守儿童,成为有流动经历的“回流儿童”。

上海作为人口集中导入区的超大城市,目前采用基于居住证管理的外来人口“居转户”政策、随迁子女异地中考和异地高考政策等。对于持有居住证

---

① 吕利丹、梅自颖、唐语新等:《中国儿童人口发展新特点与新趋势——基于对第七次全国人口普查数据的分析》,《社会科学文摘》2024 年第 1 期。

② 万国威:《流动儿童调查:典型特征与保护体系建设》,《人民论坛》2024 年第 1 期。

③ 吕利丹、梅自颖、唐语新等:《中国儿童人口发展新特点与新趋势——基于对第七次全国人口普查数据的分析》,《社会科学文摘》2024 年第 1 期。

④ 韩嘉玲、张亚楠、刘月:《流动儿童与留守儿童定义的变迁及新特征》,《民族教育研究》2020 年第 6 期。

且达到年限等要求的外地来沪人口准予办理常住户口申请;对于持有居住证且达到标准积分值的流动家庭,其子女在沪中考和高考享受同城化待遇。但是,目前来看符合相关条件的流动儿童比例并不高。多数流动儿童往往在较早的小升初阶段就已做好返乡就读的安排,相当一部分人选择了户籍所在地的市(县)条件较好的寄宿学校就读,[①]这意味着他们再次成为留守儿童。

二、流动儿童及其家庭面临的突出问题和主要需求

(一)流动儿童母亲灵活就业资源不足

由于不希望孩子成为留守儿童,不少来沪务工人员选择将孩子带在身边。然而,随之而来的问题在于就业需求与儿童看护需求的冲突。对于流动儿童家庭来说,父母双方很难在工作与家庭之间做出取舍。他们通常面临着比本地人更大的经济压力,需要双职工的收入来维持家庭的基本生活开支。他们也必须应对照看孩子的需求,当工作时间与孩子的放学时间发生重叠时,父母很难有充足的时间陪伴、照看和接送孩子。

访谈发现,流动儿童的母亲希望有灵活就业的机会,可以一边工作一边照顾孩子,但是她们很难在上海找到相关的支持与资源。因此,这些母亲迫切希望能有更多的社会支持和政策倾斜,帮助她们在照顾孩子的同时,能有一份工作。

> 受访者 1:他们(孩子们)上幼儿园应该没问题,但问题是上幼儿园后 4 点钟左右放学。像我们全职妈妈,需要一些弹性就业的机会。我们要是可以先接送孩子,比如白天 8 点送过去,下午 3 点接,但是哪一

---

① 马晓娜、何雪松、李伟涛:《教育现代化进程中超大城市流动儿童的边际突破——以上海为例》,《教育发展研究》2019 年第 21 期。

个公司允许这样上班的，对我们很不友好。但是老师们一直提倡多陪伴孩子，我觉得这一点是核心，也是未来社会的一个核心，对不对？所以说这一块是我们目前需求比较大的。实际上我们又要照顾孩子又想要赚钱，如果不赚钱的话，孩子爸爸一个人要养活一家。家里还有老人要赡养，我们孩子爸爸现在一个人要养五个人。还有一个就是社保问题，我现在虽然不上班，但是考虑到未来养老，我还得自己交社保，我每个月不但没有固定收入，还要有将近3 000元的支出交社保。

外出寻找工作与看护孩子之间的平衡点已经成为流动儿童家庭面临的一个主要困难。因此，有不少家庭尝试转向托育机构寻求帮助与支持，但是遇到了一系列新的阻碍与顾虑。

（二）现有普惠型托育服务无法满足流动儿童家庭需求

第一，普惠型托育机构的数量和名额不足。虽然上海普惠型托育服务面向所有适龄儿童，但是只有少数家长能够抢到名额。这意味着如果没有祖辈帮衬，双职工家庭必须通过其他途径解决孩子的照顾问题，寻找价格昂贵的私立托育机构成为唯一的解决方案。

受访者4：双职工家庭就想着放暑假时把孩子送暑托班，政府办的叫“爱心暑托班”，爱心暑托班名额太少了，抢不到位置。就是说虽然有（爱心暑托班），但是对于我们来说跟没有是差不多的。目前我是全职妈妈，我可以带（孩子），我是说那个地方（爱心暑托班）很多孩子的家长都抢不到的。

由此可见，目前上海的普惠型托育服务还无法满足流动儿童家庭的需求，这进一步加剧了流动儿童家庭的经济压力。数据表明，2018年初，上海仅1.4万名幼儿成功入托，而适龄幼儿数量已达34.68万人。尽管托育机构的数量有所增长,但上海各类托育机构仅能提供 3.4 万个托额,[①]与需求量相比仍有较大差距。

第二,托育机构分布不均衡、时间不合理。前期调研发现,本市不少托育机构并没有得到充分利用,存在空置现象。[②] 根据访谈结果来看,造成这一现象的主要原因是托育机构的分布与服务时间存在不合理之处,使得不少家长主动或被动地放弃了使用托育服务。

以社区“宝宝屋”为例,通常其提供托育服务的时间较短,并且开放时间也相当有限。服务内容无法满足流动儿童家庭的需求。不少家长表示,“宝宝屋”只是提供了一个活动空间,家长在将孩子送到“宝宝屋”后不能离开,仍旧需要亲自看护,这对家长来说并没有达到减轻照看压力的效果。相反,由于前往社区内最近的托育点位来回要花费约 1 个小时,这对他们来说反而是得不偿失的负担。

> 受访者 4:(展示宝宝屋的公众号预约界面)看得到它的开放预约时间是 9:00 到 15:30。15:30 之后就关门了。在这个时间段内你可以预约,但是上午只能约一个小时。你看这里:上午 9:00 到 10:00 还剩 19 个名额,但很少有人去的。下午 2:30 到 3:30,也解决不了问题。这么热的天,我跑过去路上就要不少时间,却只能托育一个小时。我路上就花很多时间,如果孩子能在里面玩一天的话,我还可以接受。
>
> 访员:除非真的是家里有事,正好一个小时。
>
> 受访者 1:但真有事也不是一个小时就能解决问题,出个门就是几个小时。小区旁边好像有几个点,我们已经去看过了,距离有点远。可

① 谢淑萍、曹艳:《“三孩”政策下上海婴幼儿托育服务发展现状分析及对策》,《科学发展》2022 年第 2 期。

② 当然,这并非上海独有的现象。例如,湖南省 2022 年实际入托人数仅 6.26 万人,全省的托位使用率仅为 35.77%,超六成托位空置;北京市发布的《关于本市托育服务体系建设情况的报告》显示,截至 2022 年 7 月,北京市托位空置率达 64.6%。

以把孩子放到里面,但是也只能托育一两个小时。然后你会发现这个(托育服务)也没有太多的意义,因为一个小时的时间太短了,实际解决不了任何问题。

受访者4:社区里面的宝宝屋一个月或者一个星期有两个小时是免费的。但是我们想去的做得比较好的几家没有名额。有一段时间我自己在网上查了、看了,我想预约一下。然后我看看,还是算了,又远又不方便,而且也没什么合适的可预约时间。

可见,虽然社区有免费托育服务,但其时长、内容、地点等对于流动儿童家庭来说都不具有吸引力,家长在权衡利弊之后选择放弃使用这项服务。在访谈中我们能够感受到,流动儿童的家长们对于托育服务专业人才、师资力量以及环境设施的要求并不突出,几乎没有受访者强调或是提出这些要求。这表明,针对流动儿童家庭的托育需求,首要工作是提升本市托育服务的可及性。

(三)"积分入学制"、社保缴纳与流动儿童的学校教育

在国家"两为主"政策的引领下,义务教育阶段的流动儿童入学政策虽然存在"积分入学制"和"材料准入制"的差别,但现有政策的整体落地情况较好,流动儿童普遍能够顺利进入公办义务教育体系。我们的调查发现,上海的流动儿童在义务教育阶段就读公立学校已经不存在政策障碍。不过,在具体的操作中,当前的积分入学制仍然对流动儿童有一定程度的限制。

按照上海有关外来人口学校教育的政策,家长居住证积分是流动儿童入学、升学资格的重要门槛,对流动儿童接受学校教育产生较大影响。流动儿童要想有最大把握进入适合的公立学校就读,特别是公立幼儿园和高中阶段学校就读,最好要达到120分的居住证标准分值。但这个门槛,对不少受教育水平相对较低的外来人口而言,很难达到。

目前《上海市居住证积分管理办法》对各项指标都赋予了相应分值。据此,接受过普通高等教育(大学本科及以上学历)且拥有一定专业技术职称

或技能等级的外来流动人口达到标准分值并不困难,但对于没有接受过普通高等教育的流动人口来说,达到标准分值则有较高挑战性。假设某人年龄打分为30分(最高分),大专学历为50分,则其社保缴费年限需要达到14年,才能达到120分(30+50+14×3=122)。

受访者4:积分的话,对学历有要求,学历跟年龄加起来基本上就够了,但是学历的话你要本科及以上,大专的话可能就(积分)少一点。年龄加本科学历,可能这两项能达到(积分要求)。

访员:公立幼儿园要多少积分才可以上?

受访者4:120分。原来大家都认为一般还是能达到的,主要可能学历卡了一大部分,今年好像有点(不一样)。今年我最大的(问题)就是像我们家,本来是可以分到市幼(音)的,我当时租房的目的就是上市幼,在家门口,然后我就可以找个班上。但今年说被调剂了之后就调远了,我正在为这个事情犯愁。虽然有公办(园)上,但调剂远了。因为我们积分是够的,但是它就调远了,那就不是我想要的。现在我们也很懵,就觉得计划也乱了,我们现在就很忐忑。老师说孩子的安全感来自父母的陪伴,得有人照顾。他们上学了,哪有(企业)三点多钟让你下班的?其实照顾孩子也是问题。我还不能上班,家庭收入、生活品质(受影响),还有一个哥哥(也受影响)。

受家长居住证积分不满120分影响最大的是学龄前儿童。他们的父母往往较为年轻,在上海工作时间较短,因此社保缴纳年限也较短。由于不满足120分的积分要求,一些家长只能选择价格较为昂贵的民办幼儿园,或是等待公立幼儿园优先安排本地户籍儿童入园后统筹的多余学位,这使得一些流动儿童不能如愿进入自己居住地附近的公办幼儿园就读。

受访者2:我们对幼儿园其实没有过多要求,只要能上学就可以。但是本来都是外地来打工的，经济方面肯定不是特别富裕。像私立幼儿园一个月最低3 000元左右，很贵的，相当于一个人半个月的工资，如果(收入)不好的话，可能大半个月的工资。其实半个月工资还不够，这还不包括别的杂七杂八的费用，每个月的费用都要交。所以说都想进公办幼儿园，但是进入公办幼儿园是有要求的，这个也是正常的，因为我们本来就是外地人，肯定要占用本地资源，读公办幼儿园有一些要求，(对我们)有点难。

受访者3：他们家孩子今年没有上公办幼儿园，上不到她就给孩子报了私立幼儿园，据说学费很高，一个月要4 000多元，然后还要加上杂七杂八的费用。其实她就是没有工作的，有点难的。

受访者5：婷婷(音)家也是。他们家有三个小朋友，婷婷是老二，还有一个小弟弟，只有一岁半。婷婷的爷爷奶奶来上海打工，就把她带过来。两个人上班也很辛苦，有一个是上午上班，有一个是下午上班，是错开的。他们前段时间对报幼儿园也很头疼，要上公办幼儿园上不了，各个条件都满足不了，只能上私立(幼儿园)。他说现在很多私立幼儿园好像也缩减了，再就是它的费用特别高，一个月要四五千元。

可见，尽管目前政府在流动儿童教育公平的相关政策上已经放开限制，但在实际操作过程中，一些阻碍流动儿童入学的障碍在一定范围内仍然存在。

与居住证积分类似，父母的社保缴纳情况也直接影响孩子的学校教育。按照有关规定，在九年义务教育阶段，家长必须提供近一年内连续半年的社保记录，社保有断缴、补缴记录会影响孩子在沪入学。[①]

---

① 根据《上海市人民政府办公厅转发市教委等四部门关于来沪人员随迁子女就读本市各级各类学校实施意见的通知》(沪府办规〔2018〕5号)等要求，2024年，来沪人员适龄随迁子女需在本市接受义务教育的，适龄儿童须持有效期内"上海市居住证"或"居住登记凭证"，父母一方满足下列两种情形之一：第一种情形，持有效期内"上海市居住证"，且一年内(2023年7月1日起至2024年6月30日)参加本市职工社会保险满6个月的证明(不含补缴)；第二种情形，持有效期内"上海市居住证"，且连续3年(首次登记日起至2024年6月30日)在街镇社区事务受理服务中心办妥灵活就业登记。

> 受访者 1: 像我们没户口的又担心万一经济不好断交社保,就特别着急孩子上学,怕学校万一不要怎么办……社保是要连续的,在报名升学这个节点,如果没连续缴社保等于就是没有。我们要先连续缴半年,才有资格(报名)。如果中间断缴了,那就等于后面没有(报名资格)了。
>
> 受访者 7: 我们现在工作的地方万一经济不行,就要自己交社保。

可见,流动儿童入学需与社保缴纳挂钩,导致他们的家长面临较大的心理压力,正如一位受访者所说:“经济不好的时候,有时候担心,我不能换工作,也不能断工作、停工作。本地的就没这问题,换个工作也不着急,也不怕。”一些家长因此放弃了更好的工作机会。

(四)流动儿童的家庭教育问题:外部指导缺乏和家内互助不足

家长在教育孩子的过程中总会遇到各种问题,流动儿童家庭也不例外。访谈发现,流动儿童家长普遍重视孩子的教育,担心自己做得不够,渴望得到专业的家庭教育指导。

> 受访者 1: 我觉得我们在带孩子的过程当中有一个问题,那就是不知道如何带孩子。这个地方(公益性早教机构)会带着孩子们玩,我的孩子之前在家里唱的“太阳微微笑”(歌词)就是在这里学的。后来我就想,那我教给了孩子什么? 孩子学会了什么? 所以我有一个问题就是关于带孩子,怎么带孩子,或者如何陪伴孩子。

当意识到优质的教育资源稀缺和入学难问题时,流动儿童的父母更加重视家庭教育,希望能够在一定程度上弥补学校教育带来的个体差异,以期为孩子争取更多的机会。

受访者4：我们能上公立幼儿园感觉已经不错了。但是又考虑到孩子入园以后，家长就会觉得压力好大，因为他同班的同学可能进了很好的学校，小孩子的差距，他们在一起玩时，家长是看得到的。

受访者6：孩子养成好的习惯是什么时候？现在两岁多了还没有养成看绘本的习惯。一直到上幼儿园、上小学也不爱看书咋办呢？主要现在我们作为家长不知道什么时间该做什么事，怕到时候再养不成（好的习惯），就很费劲。

在教育方面，家长们希望了解如何科学地辅导孩子的学习、培养孩子的兴趣爱好，以及如何帮助孩子提升综合素质。由于缺乏相关的专业知识和经验，遇到问题不知如何处理，部分家长产生明显的焦虑情绪。由于家长们普遍重视育儿，因此他们都非常渴望学习更多专业的育儿知识，对公开的育儿讲座以及类似活动表现出强烈的兴趣和参与意愿。然而，受制于时间成本和经济成本，家长们对家庭教育指导服务的参与率并不高。

受访者5：社区有组织专家教授的早教、育儿讲座。办得还是蛮好的，它可以整体化来提升大家的一个早教意识，育儿理念也可以与时俱进，因为毕竟孩子现在的生长环境在变化。它是儿童救助基金会的一个项目，整体来说，他们基本上每个月，至少两个周末会有一些活动。

从调研情况来看，除少数公益讲座和公益亲子活动外，流动儿童的家长很少获得来自其他渠道的家庭教育指导公共服务。目前，社交媒体与互联网是流动儿童的家长们获取家庭教育知识与信息的主要渠道。有家长表示，当发现社交平台上有其他妈妈也面临同样的问题时，自己的焦虑情绪能够得到缓解。但是，社交媒体平台也充斥着大量虚假或未经证实的信息，其中不少信息有着明显的消费诱导倾向，这也对流动儿童家长的辨别筛选能力提出了新的考验。

除得不到足够的外部教育指导外,流动儿童家庭教育从家庭成员处得到的支持更为匮乏。外来务工人员的父母受教育水平大多不高,因此很难在孩子的教育上助力。父母辈与祖辈的教育理念并不相同,容易产生矛盾冲突。不仅如此,将老人接到上海不但会增加日常开销,为务工人员带来更多的经济压力,还会导致居住空间紧张。

受访者2:如果老人来了就可能会有新的麻烦,比如婆媳矛盾、带孩子的方式与理念不同等。我们家还有一个现实问题,就是我们房子很小。我们现在已经四个人了,如果奶奶再过来的话,我们(住的)地方实在是太小了。

受访者4:老大的时候还好,老二的时候比较混乱。可能当时也不懂,小孩的规律睡眠怎么持续,吃睡玩的循环该怎么弄。问朋友吧,每个家庭、每个孩子的情况都不一样,自己家人就觉得你事多。老人就觉得,老家的孩子,人家往那一放就自己睡了,你的孩子怎么那么难?家里人就觉得,大家都这么过来的,你事太多了,你搞这么细,说你带1个孩子(的功夫)老家能带10个。还有一些问题就是像孩子生病什么的,我们可能看了一些科普文章之类的,有的感冒能扛就扛一扛。我理解就是,在我能判断他没什么大问题的时候都可以过去的。但是老人的话,就觉得你不带他去看病,你不带他去医院。在老家,孩子一生病就挂点滴,见效快。老人就觉得你非得让他熬一星期,说你的孩子跟着你多遭了多少罪。

此外,流动儿童家庭的父职缺位情况更为严重。本次调查显示,所有受访流动儿童家庭都是由妈妈承担家庭教育的责任。对于流动儿童的家庭来说,父亲往往是主要的经济来源,他们将更多的精力和时间投入工作,很少参与孩子的教育。

受访者1:(流动儿童)没有爸爸陪伴的,基本上是妈妈放下工作,爸爸要上班。我觉得教育孩子这一块见成效是很慢的,工作这一块见成效(工资)是比较明显的。小孩1—6岁,宝妈们不上班,现在都在建议这个。0—3岁小孩带着特别辛苦,再一个教育上,真是有的时候必须都是宝妈们带着。有的时候爸爸也很辛苦,累,他也照顾不了小孩。6岁之前的宝妈们都有一个目标,要把小孩教育好。

(五)流动儿童居住的社区儿童活动场所与设施不足

由于家长收入水平不高和工作地点限制,流动儿童家庭多集中居住于郊区或城乡接合区域。访谈中家长们普遍反映,自己居住的社区可供儿童活动的场地和设施严重不足。

受访者1:觉得附近给小朋友玩耍的公共设施太少了。除了老人健身的设施,确实没有其他的。就是刚刚提到的社区配置。像我们家老大喜欢跑步,但是适合跑步的地方太远了,所以我们想约学校的,但是学校17:00就关门了。我们小区里面有一个邻里中心,它是一个小朋友可以活动的地方,但平时也是很早关门,有时候16:00就关门了。白天家长要上班,它开了门我们也去不了,只有在第三方机构才能找到更多的孩子,就得花钱去,我觉得基本上没有一个孩子跟孩子敞开了玩的空间和地段。

受访者3:(我们那里)一样的,都是老人健身器材,没有小孩玩的。

受访者4:一号路(音)那边有一个攀爬架,像他(指儿子)这种根本玩不了,那大攀爬架,高得你根本上不去。大人托着都没办法弄,所以小孩子玩不了,这一条路就这一块有这么大的地方。

受访者8:这边的资源不是特别好,可能老人比较多一点。但凡有稍微好一点(的房子)能够去其他地区上学了,可能相对来说(不会留在这里)。我们买不起别的地方的房,才可能到这边来。本地的老人很多,本地的年轻人有能力的就往外走。我们这边相对来说不是特别好的地段,外地的不少,本地的也有,但他们都是因为外面没有更好的学区选择了。

当前,上海正在大力建设儿童友好城市,已取得显著成效。《上海市推进儿童友好城市建设三年行动方案(2023—2025年)》提出,加快推进公共空间和服务设施适儿化改造,合理增补儿童校外活动场所和游憩设施,着力提升空间设施品质,打造一批"让孩子们跑起来"的活动空间。在政策推动下,各区都陆续建设了一批适合儿童游戏和活动的公共空间。但从目前的调研情况来看,流动儿童集中居住的郊区或城乡接合区域在相关场所和设施建设上还存在不足,有待进一步加强。

三、促进新时代流动儿童融入城市的建议

流动儿童及其家庭是经济社会持续发展的重要主体。在推进儿童发展与城市管理的进程中,要始终坚持儿童平等发展理念,以流动儿童及其家庭的需求为本,积极打造更加开放、平等且有活力的儿童友好城市,以系统的公共政策服务确保流动儿童得到良好发展。

(一)积极回应流动儿童迫切的教育需求

确保孩子能够在上海顺利入学并接受良好的教育,是新一代流动儿童家庭的迫切愿望,也是他们在上海工作生活的重要目的。当下流动儿童家长的受教育水平显著提高。有研究发现,流动人口中,小学及以下受教育水平的人口所占比例呈逐步下降趋势,大学及以上受教育水平的人口所占比例逐步提高。他们更加重视教育对孩子成长的意义,也更加有能力为孩子

提供较好的教育。此外,不少流动儿童都是在上海出生成长,他们的父母把孩子在上海接受教育当作自然的选择,也是继续留在上海打拼的重要理由。

确保孩子能够在城市接受教育特别是公立教育,是流动儿童家庭最重要的议题。为了满足居住证积分入学制的要求,不少父母特别珍惜自己的工作,他们尤其担心失业造成无法连续缴纳社保而影响孩子入学。在得不到大家庭必要支持的前提下,一些母亲选择全职在家带养孩子且每月自费缴纳社保,确保居住证积分足够满足孩子入学读书的要求。居住证积分入学制度是在学龄流动儿童数量较多、学额相对有限的背景下分流人口的制度安排,在上海学校教育与城市管理中发挥过积极的作用。随着人口出生率的持续下降,户籍学龄儿童数量相应减少,人口老龄化现象日益突出。此外,由于经济发展面临的压力趋大、劳动力市场的需求相对减少等问题,外省年轻父母来上海务工就业的意愿在削减。

宏观经济社会形势特别是人口结构的上述转变,需要上海更加注重其开放的移民城市属性的维持和发展,通过积极的经济社会政策,吸引劳动力来上海创业就业,吸纳青年人口持续流入,削减人口老龄化对经济社会可持续发展的影响。这对流动儿童在本市接受教育的相关政策调整提出了要求,为便利流动儿童在本市入学提供了更多可能。适时修正入学积分制度,减少父母的“居住证积分”对其孩子入学资格的影响,允许在上海连续生活满一定年限的流动儿童能和户籍儿童一样同等享受进入本市中小学校接受教育的机会,可为流动儿童的成长创造更加公平友好的发展环境,也能够显著减少流动儿童家庭的育儿压力,缓解劳动力供给不足的问题。特别是近年来,人口出生数量持续下降。加强对生育的支持,对提升本市人口生育率、增加儿童数量的作用相对有限。通过开放流动儿童在本市受教育的政策变革,可以吸纳相当数量有较强经济能力与就业能力的外来人口到上海就业、安家、育儿。这对提升上海人口出生率,提升上海城市的竞争力与发展潜力、促进上海可持续发展具有积极的现实意义。

(二)将流动儿童列为科学育儿指导与儿童保护服务的重点对象,在流动儿童聚集区优先配套建设儿童活动场所与设施

针对流动儿童家庭育儿面临的问题,有必要有针对性地加强对流动儿童家庭育儿的科学指导服务。要高质量开展对流动儿童新生儿家庭的访视制度,指导育有一岁以下婴儿的流动儿童家庭科学护理、照顾和教育儿童,及时发现和处置新生儿养育中出现的问题。近年来,各地都在持续强化儿童友好社区、儿童友好城区、儿童友好城市建设,在公园、绿地、滨江、广场、商场、新建小区等场所兴建了一大批儿童游乐场所与设施,普惠型儿童托育机构与服务、儿童医疗服务等的发展得到系统推进。但总体上看,儿童公共服务机构、场地、设施、人员等的建设情况存在区域间的不平衡。流动儿童及其家庭较为聚集的郊区、老旧社区、学校等的儿童友好建设情况相对滞后。建议按照儿童平等发展、均衡发展的理念,在推进和评估儿童友好社区、城区与城市建设的过程中,特别关注流动儿童所在区域、社区和学校的特点,优先或平等推进面向他们的相关机构、场地与设施配套建设。

(三)强化政策宣导,让儿童公共政策服务切实惠及流动儿童及其家庭

在健康、教育、安全保护、社会福利、成长环境等方面,上海儿童发展的公共政策与服务等持续不断推进。上海市在儿童医疗保障、学校教育、校外教育、安全保护、课后与校外照顾、游戏娱乐场地与设施等方面推出了一系列卓有成效的政策服务,促进了儿童的总体发展,受到市民广泛好评。不过,研究发现,流动儿童及其家庭对本市相关政策服务的知晓度、使用率明显较低。作为外来人口,他们较少主动关心相关政策服务的制定实施情况,相关部门与居(村)委组织开展的政策服务宣导往往缺少针对这一特定人群的特别推介。流动儿童及其家庭对儿童居民医疗保障、托幼机构准入政策、

新生儿探视等重要政策服务的内容了解较少,限制或削弱了相关政策服务的效度。为此,有必要强化面向流动儿童及其家庭的政策服务宣导,深入流动儿童相对聚集的小区、学校等开展专题政策普及,确保每一项面对流动儿童的政策服务都能落实到位。

家庭养育环境与儿童情感发展[*]

魏莉莉[①]

摘　要　在儿童友好城市建设背景下，儿童友好家庭建设作为城市友好环境构建的核心要素，对儿童身心健康发展具有重要意义。本研究聚焦家庭养育环境对儿童情感发展的影响机制，重点探讨了家庭社会经济地位和父母依恋等核心变量对儿童情感发展（包括积极情感、消极情感和抑郁情感）的影响作用。研究发现：独生子女的积极情感水平显著高于非独生子女；家庭经济状况的主观感受与儿童情感发展的积极程度呈显著正相关；父母信任与父母沟通作为父母依恋的重要维度，对儿童积极情感发展具有显著正向预测作用；而父母疏离则与儿童消极情感呈显著正相关。此外，研究进一步揭示了儿童情感发展的内部作用机制：积极情感与抑郁情感呈显著负相关，消极情感则与抑郁情感呈显著正相关。基于上述研究，本文提出对策建议：着重加强多子女家庭的资源支持与科学育儿指导、构建积极的家庭养育环境、增强家庭心理资源的支持力度，并通过多元主体协同推进儿童友好家庭建设，从而为儿童情感健康发展提供系统性支持。

关键词　家庭养育；情感发展；儿童友好

＊　本文原载《青年发展论坛》2025年第4期，收录于本书时略有改动。

①　魏莉莉，上海社会科学院社会学研究所副研究员。

一、研究背景

2022年1月1日开始实施的《中华人民共和国家庭教育促进法》(简称《家庭教育促进法》)制定的初衷是发扬中华民族重视家庭教育的优良传统,引导全社会注重家庭、家教、家风,增进家庭幸福与社会和谐,培养德智体美劳全面发展的社会主义建设者和接班人。可见,良好的家庭教育有助于培养全面健康成长的未成年人,对于促进家庭的幸福感、增强社会和谐以及推动国家的持续发展和繁荣具有重要意义。随着我国将儿童友好城市建设纳入《中华人民共和国未成年人保护法》(简称《未成年人保护法》)、《家庭教育促进法》等法律法规,推动儿童友好家庭建设成为研究者的关注点。有研究表明,儿童友好家庭指标体系包含家庭环境、儿童—家庭互动、儿童状态三方面内容。其中,家庭环境强调提供注重安全与发展的物理环境及良好的家庭氛围环境;儿童—家庭互动强调家庭能够营造适宜儿童社会化成长、注重儿童自主参与的家庭教育环境,注重儿童与成长环境的双向互动性;儿童状态则注重儿童成长发展的结果状况[①]。可见,儿童友好家庭既包括一定的物质经济基础,也包括良好的亲子关系以及儿童实际的身心发展状况,这涵盖了儿童发展所需的全部三类核心需要,即生存的需要、相互关系的需要和成长发展的需要[②③]。

2024年2月发布的《家庭教育蓝皮书(2024):中国家庭养育环境报告》聚焦中国家庭的养育环境以及家长和孩子的心理健康状态,分析了家庭养育环境对孩子的心理健康、心理品质和日常生活行为的影响。其中,家庭

---

① 何彩平、赵芳、曾凡林:《儿童友好家庭指标体系构建——基于儿童和专家的双重反馈视角》,《社会建设》2023年第3期。

② 同上。

③ Clayton P. Alderfer, "An Empirical Test of a New Theory of Human Needs," *Organizational Behavior and Human Performance*, 1969, 4(2).

养育环境是指孩子成长过程中亲子关系、家庭环境、教育方式等因素的综合体现。该报告提到,积极的养育风格更有助于父母与孩子之间形成依恋纽带,为孩子提供安全感和情感保障,而消极的养育风格可能会导致不健康的应对策略,并加剧心理健康问题的严重性。该报告的研究结果显示积极的养育环境会对孩子的心理健康和日常行为起到正面作用①。事实上,在家庭养育环境中,父母依恋对儿童的发展至关重要。安全的父母依恋可以为儿童提供稳定的情感基础,帮助儿童建立自信、信任他人,并有效地处理情绪。依恋是将个体与他人紧密联系在一起的深厚而持久的情感关系②,父母依恋是孩子与父母之间形成的一种情感联系,这种联系对孩子的心理发展具有深远的影响。依恋行为最初存在于婴儿与主要抚养者(通常指母亲)之间,是婴儿寻求与母亲保持亲密联系的行为倾向,是母婴之间一种积极的、充满深情的情感联结③。依恋是儿童早期生活中最重要的社会关系,也是个体社会性发展的开端和组成部分,早期安全的依恋关系不仅有利于儿童身心的健康发展以及社会化的顺利进行,而且直接影响个体成长过程中的人格完善④。由于早期依恋形成的"内部工作模式"会贯穿生命全程且相对稳定,早期依恋会对个体的成人依恋产生长期影响,依恋关系还有可能在代际之间实现传递⑤。由此可见,父母依恋在家庭养育方式中具有核心地位,它不仅关系到儿童的早期发展,而且对个体的毕生发展以及后代的发展均具有重要意义。

与之相应,情感发展作为个体心理成长的重要组成部分,不仅影响个体的幸福感和生活质量,还影响人际关系和社会互动,对个人的整体健康和福祉具有深远影响。上海师范大学教授卢家楣提出,对青少年成长来说,健康

---

① 马国川、张蓝心主编:《家庭教育蓝皮书(2024):中国家庭养育环境报告》,中国出版集团中译出版社 2024 年版。

② H.R. 谢弗:《发展心理学的关键概念》,胡清芬等译,华东师范大学出版社 2008 年版。

③ 宋海荣、陈国鹏:《关于儿童依恋影响因素的研究述评》,《心理科学》2003 年第 1 期。

④ 同上。

⑤ 朱佳颖:《依恋理论述评及展望》,《黑龙江教育学院学报》2012 年第 8 期。

情感是其发展之本。积极或消极的情感,会对青少年的行为活动起到增力或减力作用,同时会影响青少年的身心健康,影响青少年认知学习活动的质量和效率。[①] 正是基于情感能力的重要性,经济合作与发展组织在成功举办多届 PISA 测试后,又于 2019 年和 2023 年在世界范围内开展青少年社会与情感能力研究[②]。《中国青少年社会与情感能力发展水平报告——基于第二轮 SSES 测评数据》指出,社会与情感能力是关系到成年人和儿童为人处世基础的综合能力,体现在个体能否积极地与他人交往和相处、能否有效地识别和调节自己的情绪并专注于某项任务、能否参与并学习新的经验和新的想法等生活的方方面面。它是学生学习的必要条件,是职业成就的重要预测因素,更与个体的健康和心理幸福感密切相关。[③] 同时介于当前青少年抑郁症的发病情况呈现一定的严重性[④][⑤],本研究着重关注儿童情感发展中的积极情感、消极情感和抑郁情感。

基于上述分析,本研究将聚焦家庭养育环境对儿童情感发展的影响机制,其中家庭养育环境主要包括家庭的社会经济地位以及家庭中的父母依恋,儿童情感主要包括儿童的积极情感、消极情感和抑郁情感。

二、 数据收集和测量

(一) 数据收集

本研究的数据收集时间为 2022 年 9—10 月,调查对象为上海市某区中

---

① 修菁:《上海师范大学教授卢家楣: 健康情感是青少年发展之本》,《人民政协报》2015 年 11 月 4 日。

② 袁振国、黄忠敬、李婧娟等:《中国青少年社会与情感能力发展水平报告》,《华东师范大学学报(教育科学版)》2021 年第 9 期。

③ 袁振国、黄忠敬、王纮等:《中国青少年社会与情感能力发展水平报告——基于第二轮 SSES 测评数据》,《华东师范大学学报(教育科学版)》2024 年第 5 期。

④ 傅小兰、张侃主编:《中国国民心理健康发展报告(2021 ~ 2022)》,社会科学文献出版社 2023 年版。

⑤ 陈祉妍、李香枝等编:《儿童青少年抑郁治疗与康复痛点调研报告(2024)》,中国科学院心理研究所国民心理健康评估发展中心与青少年抑郁支持平台“渡过”联合发布,2024 年。

小学生(小学四年级至高中三年级)。调查通过线上问卷形式,共收集有效问卷600份。从调查样本的组成情况来看,被调查的儿童青少年均在2000年之后出生,男女生所占比例分别为48.7%和51.3%,其中上海户籍和非上海户籍分别占比94.8%和5.2%,独生子女和非独生子女分别占比80.7%和19.3%,小学高年级(四、五年级)学生占比41.1%,初中生占比31.2%,高中生占比27.7%。

(二)测量

本研究中各变量的操作化情况如下。

1. 因变量

(1)积极情感。采用修订后的积极情感量表(Positive Affect Scale)进行测量,主要包括对快乐、幸福、平和等积极情感的感受①②。量表中每道题目的赋值为1—7分,其中1分代表完全没有感受过,7分代表时刻感受,在1至7分之间,分数越高代表感受的频率越高。本研究以量表中各题的总分作为得分纳入多元回归模型中。

(2)消极情感。采用修订后的消极情感量表(Negative Affect Scale)进行测量,主要包括对恼怒、消极和无助等消极情感的感受③④。量表中每道题目的赋值为1—7分,其中1分代表完全没有感受过,7分代表时刻感受,在1至7分之间,分数越高代表感受的频率越高。本研究以量表中各题的总分作为得分纳入多元回归模型中。

(3)抑郁情感。采用流调中心抑郁量表(CESD-SC)进行测量,共20题,邀请被调查者使用0—3分评定最近一周内各种状况出现的频度,并对

① E. Diener, "Subjective Well-being," *Psychological Bulletin*, 1984, 95(3).

② E. Diener, R.A. Emmons, R.J. Larsen et al., "The Satisfaction with Life Scale," *Journal of Personality Assessment*, 1985, 49(1).

③ E. Diener, "Subjective Well-being," *Psychological Bulletin*, 1984, 95(3).

④ E. Diener, R.A. Emmons, R.J. Larsen et al., "The Satisfaction with Life Scale," *Journal of Personality Assessment*, 1985, 49(1).

反向题进行反向计分，其中 0 代表少于 1 天，1 代表 1—2 天，2 代表 3—4 天，3 代表 5—7 天[①②]。本研究以量表中各题的总分作为得分纳入多元回归模型中。

2. 自变量

（1）家庭社会经济地位。家庭社会经济地位主要运用父亲和母亲的社会经济地位进行测量。其中父亲的社会经济地位包括父亲的受教育程度和父亲的职业，母亲的社会经济地位包括母亲的受教育程度和母亲的职业。受教育程度分为三类，即高中及以下、大专、本科及以上。职业分为体力工人、非体力工人和专业技术管理人员。家庭经济状况采用儿童的主观感受进行测量，分为困难、中等和富裕三类。

（2）父母依恋。采用修订后的父母依恋量表（Revised Inventory of Parent and Peer Attachment, IPPA - R）[③④]进行测量，共 25 题，包括 3 个维度，分别是父母信任（反映亲子相互理解和尊敬的程度）、父母沟通（反映亲子间沟通开放性的程度）和父母疏离（反映亲子间愤怒和孤立的程度）。量表中每道题目的赋值为 1—5 分，其中 1 分代表非常不同意，5 分代表非常同意，在 1 至 5 分之间，分数越高代表同意程度越高。本研究以维度中各题的总分作为得分纳入多元回归模型中。

3. 其他控制变量

本研究以儿童青少年的性别、户籍、是否独生子女和年级为控制变量。其中性别分为男性和女性，户籍分为上海户籍和非上海户籍，是否独生子女

---

① 陈祉妍、杨小冬、李新影：《流调中心抑郁量表在我国青少年中的试用》，《中国临床心理学杂志》2009 年第 4 期。

② L.S. Radloff, "The CES-D Scale: A Self-Report Depression Scale for Research in the General Population," *Applied Psychological Measurement*, 1977, 1(3).

③ G. C. Armsden, M. T. Greenberg, "The Inventory of Parent and Peer Attachment: Individual Differences and Their Relationship to Psychological Well-being in Adolescence," *Journal of Youth & Adolescence*, 1987, 16(5).

④ 张迎黎、张亚林、张迎新等：《修订版青少年依恋问卷中文版在初中生中应用的信效度》，《中国心理卫生杂志》2011 年第 1 期。

分为独生子女和非独生子女，年级分为小学、初中和高中。

本研究中各变量的基本情况如表 1 所示。

表 1　各变量及其描述

变量类型	变量名称	变量性质	描　述
因变量	积极情感	连续	各项的总分（各项取值 1—7 分）
	消极情感	连续	各项的总分（各项取值 1—7 分）
	抑郁情感	连续	各项的总分（各项取值 0—3 分）
自变量	父亲/母亲受教育程度	定类	1=高中及以下，2=大专，3=本科及以上
	父亲/母亲职业	定类	1=体力工人，2=非体力工人，3=专业技术管理人员
	家庭经济状况（主观感受）	定类	1=困难，2=中等，3=富裕
	父母信任	连续	维度中各题的平均分，1—5 分
	父母沟通	连续	维度中各题的平均分，1—5 分
	父母疏离	连续	维度中各题的平均分，1—5 分
控制变量	性别	定类	1=男，0=女
	户籍	定类	1=上海户籍，0=非上海户籍
	是否独生子女	定类	1=独生子女，0=非独生子女
	年级	定类	1=小学，2=初中，3=高中

三、研究结果与分析

本研究考察了不同的家庭养育环境对儿童情感发展的影响作用，主要考察了不同的家庭社会经济地位和父母依恋关系对儿童积极情感、消极情感和抑郁情感的影响作用,同时在控制其他变量的情况下,考察了儿童的积极情感和消极情感对抑郁情感的影响作用,结果见表 2。

(一)独生子女的积极情感水平显著高于非独生子女

回归分析结果显示,在积极情感的影响因素方面,在控制其他变量的情况下,独生子女的得分显著高于非独生子女,其回归系数为 0.647($p<0.05$),表明独生子女比非独生子女在积极情感上的得分高出 0.647 分。自中国 20 世纪 70 年代末期开始严格推行计划生育政策以来,独生子女和非独生子女的比较就引起了学术界的广泛关注[①]。中国科学院行为科学重点实验室一项针对独生子女与非独生子女微博行为差异的研究显示,独生子女组在个人展示中的自我描述更积极[②]。相关研究也表明,多子女家庭中父母的支持资源和期待资源存在稀释效应[③],家庭中子女数量的增多会使得单个孩子所能获得的资源相应减少[④⑤]。这意味着与多子女家庭相比,独生子女有机会获得家庭中更多的物质资源和父母的时间精力投入,这些因素可能有助于独生子女积极情感的发展。

(二)家庭经济状况的主观感受与儿童情感发展的积极程度呈显著正相关

回归分析结果显示,在积极情感的影响因素方面,在控制其他变量的情

① 侯佳伟、张银锋:《改革开放以来的独生子女研究——以风笑天先生研究成果为例》,《青年探索》2018 年第 6 期。

② 中国科学院行为科学重点实验室朱廷劭研究组周阳、聂栋:《心理所研究初探独生子女与非独生子女的社交行为差异》,https://psych.cas.cn/news/kyjz/202202/t20220224_6373658.html。

③ 伊佳、赵云:《"三孩"政策下多子女家庭亲子关系与家庭教育研究》,《中华家教》2023 年第 4 期。

④ 谢永飞、程剑波、郑诗泽:《流动儿童家庭教育投入的实证研究——一个基于资源稀释理论的分析》,《云南行政学院学报》2018 年第 6 期。

⑤ 杨菊华:《父母流动、家庭资源与高中教育机会》,《学海》2011 年第 2 期。

表 2　家庭养育环境对儿童情感发展的影响(OLS 多元回归分析)

变量	积极情感		消极情感		抑郁情感(模型 1)		抑郁情感(模型 2)	
	β	S.E.	β	S.E.	β	S.E.	β	S.E.
个体特征								
男性[a]	0.106	0.237	−0.307	0.361	−0.836	0.717	−0.562	0.648
上海户籍[b]	−0.570	0.575	0.170	0.878	0.582	1.742	−0.023	1.573
独生子女[c]	0.647*	0.313	0.226	0.477	−0.908	0.947	−0.467	0.858
年级[d]								
初中	0.208	0.285	−0.036	0.435	−0.808	0.864	−0.602	0.780
高中	−0.437	0.298	−0.690	0.455	−0.330	0.903	−0.314	0.818
父亲受教育程度[e]								
大专	0.221	0.399	1.187	0.609	0.190	1.208	−0.307	1.094
本科及以上	−0.099	0.456	0.570	0.695	−0.500	1.380	−0.921	1.246
父亲职业[f]								
非体力工人	−0.393	0.333	0.417	0.508	0.619	1.009	0.027	0.912

续 表

变量	积极情感		消极情感		抑郁情感(模型1)		抑郁情感(模型2)	
	β	S.E.	β	S.E.	β	S.E.	β	S.E.
专业技术管理人员	−0.330	0.388	0.706	0.591	1.093	1.173	0.388	1.060
母亲受教育程度								
大专	0.392	0.408	−1.112	0.622	−0.047	1.234	0.950	1.117
本科及以上	0.556	0.467	−1.236	0.713	−0.215	1.414	1.000	1.280
母亲职业								
非体力工人	−0.075	0.325	−0.643	0.496	0.259	0.984	0.568	0.889
专业技术管理人员	0.574	0.391	−0.655	0.596	−1.563	1.182	−0.671	1.069
家庭经济状况[g]（主观感受）								
中等	1.386***	0.307	0.238	0.468	−3.901***	0.929	−2.811**	0.853
富裕	2.152**	0.629	0.720	0.959	−4.485*	1.904	−2.999	1.737
父母依恋								
父母信任	0.198***	0.039	−0.177**	0.059	−0.283*	0.118	−0.004	0.109

续 表

变 量	积极情感		消极情感		抑郁情感(模型1)		抑郁情感(模型2)	
	β	S.E.	β	S.E.	β	S.E.	β	S.E.
父母沟通	0.124**	0.044	0.060	0.067	-0.437**	0.134	-0.362**	0.122
父母疏离	0.035	0.021	0.391***	0.031	0.316***	0.062	0.118	0.064
积极情感							-0.886***	0.114
消极情感							0.584***	0.075
常数项	3.877**	1.140	8.174***	1.739	37.217***	3.450	35.878***	3.211
F 检验值	18.16***		14.85***		14.52***		22.79***	
R^2	0.360		0.315		0.310		0.441	
调整后的 R^2	0.340		0.294		0.289		0.421	
自由度	18		18		18		20	
N	600		600		600		600	

注：1. β 为非标准化的回归系数,S.E.为标准误;

2. 双尾检验统计显著度：* 表示 $p<0.05$，** 表示 $p<0.01$，*** 表示 $p<0.001$;

3. a. 男性,以女性为参照;b. 上海户籍,以非上海户籍为参照;c. 独生子女,以非独生子女为参照;d. 年级,以小学阶段为参照;e. 父亲(母亲)受教育程度,以高中及以下为参照;f. 父亲(母亲)职业,以体力工人为参照;g. 家庭经济状况(主观感受),以困难为参照。

况下，儿童对家庭经济状况主观感受为中等和富裕的，其积极情感的发展显著高于参照群体（即对家庭经济状况主观感受为困难的儿童），其回归系数分别为 1.386（$p<0.001$）和 2.152（$p<0.01$）。在抑郁情感的影响因素方面，在抑郁情感（模型 1）中，在控制其他变量的情况下，儿童主观感受为中等和富裕的，其抑郁情感的得分显著低于主观感受为困难的儿童，其回归系数分别为-3.901（$p<0.001$）和-4.485（$p<0.05$）；在抑郁情感（模型 2）中，在控制其他变量的情况下，儿童主观感受为中等的，其抑郁情感的得分显著低于主观感受为困难的儿童，其回归系数为-2.811（$p<0.01$）。可见，当儿童对家庭经济状况的主观感受越好时，其情感发展越可能趋于积极和正向。一项基于中国教育追踪调查收集的以儿童为调查对象的数据分析显示，家庭经济状况感知对儿童的非认知能力有显著的正向影响[①]。相关研究也显示，家庭社会经济地位对儿童的身体健康、心理健康等有重要作用，且家庭社会经济地位并不完全是直接影响儿童发展，而是通过影响父母的教养方式、亲子关系、学习环境等间接作用于儿童发展[②]。

（三）父母信任和父母沟通程度与儿童的积极情感发展呈显著正相关

回归分析结果显示，在积极情感的影响因素方面，在控制其他变量的情况下，儿童的父母信任和父母沟通程度越高，其积极情感发展的得分越高，回归系数分别为 0.198（$p<0.001$）和 0.124（$p<0.01$），这表明，父母信任每增加 1 分，儿童的积极情感得分增加 0.198 分；父母沟通每增加 1 分，儿童的积极情感得分增加 0.124 分。在消极情感的影响因素方面，在控制其他变量的情况下，儿童的父母信任越高，消极情感的得分越低，其回归系数为

① 高茹涵：《家庭经济状况感知如何影响青少年非认知能力：以父母参与为中介》，《社会科学前沿》2023 年第 10 期。

② 边玉芳、梁丽婵、张颖：《充分重视家庭对儿童心理发展的重要作用》，《北京师范大学学报（社会科学版）》2016 年第 5 期。

-0.177($p<0.01$),这表明,父母信任每增加 1 分,儿童的消极情感得分减少 0.177 分。在抑郁情感的影响因素方面,在抑郁情感(模型 1)中,在控制其他变量的情况下,儿童的父母信任和父母沟通程度越高,其抑郁情感的得分显著更低,其回归系数分别为-0.283($p<0.05$)和-0.437($p<0.01$),这表明,父母信任每增加 1 分,儿童的抑郁情感得分减少 0.283 分,父母沟通每增加 1 分,儿童的抑郁情感得分减少 0.437 分;在抑郁情感(模型 2)中,在控制其他变量的情况下,儿童的父母沟通程度越高,其抑郁情感的得分显著越低,回归系数为-0.362($p<0.01$),这表明,父母沟通每增加 1 分,儿童的抑郁情感得分减少 0.362 分。相关研究也显示,亲密和谐的亲子关系对儿童发展有积极的促进作用,良好的亲子关系有助于提升儿童的主观幸福感等积极情绪[①][②]。

(四)父母疏离与儿童消极情感发展呈显著正相关

回归分析结果显示,在消极情感的影响因素方面,在控制其他变量的情况下,父母疏离程度越高,儿童的消极情感得分越高,其回归系数为 0.391($p<0.001$),这表明,父母疏离每增加 1 分,儿童的消极情感得分增加 0.391 分。在抑郁情感的影响因素方面,在抑郁情感(模型 1)中,在控制其他变量的情况下,儿童的父母疏离程度越高,其抑郁情感的得分显著更高,其回归系数为 0.316($p<0.001$),这表明,父母疏离每增加 1 分,儿童的抑郁情感得分提高 0.316 分。

(五)儿童积极情感与抑郁情感呈显著负相关,消极情感与抑郁情感呈显著正相关

为了分析积极情感和消极情感对儿童抑郁情感的影响作用,本研究在

① 边玉芳、梁丽婵、张颖:《充分重视家庭对儿童心理发展的重要作用》,《北京师范大学学报(社会科学版)》2016 年第 5 期。

② 陈亮、张丽锦、沈杰:《亲子关系对农村留守儿童主观幸福感的影响》,《中国特殊教育》2009 年第 3 期。

抑郁情感(模型 2)的自变量中增加了积极情感和消极情感变量。回归分析结果显示,在控制其他变量的情况下,儿童的积极情感越高,其抑郁情感的得分显著更低,其回归系数为-0.886($p<0.001$),这表明,积极情感每增加 1 分,儿童的抑郁情感得分减少 0.886 分;在控制其他变量的情况下,儿童的消极情感越高,其抑郁情感的得分显著越高,其回归系数为 0.584($p<0.001$),这表明,消极情感每增加 1 分,儿童的抑郁情感得分提高 0.584 分。相关研究也显示,积极情感在预防和治疗抑郁症方面具有重要作用[①],儿童的抑郁程度与积极情感呈中等强度的负相关,与消极情感呈显著正相关,即积极情感水平越高,抑郁症状越低,消极情感水平越高,抑郁症状越高[②]。

四、结论与对策

在儿童友好家庭建设的推进过程中,家庭作为儿童成长的核心微观系统,其养育环境与心理资源对儿童情感发展具有深远影响,因此亟须通过政策干预与多元协同,优化家庭生态系统,为儿童情感健康发展提供有效支持。

(一)加强多子女家庭的资源支持与科学育儿指导

随着二孩、三孩政策的实施,中国的多子女家庭逐渐增多。本研究发现,独生子女在积极情感上的发展显著高于非独生子女。因此,当前亟须加强对多子女家庭的资源支持,以有效缓解其面临的经济与时间压力。在经济支持方面,应针对生育二孩及三孩的家庭提供更为丰厚的经济补贴,以降

---

① L.B. Stone, A. Sylvester, "Dampening of Positive Affect Partially Accounts for the Association Between Women's History of Child Maltreatment and Current Depressive Symptoms," *BMC Psychology*, 2025, 13(1).

② W. Peñate, M. González-Loyola, C. Oyanadel, "The Predictive Role of Affectivity, Self-esteem and Social Support in Depression and Anxiety in Children and Adolescents," *International Journal of Environmental Research and Public Health*, 2020, 17(19).

低养育多子女所带来的经济负担。这一支持可涵盖直接的现金补助、税收优惠以及教育和医疗费用的降低等,从而提升家庭的整体福利水平。在时间支持方面,应进一步延长多子女家庭父母的育儿假期,确保其拥有较为充足的时间陪伴和照顾每一位子女,从而提升亲子关系,促进儿童身心健康发展。此外,还应加强对多子女家庭的育儿指导。由于多子女家庭中兄弟姐妹间可能存在同胞冲突①,政府及社会组织应提供专业的育儿课程,以帮助父母掌握在多子女养育环境下的有效冲突管理策略。同时,父母应学习如何根据每个孩子的独特需求和个性特征提供个性化的关注与支持,以确保每个孩子都能感受到充分的重视与关爱,从而促进其积极情感的发展。

(二)构建积极的家庭养育环境

积极的家庭养育环境对儿童积极情感的发展至关重要。本研究发现,儿童对家庭经济状况的主观感受越好,其情感发展越趋于积极健康;父母对孩子越信任,沟通程度越高,孩子的情感发展越积极;父母和孩子越疏离,孩子的情感发展越趋于消极。可见,客观的家庭经济条件固然重要,但家长对经济状况的主观感受及其传递给孩子的信息,同样会深刻影响孩子的心理和情感发展。因此,家长应在现有经济条件下,优先保障孩子的营养、医疗、教育等基本需求,并以积极乐观的方式影响孩子,当家庭对现有生活持有知足感和掌控感时,孩子对家庭经济状况也会有更积极的主观感受。此外,父母应加强与孩子之间的信任与沟通,减少疏离感。家长应积极与孩子交流,倾听他们的想法和感受,建立开放、尊重的沟通环境。这种积极的亲子关系有助于孩子形成健康的情感依恋和安全感,促进其心理健康发展。日常生活中,家长应重视与孩子的情感联结,参与他们的生活和活动,提供情感支持和关怀。这有助于孩子建立自尊和自信,减少情感问题的发生。

① 吕文煜:《多子女家庭同胞关系影响因素及作用过程的质性研究》,《心理学进展》2022 年第 3 期。

（三）增强家庭心理资源支持力度

儿童的积极情感与其心理健康密切相关。本研究发现，儿童积极情感越强则抑郁情感越低，消极情感越强则抑郁情感越强。因此，应加强对儿童及其父母及家庭的心理资源支持，提升其积极情感和心理健康水平，从而减少抑郁情绪的发生。为提升儿童的心理健康，家庭与学校应通过多种途径增强儿童的积极情感。在家庭环境中，父母应高度重视亲子互动与有效沟通，积极鼓励儿童参与体育锻炼、艺术创作及同伴交往，以丰富其情感体验，增强其积极情绪。学校方面，应强化心理健康教育，与家庭形成联动机制，为儿童提供系统性支持。在政策层面，政府应加大心理健康资源的投入，例如在学校配备充足的心理辅导教师，完善心理咨询渠道，并广泛普及心理健康服务。此外，应加强对父母的心理健康支持。研究表明，儿童的心理健康与父母的心理状况密切相关，父母抑郁会显著增加儿童出现心理问题的风险①。因此，政府可通过设立心理健康讲座与培训课程，为父母提供心理咨询服务，帮助其缓解育儿过程中的心理压力。同时，还需关注家庭心理健康的整体支持体系。家庭成员之间的关系质量、沟通模式及冲突解决方式直接影响儿童的情感发展和心理健康。因此，应提供针对家庭的教育与心理健康服务，帮助家长优化家庭氛围，提升家庭成员之间的理解与支持，从而增强家庭整体的心理资源，促进儿童健康成长。

（四）多元主体协同推进儿童友好家庭建设

近年来，中国政府积极推进儿童友好城市建设，并通过《未成年人保护法》《家庭教育促进法》等法律法规，为儿童友好家庭建设提供政策支持和法律保障。在此背景下，推动儿童友好家庭建设，需要全社会共同努力，从

---

① S. Brophy, C. Todd, M. A. Rahman et al., "Timing of Parental Depression on Risk of Child Depression and Poor Educational Outcomes: A Population Based Routine Data Cohort Study from Born in Wales, UK," *PLoS ONE*, 2021, 16(11).

政府政策、家庭教育、学校教育和社区环境等多个层面系统推进。2021 年，国家发展改革委等 23 个部门联合印发《关于推进儿童友好城市建设的指导意见》，明确提出到 2025 年，在全国范围内开展 100 个儿童友好城市建设试点，推动儿童友好理念深入人心。因此，政府应加强政策引导和公共服务支持，将儿童友好理念纳入公共政策和城市规划，建立多部门协作机制，确保儿童友好城市建设与家庭支持政策的有效衔接。在家庭方面，家庭是儿童友好建设的核心，应加强家庭教育和亲职支持，落实《家庭教育促进法》，提升家长的科学教养能力。学校作为儿童成长的重要场所，应强化心理健康教育与儿童权益保障。学校应加强家校协同，指导家长科学教养，共同促进儿童身心健康。此外，社区应融入儿童友好理念，增设安全、便利的儿童活动空间，改善儿童公共服务设施，确保儿童拥有充足的户外活动机会，同时鼓励儿童参与社区活动，培养其社会责任感和参与意识[①]。

① 何林娜、熊凌山、邹爱清：《儿童友好社区建设中的儿童参与式行动研究》，《社会科学前沿》2024 年第 7 期。

上海市家庭教育指导的现状、挑战与推进策略*

何　芳[①]

摘　要　全社会协同支持家庭教育是新时代的国家战略。上海在学校家庭教育指导的组织管理机制、指导服务网络、师资培养体系、科学调查研究等方面积累了有益经验。但调查发现，当前上海家庭教育指导需求呈现多元化、复杂化特征，学校家庭教育指导的内容、师资和评估有待优化。今后要继续巩固发展学校家庭教育指导工作，有必要对学校家庭教育指导的角色进行准确定位，建立分层、分类、分岗培训机制，健全完善学校家庭教育指导保障配套政策，形成学校、家庭、社会协同共育的模式。

关键词　家庭教育指导；协同育人；学校

学校家庭社会协同育人是新时代我国支持家庭教育的国家战略。习近平总书记在2018年全国教育大会上指出，家庭是人生的第一所学校，要统筹协调社会资源支持服务家庭教育。党的十九届五中全会又将“健全学校家庭社会协同育人机制”作为实现2035年远景目标的国家战略之一。2021年10月23日，全国人大常委会表决通过《中华人民共和国家庭教育促进法》。当前，家庭教育的制度顶层设计渐趋完备，新时代家庭教育工作的重

---

* 本文部分内容原载《河北青年管理干部学院学报》2023年第4期，收录于本书时略有改动。

① 何芳，上海社会科学院社会学研究所副研究员。

点将转向打造全社会“共建共治共享”家庭教育的新格局。党的二十大报告中首次把家校社协同育人明确表述为健全学校、家庭、社会协同育人机制,把学校放在首位,凸显了学校开展家庭教育指导的重要意义。2023 年 1 月,教育部、全国妇联等十三部门联合印发《关于健全学校家庭社会协同育人机制的意见》,其中明确提出,学校要起到主导作用,承担主导责任。这是对学校家庭教育指导工作的科学定位,为学校支持家庭教育发展指明了方向。当前,如何提高学校的家庭教育指导能力,成为迫切需要解决的现实问题。

本文在国家政策要求和现实需求的背景下,梳理上海市中小学、幼儿园开展家庭教育指导的现状和经验,结合相关调查研究,分析当前上海市学校开展家庭教育指导的难点和挑战,并尝试提出进一步巩固发展上海市学校家庭教育指导的思路和举措。

一、当前学校开展家庭教育指导的政策要求与现实需求

学校家庭教育指导并非新生事物,家访、家长会等传统的家庭教育指导方式一直存在。新时代背景下,国家教育政策中再次强调“充分发挥学校在家庭教育中的重要作用”的观点,意味着现实对学校开展家庭教育指导提出了新的需求,意味着学校传统的家庭教育指导方式需要进行创新、学校家庭教育指导能力需要进一步增强。

(一)全社会协同支持家庭教育是新时代的国家战略

2012 年,党的十八大报告提出 2020 年实现全面建成小康社会宏伟目标,改革开放进入全面深化阶段。与此同时,我国的人口形势发生重大变化,人口抚养比下降趋势在 2011 年已经终结,出现“低出生率、低死亡率、低增长率”的新趋势。支持家庭教育、减轻家庭负担,成为国家积极生育支持政策体系的重要一环。这一时期,国家将家庭教育上升为国家战略,通过立

法专门予以保障和促进,家庭教育进入了全社会协同共育的新阶段。

习近平总书记在 2015 年春节团拜会上指出,家庭是社会的基本细胞,是人生的第一所学校。无论时代发生多大变化,也无论生活格局发生多大变化,我们都要重视家庭建设,注重家庭、注重家教、注重家风。2018 年 9 月 10 日,习近平总书记在全国教育大会上的重要讲话中指出,办好教育事业,家庭、学校、政府、社会都有责任。家庭是人生的第一所学校,家长是孩子的第一任老师,要给孩子讲好"人生第一课",帮助扣好人生第一粒扣子。教育、妇联等部门要统筹协调社会资源支持服务家庭教育。全社会要担负起青少年成长成才的责任。2019 年 10 月,党的十九届四中全会提出,构建覆盖城乡的家庭教育指导服务体系,注重发挥家庭家教家风在基层社会治理中的重要作用。2020 年 10 月,党的十九届五中全会提出,建设高质量教育体系,健全学校家庭社会协同育人机制。这些重要论述和要求,体现了党中央从国家战略的高度出发,对家庭教育在党和国家事业中的重要地位和作用做出明确定位,阐明了全社会支持家庭教育的重大意义、目标任务和基本要求。

为更好地保障家庭教育事业的发展,国务院早在 2010 年印发的《国家中长期教育改革和发展规划纲要(2010—2020 年)》中提出了制定家庭教育等法律的要求。党的十八大以来我国全面推进依法治国,家庭教育立法进一步提上议事日程。《关于指导推进家庭教育的五年规划(2016—2020 年)》提出,全国层面,由全国妇联、教育部协同有关部门全面启动家庭教育法的研究工作,形成立法草案,推动立法进程。2016 年 5 月 27 日,重庆市率先通过了《重庆市家庭教育促进条例》,这是我国首个正式颁行的地方家庭教育行政法规。随后,贵州省、山西省、江西省、江苏省及浙江省等地的家庭教育地方性法规相继出台。这些家庭教育地方性法规的先行先试,为我国家庭教育的国家立法提供了宝贵经验和有益参考。2021 年 10 月 23 日,《中华人民共和国家庭教育促进法》(以下简称《家庭教育促进法》)由第十三届全国人民代表大会常务委员会第三十一次会议通过,自 2022 年 1 月 1 日起施行。《家庭教育促进法》是我国首部家庭教育专门法,意味着我国将家庭教育纳入国家治理体系,进入全面系统建设的新阶段。

《家庭教育促进法》再次明确了家庭教育的实施责任主体。父母或者其他监护人负责实施家庭教育,承担对未成年人实施家庭教育的主体责任。这些责任包括: 遵循未成年人成长规律,树立正确的家庭教育理念;应当与中小学校、幼儿园和婴幼儿照护服务机构、社区密切配合,积极参加家庭教育指导和实践活动;父母分居或者离异,应当相互配合履行家庭教育责任,任何一方不得拒绝或者怠于履行;依法委托他人照护未成年人,应当定期了解未成年人学习、生活情况和心理状况,与被委托人共同履行家庭教育责任;合理安排未成年人的学习、休息、娱乐和体育锻炼时间等。

在强调家长或监护人主体责任的同时,《家庭教育促进法》特别突出了国家和社会对家庭教育的支持,明确规定国家和社会为家庭教育提供指导、支持和服务。《家庭教育促进法》总则第六条到第十三条都要求各级人民政府、各有关部门做好家庭教育支持工作,以及倡导和鼓励企业事业单位、社会组织及个人等依法开展家庭教育服务。《家庭教育促进法》分列“国家支持”和“社会协同”两章,分别对为家庭教育提供支持的相关责任主体、支持内容、支持方式等作了具体阐述。在国家支持方面,明确了各级政府部门的职责,比如,“省级人民政府或者有条件的设区的市级人民政府应当组织有关部门编写或者采用适合当地实际的家庭教育指导读本,制定相应的家庭教育指导服务工作规范和评估规范”(第二十四条),“县级以上地方人民政府及有关部门组织建立家庭教育指导服务专业队伍,加强对专业人员的培养,鼓励社会工作者、志愿者参与家庭教育指导服务工作”(第二十七条)。在社会协同方面,明确了全社会如何协同支持家庭教育。比如,“图书馆、博物馆、文化馆、纪念馆、美术馆、科技馆、体育场馆、青少年宫、儿童活动中心等公共文化服务机构和爱国主义教育基地每年应当定期开展公益性家庭教育宣传、家庭教育指导服务和实践活动,开发家庭教育类公共文化服务产品”(第四十六条)。可见,《家庭教育促进法》的目标就是要发动全社会来支持家庭教育，形成覆盖全社会的家庭教育指导支持服务网络。

（二）学校家庭教育指导是数字化学习时代家校协同的现实需求

与工业化进程推动现代学校教育成为教育的主要形态一样，从工业化时代向数字化智能化时代的转变，也将推动教育形态的深度变革。世界经济论坛于 2020 年 1 月发布题为《未来学校：为第四次工业革命定义新的教育模式》的报告指出，当前“工业 4.0”（即以“智能化”为主要特征的工业革命）的发展将引领教育也迈入教育 4.0 时代，学习不再局限在实体学校之内，而是更多地发生在课外课程和其他场所。① 我国也早已启动了面向数字化学习型社会的教育系统转型升级。截至 2020 年，我国国家数字教育资源公共服务体系已接入各级平台 184 个，整合开发学科数字资源 6 948 学时，认定 1 291 门国家精品在线开放课程和 401 个国家虚拟仿真实验教学项目，数字教育资源公共服务体系基本建成。② 2020 年初，教育部开通国家中小学网络云平台，加速了我国进入数字化学习时代的进程。在这次大型在线教学实践中，学习场所从学校转回家庭，家庭作为教育场所的价值被重新发现。

当前我国正着力建设“数字中国”，随着互联网、5G 技术、虚拟现实技术、大数据、人工智能等在教育中的应用不断拓展，教育形态将进一步突破时空限制，学校作为教育主阵地的地位进一步受到冲击，这为家庭教育的回归带来契机，也带来挑战。在教育全面数字化转型的进程中，家庭教育必须与学校教育交互融合，从过去学校教育的“配合者”转型为“合作者”，充分发

---

① 王永固、许家奇、丁继红：《教育 4.0 全球框架：未来学校教育与模式转变——世界经济论坛〈未来学校：为第四次工业革命定义新的教育模式〉之报告解读》，《远程教育杂志》2020 年第 3 期。

② 教育部科学技术司：《让亿万孩子同在蓝天下共享优质教育资源——“十三五”期间教育信息化有关情况介绍》，http://www.moe.gov.cn/fbh/live/2020/52692/sfcl/202012/t20201201_502584.html，2020 年 12 月 1 日。

挥教育主体价值,才能为数字化学习社会和数字中国的建设奠定坚实基础。

二、当前上海学校家庭教育指导工作的主要经验

上海在家校社协同育人方面起步较早,制定《上海市家庭教育指导大纲(修订)》、探索家庭教育指导师课程体系、家庭教育学科建设规划讨论等均走在全国前列,为推进学校家庭教育指导工作奠定了良好基础。当前,上海在学校家庭教育指导的组织管理机制、指导服务网络、师资培养体系、科学调查研究等方面积累了有益经验。

(一)完善"两个纳入+三级联动"组织管理机制,形成家校工作合力

2017年,市教委、市妇联、市文明办、市未保办联合下发了上海市《关于进一步加强家庭教育工作的实施意见》,将家庭教育工作长远目标与近期的实施目标紧密结合,从强化家长在家庭教育中的主体责任、构建家庭教育指导的服务体系、形成家庭教育的社会支持网络三个方面,明确了深化家庭教育工作的主要任务。在制度保障上,《上海市关于深化家庭文明建设的实施意见》《上海学校德育"十三五"规划》陆续出台,将家庭教育工作纳入精神文明建设的总体规划之中、纳入教育发展的总体规划之中,将家庭教育工作和家庭文明建设、学校德育工作统筹推进。在实践中,各部门整合力量,构建了家庭教育工作三级联动机制:市级层面,建立上海市家庭文明建设协调小组,形成了既各司其职、各尽其能,又统筹协作、密切配合的家庭教育工作管理模式。市教委还专门成立了上海市教育系统家庭教育指导领导小组,具体负责全市中小学、幼儿园家庭教育指导工作的组织和管理。区级层面,各区建立了区家庭文明建设协调小组和区教育系统家庭教育指导领导小组。校级层面,各中小学(含中职校)、幼儿园建立了由校长(园长)负责,

专家学者、家长代表、社区代表共同参与的校级家庭教育工作领导小组和专兼职人员相结合的家庭教育指导核心团队。

（二）构建“线下讲坛+空中课堂”指导服务网络，打通家庭教育“最后一公里”

当前上海正不断推进线上线下多维度、重点时段多途径的指导服务网络。在线下，整合各方优质资源，研制《上海市中小学幼儿园家长学校建设标准》，规范家长学校建设，编制上海市分学段《家庭教育指导手册》，为家长开展家庭教育提供了支持和帮助。在线上，推进“互联网+”家庭教育指导，不断拓展家庭教育指导时空，整合升级已有资源平台，打造“上海家长学校”公众号，建立全市统一的家庭教育指导权威平台，形成统整各区、各类资源的家庭教育新媒体矩阵。上海已经构建了市区校联动、线上线下互通的“1+16+X”家庭教育指导网络。例如，浦东新区教育局联合区妇联、区教育发展研究院、区图书馆等单位共同创办了“非常家长慧”大型公益讲座平台，每月邀请一位有影响力的家庭教育专家学者、社会知名人士在浦东图书馆针对目前家庭教育的难点热点问题发表演讲，普及家庭教育知识方法，传播科学家庭教育理念，交流家庭教育前沿信息，成为帮助家长和学生共同健康成长的重要交流平台。在线上，宝山、虹口、奉贤等区面向全区推广“家长慕课”，浦东新区建立“空中父母课堂”，开展家庭教育线上指导。此外，不少学校都在积极探索学校家庭教育指导“云平台”，充分利用现有的网络应用软件资源，进行功能开发和整合运用，促进家校互动。

（三）打造教师全员培养体系，提升教师专业指导能力

提升家庭教育指导的质量和水平，关键在于家庭教育指导者。为了提升教师的家庭教育指导能力，上海市形成了“骨干培训+全员覆盖”的队伍培养体系，旨在打造一支专业家庭教育指导教师队伍，推动学校教育和家庭教育同向同行，将培育践行社会主义核心价值观融入家庭教育全过程。市

教委开展“上海市学校家庭教育骨干教师”培训,建立了常态化培训机制。此外,家庭教育指导还被纳入班主任培训、班主任基本功大赛。市教委委托编制出版了中小幼学段的《教师家庭教育指导实务》,为教师厘清家庭教育的基本概念、核心理念,以及掌握科学的指导方法和技巧提供了参考和指导。

(四)立足调查研究,推进精准指导服务

为提升家庭教育指导服务的现实针对性,各区积极开展家庭教育现状和需求调查,如浦东新区、闵行区等区都开展了面向全区幼、小、初、高各学段学生、父母、教师的问卷调查,旨在充分了解各学段学生家庭教育现状,为区域、学校和家庭开展家庭教育提供借鉴和参考。闵行区在全区调查的基础上,形成了《家庭教育蓝皮书》。此外,市教科院每年制定并发布《上海市家庭教育研究课题指南》,组织基层学校根据自身实际,申报开展研究课题。立项课题聚焦当前家庭教育中的热点、难点问题,如“‘双减’背景下家校协同育人的家委会建设实践研究”“小学高年级青春期家庭教育及其指导研究”等。仅2022年,就有来自全市中小学、幼儿园的140项课题立项,这些课题注重现实问题研究和成果实践转化,成为学校不断完善家庭教育指导服务的重要基础。

三、当前上海学校家庭教育指导面临的挑战

上海在探索和推进学校家庭教育指导工作方面已取得显著成效,但通过对相关调查数据的分析和对参与该项工作的专家、教育行政部门领导、校长、教师等进行访问及座谈,发现当前上海学校家庭教育指导工作还面临如下挑战:[①]

① 本文中相关调查数据来源为笔者于2023年1—3月开展的“上海市家庭教育状况调查”,调查采用配额抽样方式,共抽取1 000名未成年人父母(20—49岁)填写问卷;访谈资料来源为笔者于2022年9—12月参加的“上海市学校家庭教育指导调研”,访谈和座谈对象包括中心城区和郊区的教育行政部门负责人及中小学、幼儿园相关负责人和教师。

（一）家庭教育指导需求呈现多元化、复杂化特征

当前家长对学校家庭教育指导具有较高期待，且需求呈现多元化、复杂化的特征。

第一，家长对家庭教育指导的需求度较高，且普遍希望从学校获得家庭教育指导服务。调查显示，近半数（45.2%）家长认为自己需要家庭教育指导，9.9%的家长表示自己急需家庭教育指导。当问到“在家庭教育中遇到问题，通常会怎么处理?”时，选择求助孩子就读学校老师的家长最多（45.2%），其次是互联网（44.8%）和阅读相关书籍文章（41.2%）。

第二，家长对家庭教育指导内容的需求呈现个性化、多元化特征。家长关注的指导内容主要包括：道德品质、行为规范培养（65.3%），儿童心理健康（34.3%），亲子沟通和亲子关系（30.8%），学习能力和考试升学指导（30.4%）。此外，家长自身成长（情绪、行为改善等）（28.8%）、同龄孩子易发问题及其处理（27.1%）、生命与安全教育（22.6%）、儿童营养保健和体育锻炼（19.9%）、家校合作（14.9%）等都有一定比例的家长关注。调研中有校长指出，相较于系统的知识学习，家长更关注自身的个性化问题，这对学校设计家庭教育指导课程带来一定挑战。

第三，家庭特征的复杂性、特殊性极大地增加了学校的指导难度。在调查对象中，尽管大多数（95.5%）是初婚家庭，但也有重组家庭（1.7%）、未婚/同居家庭（2.2%）和离异家庭（0.6%）。大多数（86.8%）孩子与父母同住，但也有不少孩子与父母、祖辈同住（11.0%）。孩子的日常生活主要由母亲照顾（79.0%），父亲承担主要照顾责任的只占 9.7%，孩子（外）祖父母照顾的占 7.3%，保姆照顾的占 1.6%，孩子自己照顾的占 1.5%，其他亲属或其他人照顾的占 0.9%。除此之外，还有贫困儿童家庭、经历重大变故或遭受侵害以及有其他特殊情况的儿童家庭、留守儿童家庭、残疾儿童家庭、重病儿童家庭等。

(二)学校家庭教育指导的内容、师资和评估有待优化

第一,家长对学校家庭教育指导服务的参与度还有待提高,主要原因是指导服务的内容和形式尚未满足家长需求。尽管家长对学校有较高期待,但有近三成(26.5%)家长在最近一个学期没有参加过家长会,7.4%的家长没有跟孩子的老师有过任何交流,17.2%的家长在参加学校的家庭教育知识讲座后觉得收获不多。对于影响自己参加学校家庭教育指导的原因,"缺少足够的时间和精力"(43.6%)、"服务内容零散、实用性和针对性不强"(35.5%)、"服务时间、时长、频率安排不合理"(33.6%)是主要原因。

第二,学校家庭教育指导师资配备不足,部分教师的专业性有待提升。对上海市部分学校调研发现,学校家庭教育指导工作主要由德育、心理教师和班主任兼任,缺乏家庭教育指导专职岗位。在实行全员导师制后,全体教师都要参加家庭教育指导工作,但许多教师表示"时间精力有限,无暇顾及"。并且,大部分教师欠缺相关知识储备和实践经验。尤其是在"80 后""90 后"成为中小学、幼儿园教师主力的背景下,学校面临独生子女教师、独生子女家长和孩子的局面,年轻教师在专业素养、家校沟通、实践技能等方面都遭遇严峻考验。

第三,学校开展家庭教育指导服务的评估督导制度有待加强。调研发现,由于缺乏明确具体的评估指标,不少学校在开展相关工作时缺乏抓手,这制约了家庭教育指导工作的常态化、规范化开展。在上海市现有的相关评估中,《未成年人思想道德建设工作督导评估指标》中设有"家庭教育"二级指标,但其评估要点集中在区层面的规划协调、家庭教育指导中心和家长学校等硬件建设上;《上海市家庭教育示范校评估参考指标》则是由学校自评申报,评估覆盖面只有 20%。现有评估还存在"重评估和鉴定、轻督导和激励"问题,对于学校如何进一步改进完善家庭教育指导工作,缺少相应的反馈和指导。

四、发展完善学校家庭教育指导的思路和可行性对策

按照全国妇联、教育部等《关于指导推进家庭教育的五年规划(2021—2025年)》要求,今后要继续巩固发展学校家庭教育指导工作,做到“有制度、有计划、有师资、有活动、有评估”,这是上海朝向更高质量的基础教育迈进的必然选择。

(一)学校家庭教育指导的角色与定位

1. 学校家庭教育指导具有公共服务属性

从20世纪90年代中期开始,随着我国市场经济的发展,民办教育培训机构大量涌现,尤其是2008年教育部明令禁止公办学校开办营利性辅导班后,民办教育市场出现了爆发性增长。民办教育培训一方面满足了家庭多样化的教育需求,另一方面却滋生了“过度培训”“教育抢跑”等乱象,导致家庭教育时间被挤占,家庭教育陷入学校化、知识化误区。为了避免家庭教育指导成为市场培训机构逐利的新领地,国家在多个政策文件中都强调了家庭教育指导的公益属性,明确了家庭教育社会支持的公共服务发展方向。《关于指导推进家庭教育的五年规划(2011—2015年)》提出了构建基本覆盖城乡的家庭教育指导服务体系、推进完善基本的家庭教育公共服务的总体目标;《关于指导推进家庭教育的五年规划(2016—2020年)》提出到2020年基本建成适应城乡发展、满足家长和儿童需求的家庭教育指导服务体系的新目标。在前期目标达成的基础上,《关于指导推进家庭教育的五年规划(2021—2025年)》又进一步提出,到2025年,家庭教育公共服务资源供给更加充分,覆盖城乡、公平优质、均衡发展的家庭教育指导服务体系逐步完善。此外,《家庭教育促进法》也明确规定,家庭教育指导机构开展家庭教育指导服务活动,不得组织或者变相组织营利性教育培训。这一系列

规定都明确了家庭教育指导是国家普惠性、公益性的公共服务性质。

2. 学校应与其他社会部门共同构筑家庭教育公共服务网络

学校、社区、医疗保健机构、公共服务场所、新闻媒体等共同构筑起家庭教育公共服务网络,包括:中小学、幼儿园、中等职业学校建立家长学校;在城乡社区公共服务设施、城乡社区教育机构、儿童之家、青少年宫、儿童活动中心等,普遍建立家长学校或家庭教育指导服务站点;公共图书馆、博物馆、文化馆、纪念馆、美术馆、科技馆等公共文化服务机构和爱国主义教育基地开展公益性的家庭教育讲座或家庭教育亲子活动;妇幼保健机构、幼儿园面向社区和家庭开展儿童早期家庭教育服务与指导;广播、电视、报刊、互联网等新闻媒体设立家庭教育专栏、专题,开展公益宣传;等等。

3. 学校可以通过购买服务来为家庭提供必要的家庭教育指导

鼓励社会组织提供家庭教育服务。《家庭教育促进法》规定,国家鼓励和支持企业事业单位、社会组织及个人依法开展公益性家庭教育服务活动。为了调动社会力量广泛参与,还提出了多项激励政策,如规定县级以上人民政府应当制定家庭教育工作专项规划,将家庭教育指导服务纳入城乡公共服务体系和政府购买服务目录,将相关经费列入财政预算,鼓励和支持以政府购买服务的方式提供家庭教育指导。对于自然人、法人和非法人组织举办的家庭教育指导服务机构,县级以上地方人民政府及有关部门可以采取政府补贴、奖励激励、购买服务等扶持措施,培育家庭教育指导服务机构。《关于指导推进家庭教育的五年规划(2021—2025年)》中再次明确,要加大经费投入,推动将家庭教育指导服务纳入本级财政年度预算,推动将家庭教育指导服务纳入政府购买服务目录。可见,学校可以通过购买服务来为家庭提供必要的家庭教育指导。

(二)进一步发展完善学校家庭教育指导服务的若干建议

第一,制定学校家庭教育指导人才培养的顶层设计,加强区域内联动,建立分层、分类、分岗培训机制。调研发现,教师对自己家庭教育指导水平评价不高,不同岗位、职称、教龄、年龄、年级的教师家庭教育指导能力和培训意愿差异较大。学校家庭教育指导服务工作主要由少数德育或心理教师承担,工作负担较重。为促进学校家庭教育指导工作的常态化、专业化发展,教育行政部门和学校有必要在考虑教师个人兴趣和个体差异的基础上,将家庭教育指导培训纳入全员导师制师资培训范畴。

从全市层面出发,对学校家庭教育指导师资的培养目标、培养方式、培养机制等作出系统性的制度设计和政策安排,谋求学校家庭教育指导的专业化发展。在区级层面,可组建一线教师家庭教育指导培训师资团队,通过研究课、公开课、专题课等形式,整合区内家庭教育指导工作的优质资源,实现区域家庭教育指导服务的示范引领和校际联动。在学校层面,建立分层、分类、分岗的培训机制。针对教龄在5年内的新手型教师,培训重点是家庭教育政策宣教和家校沟通技巧,帮助新教师认识家庭教育指导的重要性;针对德育和心理教师,应加强家庭教育指导专业培训,着力提升教师解决实践难题的能力;对于家庭教育指导方面的资深教师,应注重发展家庭教育课程研发能力,鼓励建立家庭教育工作室,开展课题调研、课程设计、个案辅导等。

第二,以促进教师专业发展为目标,建立教师开展家庭教育指导的正向激励机制,健全完善学校家庭教育指导保障配套政策。在职称晋升、薪酬待遇、聘用考核、评优评先等方面将家庭教育指导服务纳入参考指标,鼓励教师积极参与家庭教育指导服务。修订《上海市中小学高级教师评审条件》,将开展家庭教育指导、家校共育良好作为高级教师评审条件之一。将教师参与家庭教育指导服务纳入课时量,与绩效工资分配挂钩。在教师招聘中,对有家庭教育专业课程学习和实践经验的应聘者予以优先考虑。有条件的学校可配备一名家庭教育指导专职教师。建立高校—中小学校衔接的家庭教育师资培养共同体,鼓励通过双向挂职、互助学习、双导师制等多种举措,实现家庭教育指导教师培养的纵向贯通和横向联合。可依托华东师范大学、上海师范大学等高校的教育学、心理学等专业开展试点,建立家庭教育指导实习基地、开办家庭教育指导能力提升研修班、探索定向家庭教育师资培养项目、建立家庭教育类优秀人才引进机制等。各区加快制定家庭教育工作专项规划,将相关经费列入财政预算,确保学校开展专业培训、个案咨询、家校共育等家庭教育指导活动时具有必要的经费支持。保证学校购买公共服务经费,鼓励学校充分挖掘校外教育资源,尤其是建立与专业机构的转介机制,以应对部分特殊儿童家庭教育指导的需要。

第三,开展政府授权的家庭教育指导师的专业认证,挖掘整合家长人才资源,委托第三方开展家庭教育指导的评估督导,形成学校、家庭、社会协同共育的模式。鉴于当前我国对于家庭教育指导师尚无统一认证标准的现状,建议由政府授权,指定上海家庭教育指导师培训机构,对全市中小学、幼儿园教师进行统一培训,对完成课程的教师颁发"家庭教育指导师"资格证书。以学校为单位组建家庭教育资源库,整合家长群体中的教育、心理、医疗、法律等各领域人才资源,为学校家庭教育指导服务提供人力支持。鼓励扶持家长自发组建并自主管理的社群,激发家长开展家庭教育的内生动力,推动家长专业共同体发展。针对调研中反映的学校家庭教育指导工作缺乏具体操作标准的问题,建议市级层面委托第三方研究制定家庭教育指导评估标准,开展全市中小学、幼儿园家庭教育指导评估督导。评估标准的内容应包括家庭教育指导的领导体制和工作机制、"学校、家庭、社会"协同机制、家庭教育课程和家长学校、特殊儿童家庭教育指导、家长满意度评价等,以评估促进家庭教育指导工作的质量提升。

学 校 环 境

儿童友好学校建设的历史演进与未来展望*

徐　涛[①]　黄友初[②]

摘　要　儿童友好学校建设始于20世纪90年代，旨在为儿童的健康发展创造平等、民主和健康的学习环境。随着儿童友好学校建设理念的不断深入，以及社会对高质量学校教育要求的提升，在儿童友好城市建设的推动下，儿童友好学校建设在国内外越来越普及，其内涵也逐渐从帮扶型走向卓越型，取得了显著成效。分析发现，当前我国儿童友好学校建设还存在不同群体的建设理念有差异、重环境设施建设轻课程和制度引领、缺乏长效机制等现实困境。未来儿童友好学校建设可从“理念优先，将儿童友好融入办学的全过

* 本文原载《上海教育科研》2024年第4期，收录于本书时略有改动。

① 徐涛，上海市教育委员会教育技术装备中心主任。
② 黄友初，上海师范大学教育学院教授。

程”“机制保障,推进儿童友好学校常态化建设”“多元参与,形成推进儿童友好学校建设的合力”等方面入手深化发展,促进儿童的健康成长。

关键词 儿童友好学校;现实困境;未来展望

儿童友好学校是指尊重儿童发展规律和儿童的想法、意愿,以适宜方式保护儿童各项权利、吸收儿童参与学校治理、满足儿童成长需要的学校①。相关国家的实践表明,儿童友好学校建设切实促进了儿童权利在学校的有效落实,有力推动了儿童获得高质量的学习和身心健康发展。例如,玛米(Mami)等人②、菲特莉雅妮(Fitriani)等人③和萨丽(Sari)④等学者在对印度尼西亚部分学校教学质量和教学环境的调查中发现,儿童友好学校建设对学校教学质量、硬件环境和制度建设等方面的提高起到了良好推动作用。乔班奥卢(Cobanoglu)等人⑤对土耳其、卡劳(Callao)等人⑥对菲律宾和曼迪乌扎(Mandiudza)⑦对津巴布韦儿童友好学校建设的调查也得到类似结果。建设儿童友好学校是学校高质量发展的应然诉求。因此,本研究将从国际

---

① 刘宇:《儿童友好学校:高质量学校发展的可能路径》,《教育发展研究》2022年第15—16期。

② Mami H, L Andriani P., “Identification of Child-friendly School on the Whole of Muhammadiyah Elementary School in Yogyakarta,” Yogyakarta State University, 2012.

③ Fitriani S, Qodariah L., “A Child-Friendly School: How the School Implements the Model,” *International Journal of Evaluation and Research in Education*, 2021, 10(1).

④ Sari N P., “The Study of the Concept of Child-Friendly Schools Programs in the Riverbank Areas of North Banjarmasin,” 1st International Conference on Creativity, Innovation and Technology in Education (IC-CITE 2018), Paris: Atlantis Press, 2018.

⑤ Cobanoglu F, Sevim S., “Child-friendly Schools: An Assessment of Kindergartens,” *International Journal of Educational Methodology*, 2019, 5(4).

⑥ Callao M B, Ubod B D., “Featuring Responsive Instruction Amidst Pandemic Through Child-Friendly School Program,” *Ilkogretim Online*, 2021, 20(4).

⑦ Mandiudza L., “Child Friendly Schools,” *Greener Journal of Educational Research*, 2013, 3(6).

儿童友好学校的发展历程、国内儿童友好学校的建设经验,以及儿童友好学校建设的现实困境三个方面进行论述,对儿童友好学校产生与发展的历史演进予以介绍,对未来的建设提出展望。

一、国际儿童友好学校的发展历程

(一)儿童友好学校的产生与推广

1924 年,第一个主张儿童权利的国际性文件《日内瓦儿童权利宣言》的签订表明儿童权利问题受到了各界的关注[①]。但直到 1989 年第 44 届联合国大会通过了《儿童权利公约》才有了更进一步的举措。《儿童权利公约》明确指出,儿童福祉和生活质量是城市可持续发展建设管理的终极指标[②]。将儿童的权利作为衡量城市发展的重要指标后,如何在教育教学中体现儿童的公平性、安全性和发展的有效性成为教育关注的焦点[③]。1996 年,联合国儿童基金会(United Nations International Children's Emergency Fund, UNICEF)和联合国人居中心[United Nations Centre for Human Settlements (HABITAT), UNCHS]共同制定了"儿童友好城市方案"后,提出了建设"儿童友好城市"(Child-Friendly City)的倡议[④],得到了各国的积极响应。随着儿童友好城市建设理念深入人心,学校作为儿童学习生活的重要场所,建设儿童友好学校成了创建儿童友好城市的关键环节[⑤]。因此,儿童友好学校建设也成了儿童友好城市建设的重要组成部分。

20 世纪 90 年代末,联合国儿童基金会在印度尼西亚、泰国、菲律宾等东

① 沈桂荣:《"儿童友好":学校课堂文化重构的朝向》,《华人时刊(校长)》2020 年第 7 期。

② UNICEF, *Children's Rights and Habitat: Working Towards Child-Friendly Cities*, 1997.

③ 傅淳:《爱生学校与〈儿童权利公约〉——以学生为本尊重与保护学生权利的教育理念与实践》,《学术探索》2002 年第 3 期。

④ United Nations Centre for Human Settlements (HABITAT), *An Urbanizing World: Global Reports on Human Settlements*, Oxford: Oxford University Press, 1996.

⑤ 汪凌:《新时代儿童友好学校教育生态系统的构建与探索》,《中国德育》2023 年第 10 期。

南亚国家的学校中推行了“儿童友好学习环境”(Towards Child-Friendly Learning Environment)项目,也有学者将其称为“建设爱生的学习环境”,或简称“爱生学校”。该项目在各国取得了可喜的成果,尤其是在学校硬件建设和学校管理制度建设两方面有了很大的改善,有效帮助了发展中国家儿童的健康成长,这也标志着儿童友好学校从产生到推广的演进。

(二)儿童友好学校建设从帮扶型走向卓越型

随着儿童友好学校建设的推进,其发展外延也在不断扩大,不仅从有效帮助发展中国家儿童健康成长,拓展到发达国家对卓越教育的追求,而且从外部力量的资助,拓展到源自学校内部的自发需求。如此,使得国际儿童友好学校建设从帮扶型走向卓越型。

从推行国家来看,儿童友好学校建设不仅在东南亚、非洲等地的欠发达国家推行,而且在英国、澳大利亚等发达国家大力推行。具体而言,英国伦敦是儿童友好城市之一,“儿童友好”理念可以在伦敦的各个区域(包括伦敦的学校)得到体现。在儿童友好空间建设方面,英国国家教育部门颁发了《英国主流学校的区域指南》,根据功能对教学区、社交与体育活动区、学习资源区、员工行政区、储物区、卫生与个人护理区、餐饮区等区域进行了严格划分,对各区域的建设要求也进行了明确规定,确保适合儿童的活动①。例如,在小学的教学区域内设立饮食区,而在中学的教学区域内则没有设立饮食区,体现了对小学生的关爱。在中学阶段,教学区域内更多设立和学生未来就业相关的技能培养区域,如工程设计室、烹饪室等,体现了中学生多样化发展的需要;医疗区域还要求能为学生的医疗检查和治疗提供住宿;等等。澳大利亚的儿童友好学校建设除满足各种功能的需要外,还对安全性有较高的要求。例如,无论是小学还是中学都需要考虑容量和区域分配,以确保学校可以灵活地使用学习空间。除此之外,需要定期检查和维护学校

① “Area Guidelines for Mainstream Schools,” Department for Education, 2014.

的一些基础设施，不仅有利于保护学校建筑，还能消除一些安全隐患。在教室和活动空间的建设方面，对通风、采光、信息技术、环保、倾斜度等方面都做出了明确的规定，确保各方面对儿童都是友好的①。

由上述分析可知，英国伦敦和澳大利亚在儿童友好学校建设机制上，都凸显了功能区域的划分，旨在使各区域充分发挥和满足儿童成长的多样需求。澳大利亚在安全管理机制上，不仅对空间建设中的细节给出明确规定，而且要求后期跟进设备设施的检修，以排除安全隐患。综上，欧美国家的儿童友好学校建设注重安全性、功能性、灵活性、共享性、舒适性和关怀性，注重落实改善儿童学习的健康和安全条件，确保每个儿童的身心健康②。

二、 国内儿童友好学校的建设经验

从 1996 年至今，我国儿童友好学校的建设历经长时间的探索，取得了显著成就。依据纵向的时间历程来看，我国儿童友好学校建设的发展特征，也呈现从中西部地区走向长沙、深圳、温州和上海等城市，从帮助弱势儿童创造友好的成长环境走向高质量的教育追求。

（一）我国儿童友好学校建设的发展特征

1996—2000 年，我国与联合国儿童基金会合作“贫困地区基础教育和早期儿童关爱”项目，将创建“爱生学校”作为工作的重点之一，旨在推进项目地区的学校以学生为本，改革教与学的关系，改善学校、社区、家庭的关系，提高学生的学业成绩③。2001 年起，联合国儿童基金会与教育部合作试

① 江文文、韩笋生：《澳大利亚儿童友好城市建设及启示》，《现代城市研究》2019 年第 1 期。

② UNICEF, *Child Friendly Schools Manual*, New York: UNICEF Division of Communication 3 United Nations Plaza, 2009.

③ 联合国儿童基金会、中华人民共和国教育部师范教育司等：《爱生学校教师培训手册》，2009 年。

点“爱生学校”项目,采取“试点—政策—推广”的实施策略在特定地区探索创新的方法和理念,以便将来在全国推广成功的经验和做法[①]。该项目覆盖西部地区11个省份,包括新疆、甘肃、宁夏、内蒙古、青海、西藏、四川、重庆、云南、贵州和广西。2009年,教育部在项目试点经验的基础上颁布了《中国爱生学校标准》,在全国进行推广。2012年,救助儿童会与上海市闵行区教育局等合作“春雨计划”项目,旨在通过建立儿童友好学校,帮助随迁子女增强自信,改善随迁子女民办学校的教育质量,创造学校、教师、家长、社区等各方合力、对儿童友好、令儿童喜爱的环境[②]。由此可见,儿童友好学校的产生更多是为了帮助弱势儿童,为他们获取公平的学习机会,创造友好的成长环境。

不仅我国中西部地区,长沙、深圳、温州和上海等城市也实施了儿童友好学校建设。近年来,在儿童友好城市建设和高质量教育追求等因素影响下,各城市对于儿童友好学校建设愈发重视。2018年,湖南省长沙市教育局印发《长沙市儿童友好型学校建设导则》,该导则认为,儿童友好学校是指以儿童发展为中心,师生、家长、社会民主参与学校管理,倡导儿童优先、儿童平等和儿童参与的理念,儿童发展环境良好,儿童权益依法保护,儿童观点充分表达,儿童安全有效保障,促进儿童德、智、体、美、劳等全面发展的学校。2018年,深圳市妇女儿童工作委员会印发《深圳市儿童友好型学校建设指引》,2021年印发修订版,这两份指引对深圳市儿童友好学校的活动空间、内部环境、细节设施、交通出行、课程活动等多方面都作出具体的规定。2022年,四川省成都市教育局印发《关于推进成都市儿童友好学校建设工作的通知》。浙江省温州市也推行了儿童友好学校建设,并在2022年印发了《儿童友好学校评估标准》,随后启动了儿童友好学校星级评定工作。2022年,上海印发《上海市儿童友好城市建设实施方案》,为落实市政

① 联合国儿童基金会:《爱生、公平和优质的基础教育:6—12岁》,2017年。

② 马琳琼:《创建儿童友好学校——“春雨计划”项目回眸》,《教育发展研究》2015年第2期。

府开展儿童友好学校建设的要求，2023 年，上海市教委印发《上海市儿童友好学校建设实施方案》，推进学校践行儿童友好理念，实现学校教育的政策制度、空间建设、服务体系和成长环境对儿童更加友好，并印发《上海市儿童友好学校建设指标（试行）》，涉及幼儿园、义务教育阶段、高中及中职校四个版本，包含政策制度友好、空间建设友好、服务体系友好、成长环境友好及特色创新等 5 个一级指标和 11 个二级指标，作为上海创建儿童友好学校具体化的指引。这些都表明，儿童友好学校建设已经进入新的发展阶段，不仅追求儿童的公平和安全，而且是基于儿童的核心素养发展，追求卓越教育的必然。

（二）我国儿童友好学校建设的实践探索

随着我国儿童友好学校建设相关标准和准则的逐渐完善，各学校积极进行关于儿童友好学校建设的实践探索。结合具体案例可知，实践领域所涉及的横向建设内容主要有儿童参与、课程建设、教学评估等。

在儿童参与方面，相关实践场域形成了儿童参与的管理制度与文化。依据“儿童议事会”机制，让儿童参与友好校园的决策和建设。例如，针对孩子们想要拥有一间玩具博物馆、小厨房、动物园等愿景，上海市普陀区万里城实验幼儿园，在给予孩子一间教室的外界支持下，鼓励儿童亲自设计并动手实践，搭建玩具博物馆；浙江省宁波市北仑区泰河学校建设了一座供孩子们学习烹饪等劳动技能的“生活小镇”；北京市汇文中学为学生开辟了动物养殖地[①]。让儿童参与友好学校的建设，不仅体现在参与决策，还体现在让儿童亲身参与具体的建设实践活动中，例如，长沙市雨花区枫树山小学让学生参与“我是小小校园设计师”校园建设的实践活动[②]。

在课程建设方面，各学校在实施以学生为中心的有效教学活动理念的指导下，积极探索了课程建设。有的学校创设儿童友好课程体系，如陕西省

① 杨飒：《儿童主体、儿童优先要落实到学校发展的细节里》，《光明日报》2024 年 1 月 2 日。
② 卢鸿鸣：《创建儿童友好型学校的探索与实践》，《基础教育参考》2019 年第 19 期。

榆林市高新第四小学,为学生提供了基础、拓展、社团、综合四种儿童友好课程①。有的学校积极开发校本课程,如四川省成都市天府第七小学组织教师,编制小幼衔接系列课程——“你好,一年级”。此系列校本课程通过教学理论指导下的家长实操建议,有效发展了和谐的家校合作关系。

在教学评估方面,相关学校也结合各自的优势与具体情况,探索了丰富多彩的评估模式。例如,有学校借助“导学展练延+全程评价”的“五环一评”儿童友好互动课堂模式,对教师进行课堂评估③。有学校借助云计算、大数据等新兴技术,构建“友好评价体系”,为学生绘制评估画像②。除针对教师与学生开创教与学的科学评估模式之外,还将儿童、教师、家长等利益相关者的多方评估视为促评促建的好方法,因此,有学校开通了多元评估渠道,分别有校园热线、校长信箱、年级组长信箱以及办公室到访等方式③。无论是科学的评价模式,还是多元的评估渠道,都旨在为以学生为中心的有效教学活动,建立可持续发展的教学支持。有学校认为,对儿童友好学校建设最为直接的评估标准,就是看孩子们今天放学了是否盼望着明天早点来上学,毕业了是否还要回母校看看④。

三、 儿童友好学校建设的现实困境

尽管儿童友好学校建设理念提出以前,各学校也是本着儿童友好的原则进行物理环境建设和课程教学设置,但这一理念的提出大大推进了以儿童为本的学校建设。上述分析也表明,无论是政策层面还是实践层面,我国的儿童友好学校建设都已经逐步深入。但各地的儿童友好学校建设还面临若干现实困境,有的甚至还成了阻碍建设的重要因素,影响了儿童友好学校

---

① 庄孝成:《建设“儿童友好”学校,把好全面育人质量关》,《教育家》2022 年第 23 期。
② 汪凌:《新时代儿童友好学校教育生态系统的构建与探索》,《中国德育》2023 年第 10 期。
③ 杨飒:《儿童主体、儿童优先要落实到学校发展的细节里》,《光明日报》2024 年 1 月 2 日。
④ 李吉银:《办一所儿童友好的学校》,《江苏教育》2023 年第 36 期。

应然成效的发挥。

（一）儿童友好学校建设理念存在差异

儿童友好学校建设的理念已成为社会的共识，无论是教育主管部门、学校管理者，还是教师都认为学校的空间环境、设备器材、课程教学都应有利于学生的学习和活动，能帮助学生更好成长。但这些理念在具体落实时，就会体现出各自的差异性，突出表现为侧重点的不同。在不同地域方面，各地教育主管部门对儿童友好学校建设的政策引导存在较大差异，造成各地区对儿童友好学校建设的整体推进和落地侧重点也存在较大区别。例如，长沙主要从机制、制度等方面提出偏“软”的创建指标，深圳儿童友好学校建设方案则是从纯硬件建设的角度提出要求。这种差异不仅会给各地的儿童友好学校建设交流造成一定困难，而且容易导致大家对儿童友好学校建设理念认识的困惑，不知道哪一种理念才是最正确、最有效的。如果将这种地域差异视为阶段性建设的区别，就不影响建设的总体进程，但如果同一所学校的建设过程中存在不同群体的理念差异，就会影响建设的内涵和成效。例如，一些学校管理层对安全性最为关注，尽管一些设施和空间有利于学生的活动和成长，但如果可能会导致学生发生磕碰、摔倒等意外，他们或许就会本着“多一事不如少一事”的原则，在建设和使用方面严格控制，不采购相关运动器材，或者限制学生进入活动场所；有些学校曲解了儿童友好的理念，为防止学生课间打闹受伤，要求中小学生课间留在座位上不得出教室，这些都与儿童的健康成长背道而驰。

出现这种现象固然与目前我国还缺乏权威的、标准的儿童友好学校建设规范和评价体系有关，但这种标准化和细节化的缺失不应导致理念的偏移。如果未能正确理解儿童友好学校的理念，在建设过程中各群体未能达成共识，树立以学生为本的教育观和发展理念，儿童友好学校建设也将难以落到实处。

(二)重环境设施建设,轻课程和制度的引领

随着儿童友好学校建设的推进,各地的建设标准和评价指标也相应出台,但这些标准和指标体系更多关注显性特征,重视硬件环境的建设,而对课程建设、制度建设与落实等内在建设层面体现不足。由于评价指标具有较强的导向性,也导致一些学校在实施儿童友好建设时,注重校园环境的建设、设备的添置和更新,而对与学生核心素养发展密切相关的课程体系、教学方式和学习活动等方面的重视不够。虽然前者是肉眼可见的,可在短期内给人焕然一新的感觉,但后者对学生的发展影响更大。学校课程的学习和经历的活动是学生认识世界、掌握知识、发展能力、培养情感的主阵地。诚然,课程、教学和制度建设的见效周期较长,但它们是儿童友好学校建设的内核,标准制定者、建设实施者、执行者都应给予高度重视。

学生是学校教育的主要服务对象,教育最基本的职责和使命是促进生命的成长和发展,"有效的教与学"是儿童友好学校建设的中心①。环境和设施可以为课程和教学,以及学生的健康成长创造良好条件,除了外显的硬件条件,学校的教育教学理念、课程体系、校园文化等也是儿童友好学校建设的内核。如果课程设置不合理,教学方式不科学,未能有效促进学生的核心素养发展,那么,儿童友好的理念就无法在育人的层面有效践行,儿童友好学校建设的最终目标也无法达成。

(三)缺乏保障儿童友好学校建设的长效机制

随着各界对儿童友好学校建设的关注,越来越多的学校加入儿童友好学校建设中,尤其是在一些政策的推动下,各学校对儿童友好学校创建工作都持积极的态度。但一些学校热衷短期内的环境改造和设施更新,在课程、

---

① 张忠彦:《"爱生学校"本土化实验研究——基于济南市天桥区 14 所小学的分析》,《现代教育》2021 年第 5 期。

教学和管理方面也会进行一些制度建设，缺乏后续的服务、更新和监督的必要机制，导致学校儿童友好建设成效无法持续长久。例如，部分学校在申请成为儿童友好学校后热情高涨，在资金的支持下进行了各方面的建设，尤其是硬件的改造和设施的更新。但在建设取得阶段性成果后，这种儿童友好学校建设意识就逐渐淡薄，设施的使用和更新缺乏机制，课程、教学和制度建设也缺乏优化，儿童友好学校建设的价值未能得到有效彰显。

儿童友好学校不仅需要建设，还需要管理、维系、不断优化，否则儿童友好学校就会昙花一现，失去应有的作用。学校教育质量的提升是一个长期的过程，需要不断探索、改进。儿童友好学校的建设也一样，物理环境建设后需要构建完善的管理、维护机制，既要确保儿童活动和教学的需要，也要确保儿童的安全性；而课程、教学、教师专业发展和校园管理制度等建设更是一个长期的过程。随着对学校教育质量的要求不断提高，儿童友好学校建设成为未来教育的必然选择，因此，各级教育部门应认识到儿童友好学校建设不是一个短期项目，而是新时代教育发展的需要。

四、 儿童友好学校建设的未来展望

（一）理念优先，将儿童友好融入办学的全过程

儿童友好学校建设能否顺利开展、有效实施，关键在于教育管理者和学校教师是否树立以儿童友好为本的理念。只有上下一心地认同，才能在硬件建设和软件建设、短期建设和长期建设中获得支持。教育管理者和教师应认识到儿童友好学校建设是贯彻党和国家教育方针，落实教育高质量发展根本任务的重要举措。只有从各方面都坚持立德树人、全面发展的儿童友好理念，才能在决策层面、实施层面和评价层面有效落实，才能在遇到困难时回归初心，从儿童优先发展角度思考问题、解决问题。因此，只有坚持儿童友好学校建设的理念优先，从儿童视角出发，以儿童需求为导向，以儿童更好成长为目标，积极探索将儿童优先原则融入学校政策制定、空间环境

建设、教学设施配置、课程体系构建和教学方式优化等学校工作的方方面面,才能营造儿童友好的校园文化,促进学生全面发展和健康成长。

(二)机制保障,推进儿童友好学校常态化建设

儿童友好学校建设是一个长期的过程,是一个循序渐进不断优化的过程,不能急功近利,不能为了短期"成效"只关注硬件建设,而忽视硬件的维护和管理,以及对学生成长影响更大的课程、教学和制度的建设。学校需要有完备的机制作保障,应加强儿童优先发展规划引领,在办学理念和办学规划中体现儿童友好教育价值取向。校园学习和生活空间及设施设备的适儿化改造是儿童友好学校建设的基础,可为学生在校学习和生活创造良好条件,也是各种课程和教学开展的硬件保障。同时,儿童友好学校建设的主要目的是促进儿童更好地成长,所以在儿童友好学校建设过程中应围绕学生核心素养培养开展课程与教学改革,开展有效的教育教学,营造儿童友好的学校文化,促进学生德智体美劳全面发展,保障学生身心健康,这些更需要制度的保障。

(三)多元参与,形成推进儿童友好学校建设的合力

儿童友好学校建设所遇到的现实困境,有部分原因在于学校的任务和责任过于重大,难以全面落实。为此,各级管理部门应意识到儿童友好学校的建设不仅仅是教育部门的职责,推进过程中需要多领域、多部门协作。首先,学校本身肯定是主体,除在相关部门的指导下各方面开展建设外,也要留出适当的时间和空间,交给社区、交通等部门协同完成。在此过程中,学校也要以儿童友好学校建设为契机,开展多种形式的宣传推介活动,传播儿童友好理念,在社会尤其是家长中营造儿童友好生活和学习的氛围。其次,教育主管部门应协调社区和交通等部门,通过家校社联动、学校保安和交警联动,凝聚各方力量,形成区域内共同推进的合力,助力儿童友好学校的建设。各学校也应发挥主观能动性,通过挖掘特色资源,出台创新举措,形成本校儿童友好品牌,做到有共性也有特色、有课内也有课外、有校内也有校外的全范围、多维度发展。

儿童友好学校建设案例报告

——以上海市卢湾高级中学为例

周雯婕[①]　吴胜荣[②]　童嘉文[③]

摘　要　上海市卢湾高级中学秉承“科学教育树人,人文精神立魂”的办学宗旨,根据儿童发展需要和阶段特点,深入探索并实践“三自”育人模式,全方位打造、全场域建设以儿童为中心的校园。学校主要通过课堂渗透、课程开发、社团培育、专题教育、课堂研究、AI 赋能六大实施途径,帮助学生融入“数智+”自主学习生态圈,使每位学生都能根据自己的兴趣、需求和能力进行深度学习,并从中探索自主活动机制,实现自助心灵成长,开展自主创新研究,在汲取知识的同时发展个性特长,激发创造力和创新精神。“三自”育人模式让儿童在友好环境中充分感受到安全感、获得感和幸福感,为儿童健康成长和幸福人生奠定了坚实的基础。

关键词　儿童友好;“三自”育人;“数智+”学习生态圈

一、总体概况

上海市卢湾高级中学作为儿童友好学校建设的典型案例,全面落实《上海市推进儿童友好城市建设三年行动方案(2023—2025 年)》的精神,立足

① 周雯婕,上海市卢湾高级中学党总支书记、正高级教师。

② 吴胜荣,上海市卢湾高级中学德育工作部主任。

③ 童嘉文,上海市卢湾高级中学教师。

“科学教育树人,人文精神立魂”的办学宗旨,从政策规划、空间建设、服务体系构建和品牌塑造四个方面着手,构建出全面而细致的教育环境。

在政策规划方面,学校注重顶层设计与全员参与相结合,制定了《儿童友好学校建设方案》,明确了培养具有科学素养、人文精神、创新能力和社会责任感的现代高中生这一目标。学校广泛组织学习相关法律法规,如《中华人民共和国未成年人保护法》《上海市未成年人保护条例》等,强化师生法治意识和权益保障意识,同时,积极参与社区协作,推动“校家社”三方联动,构建儿童综合权益保护网络,为学生的健康成长提供坚实支持。

在校园空间建设方面,学校注重硬件设施的现代化与适儿化改造,逐步完善300米环形跑道、标准化足球场、智慧图文中心、心理咨询室等多功能场所建设,并精心打造跨学科综合学习空间“数智学谷”和屋顶花园等特色区域,为学生提供多样化的学习和活动场景。同时,学校大力提升绿化覆盖率,打造生态化、宜学宜居的校园环境,为学生创造舒适的学习氛围。

服务体系的构建体现了学校对学生身心全面发展的关注。学校开发了“大思政”和“人工智能+”等特色课程及课程群,推动学科教学与德育目标的深度融合。学校通过心理健康教育、全员导师制、家庭教育指导和个性化健康档案管理等措施,全面关照学生的身心需求。学校还严格落实“互联网+明厨亮灶”标准以保障学生的饮食安全和营养均衡,并通过丰富的大课间活动提高学生的运动兴趣和身体素质。

在品牌塑造方面,学校坚持以学生为中心,深度融合人工智能技术,实践探索“三自”育人模式,即以自主教育为主线,以自我探究教育系列活动为载体,以健康人格与身心和谐成长为目标导向,努力培育学生“自主的意识、探究的精神、创新的人格和自助成长的特质”。通过课堂教学、社会实践、社团活动等多种形式,学校努力培养学生的自主意识、创新能力和探究精神。“数智学谷”和人工智能实验室等教育场景的成功实践,不仅实现了学生自主学习与实践的核心孵化功能,也凸显了学校在教育现代化中的引领作用。

上海市卢湾高级中学秉承“科学教育树人，人文精神立魂”的办学宗旨，在建设儿童友好学校的实践中，形成了系统化的特色经验。通过政策制度引领、空间优化设计、课程与科技融合、心理健康关怀和实践社团发展等多维度探索，成功打造了一个以学生为中心、适应新时代教育需求的校园生态。

二、 主要特色及经验

（一）以“三自”育人模式为核心的创新实践

卢湾高级中学基于学生的生命成长与心理发展规律，开创了“自主教育、自我探究、自助成长”的“三自”育人模式，形成了学校教育教学的核心特色。这一模式以培养学生的自主意识、探究精神、创新人格和自助成长能力为目标，在教育实践中取得了显著成效。

1. 自主教育的系统实施

自主教育即通过强化学生自我管理和自我规划能力，帮助学生逐步养成独立思考和决策的习惯。学校成立学生自主管理委员会，为学生提供参与学校管理的机会，培养他们的责任感和领导能力。同时，学校通过“校长面对面”、校长信箱等渠道，鼓励学生积极对学校管理包括课程设置、空间建设等各方面建言献策。这种开放的管理机制，不仅提升了学生的主人翁意识，也让他们深刻体会到了参与学校事务的成就感。

在班级管理过程中，学校推行“年级班长联席会议”机制，定期组织各班学生代表与校领导和教师进行讨论，以更好地形成能够满足学生健康发展需求的决策。例如，在改善校园餐饮、优化学生课外活动空间等方面，学生的建议都被认真采纳。这一机制在提升学生自主管理能力的同时，也增强了他们对学校的认同感和归属感。

2. 自我探究的多元化实践

在自我探究方面，学校通过社团活动、学科实践、人工智能教育等多元平台,为学生提供探索和研究的机会。学校设立了一系列科创实验室,包括人工智能创新孵化实验室、无人驾驶实验室、无人机实验室和元宇宙实验室等,引导学生在实践中探究科技的应用与创新。这些实验室的创建,为学生提供了接触前沿科技的机会,让他们能够在兴趣驱动下深入学习。

此外,学校组织学生围绕社会热点问题开展自主课题研究。从社会现象的观察到研究报告的撰写,学生充分自我探究,全程主导课题研究。例如,有学生通过调查研究交通拥堵问题,提出了合理的优化方案;也有学生通过对智能家居的分析,设计出贴近生活的改进建议。这种方式既培养了学生的研究能力,也激发了他们的创造力和求知欲。

3. 自助成长的全面支持

自助成长是"三自"育人模式的核心目标,旨在帮助学生建立健康的人格与和谐的心灵成长环境。学校构建了完善的心理健康支持体系,配置了AI 情感辅导机器人,通过数据分析为学生推荐个性化的心理健康课程与活动。此外,学校还创建了元宇宙心理关爱场景,为学生提供沉浸式的心理舒缓体验,如森林、海洋等虚拟环境。这些创新措施不仅帮助学生更好地应对心理挑战,也有效提升了学生的自我调节能力。

学校不断提升家庭教育服务水平,长期致力于培育家庭教育导师团,强化家庭教育指导队伍建设;建立家庭教育指导网络,完善家庭教育指导工作机制;开发家庭教育指导课程,丰富家庭教育指导内容;创新整合各方资源,拓展家庭教育指导渠道;推进家庭教育指导研究,提升家庭教育指导实效。

学校积极推进全员导师制,为每位学生配备专属导师,为学生提供全方位的思想引导、心理疏导、学业指导、生涯辅导和生活向导。导师定期与学生进行一对一交流和组织团队活动,与家长共同制订成长计划,保持良性互动,形成家庭与学校的合力支持体系。

(二)适儿化空间与设施的全面优化

在儿童友好学校的创建过程中,卢湾高级中学深刻认识到空间设计对于学生成长的重要性。学校以适儿化为原则,对校园设施进行了全面升级和创新。

1. 高标准的基础设施建设

学校严格按照儿童友好标准建设基础设施,包括300米环形跑道、完备的室内外体育场馆、多功能智慧教室等,充分满足了学生学习与活动的需求。此外,学校还注重设施的人性化设计,如无障碍坡道、单独厕位等,为不同学生提供同样便利的学习和生活保障。

学校在教学楼内每层楼均设立学生休息区,配备阅读角、饮水设施和舒适的座椅,营造了温馨友善的学习氛围。同时,所有教室均安装了现代化多媒体教学设备,为师生提供高效便捷的教学体验。

2. 创新型学习空间的打造

学校创建了一系列创新型学习空间,例如"数智学谷"跨学科综合学习空间和智慧图文中心。这些空间集技术支持、知识获取和创新实践于一体,为学生提供了跨学科融合和自主学习的平台。屋顶花园的建设更是成为学生休闲阅读和交流的热门场所,为校园增添了独特的生态文化气息。

"数智学谷"的建设尤其彰显了学校的人工智能特色。作为学生探索科学知识和技术应用的中心,这里不仅配备了先进的实验设备,还采用了灵活开放的空间设计,方便学生进行小组讨论、项目研究和成果展示。这种学习环境的创新设计,极大地激发了学生的学习兴趣。

3. 细节化的适儿改造

学校关注学生在日常生活中的细节需求,在厕所内设置温水洗手设施、洗手液和干手器,在操场周边增设遮阳设施和供水点,确保学生在不同天气条件下的舒适体验。此外,学校还新增了"移动雨棚"以应对突发恶劣天气,并更好保障学生的户外活动安全。

学校的智慧图文中心也进行了适儿化改造,如引入更多适合不同年龄段学生阅读的图书和设立分龄阅读区域,满足不同成长阶段的需求,再如通过方形隔间、环形讨论区域和自在阅读区域的设置,满足学生阅读、研讨和休闲的个性化需要,形成适宜自交互、泛在化学习的自主成长空间。通过这些精细化改造,学校真正实现了从学生需求出发的友好环境建设。

(三)心理健康与家庭教育的协同推进

卢湾高级中学深入探索学生心理健康教育和家庭教育指导领域,形成了成熟的服务体系和特色模式。

1. 心理健康教育的系统化建设

学校自 2015 年被评为全国心理健康教育特色校以来,持续优化心理健康教育的内容和形式。通过心理危机预警和干预机制,学校定期排查学生的心理健康状况,并为需要关爱的学生提供个性化辅导。学校还通过"三自心育"模式,将心理健康教育与学科教学、德育活动深度融合,让心理健康教育贯穿学生的日常生活。

学校每学期组织心理健康专题讲座和团体辅导等活动,聚焦情绪管理、学习压力应对、青春期心理发展等问题,帮助学生正确认识和解决成长困惑。此外,学校还邀请心理专家为不同类型的教师开展各类心理辅导技能培训,提升教师在日常教学中发现和解决学生心理问题的能力。

2. 家庭教育指导的全方位覆盖

学校连续获评上海市家庭教育工作示范校,通过积极建设家长学校开拓个性化服务渠道、携手区指导中心打造专业化服务平台、协同社区联合体共建全方位服务圈,构建了以学校为主导的"1+3"高水平家庭教育指导服务体系,形成了学校、家庭和社会三位一体的协同育人机制。

学校坚持以问题为导向,引导家长就家庭教育问题开展自助式研究、参与互动式团辅和选择菜单式课程,针对不同年龄段学生的成长特点,开展"青春期沟通技巧""家庭教育期望目标"等生动丰富的家庭教育指导,为家长提供有针对性的教育建议,通过家长学校、家长沙龙、亲子团体辅导、个性化咨询等方式,有效帮助家长提升家庭教育理念和能力水平。

(四)基于人工智能的教育生态圈重塑

卢湾高级中学大胆探索人工智能在教育中的应用,形成了科技赋能教育的显著特色。

1. “数智学谷”构建自主学习生态圈

近年来,学校构建起了一个以 AI 技术为驱动的高中生自主学习生态圈——“数智学谷”。“数智学谷”是一个借助数智技术与硅谷精神塑造的未来学校学习生态圈,是技术、空间与学习的协同创新。学校将数字化与智能化技术作为推动教育改革的强大引擎,通过技术的引领,为学生搭建一个学习、创造、创业、实践的学习环境,使得每个学生都能根据自己的兴趣、需求和能力进行深度学习。在这里,采用的是“创造性学习+创业式实践”“大社区+小部落”的学习方式和组织形式。这种学习环境不仅促进了学生的知识获取,也激发了学生的创造力和创新精神。

2. 人工智能赋能课程改革

学校开发了基于“5G+AI”技术的课程群,涵盖科学、技术、工程、艺术和数学领域。运用人工智能算法分析学生的学习行为和成绩数据,为每位学生量身定制学习方案。开发智能评估系统,通过实时分析学生在课堂上的参与度和知识掌握情况,生成详细的学情报告。

3. 人工智能主题活动的拓展

学校每年举办人工智能创新大赛,吸引学生围绕“AI+教育”“AI+环保”等主题展开创意设计。例如,有学生团队设计出智能垃圾分类系统,通过图像识别技术实现高效分类。学校还鼓励学生将人工智能技术应用于社会公益。例如,学生团队与社区合作,设计了面向老年人的智能语音助手,帮助解决日常生活中的沟通困难;另有团队开发了智能急救无人机系统,为偏远地区的应急救援提供技术支持。这些实践活动让学生深刻体会到科技的社会价值,同时增强了他们的社会责任感。

(五)丰富育人体系,促进学生全面发展

卢湾高级中学努力开拓多元路径,构建科学完备的育人体系,着力培养具有综合素质和创新能力的新时代人才。

1. 课程育人

学校深入推进“双新”教育教学改革,通过变革课堂教学,优化课程设置,实现知识传授与思想教育的融合。例如,学校将劳动教育与技术研修相结合,设计了包括无人机组装、农业种植体验、手工艺制作等在内的多个实践课程,通过设计与执行实际项目,让学生在掌握基础劳动技能的同时培养创新能力与团队合作意识,通过参与社区服务和社会实践,让学生在服务社会中体会劳动的价值和意义。又如,学校打造“ZHENG青春AI未来”大思政体系,以思政课堂教学为支点,通过细化课程目标、优化课堂教学、活化作业设计等方式提升思政课程效益。同时,通过学雷锋义卖、模拟政协、AI未来创新峰会、法治辩论赛等形式,组织开展理想信念教育和社会主义核心价值观教育,推进课程思政育人。

2. 文化育人

学校注重挖掘中华优秀传统文化的教育价值,通过主题教学、实践活动和文化体验等多种形式,将传统文化融入教育实践。例如,开发区重点德育特色课程“古风新韵”,从中华传统文化的视角出发,帮助学生深入理解中华民族的精神内涵,使学生增强文化自信与民族认同感。又如,在春节、元宵节期间,组织学生参与写春联、包汤圆等活动,融合人文历史知识,引领学生感悟节日背后的文化内涵。再如,举办文化创意大赛,鼓励学生结合现代眼光设计传统文化产品,如基于传统工艺的文创手办或数字化书法作品等。这些活动不仅让学生感受到了传统文化的魅力,也激发了他们对传统文化的创新思考。

3. 实践育人

学校积极组织开展各类学生实践活动,通过创新整合资源、强化项目管理、丰富实践内容、创新实践形式等路径,增强学生的实践能力和综合素质。

例如，学校深入挖掘区域红色文化资源，组织开展志愿服务、模拟政协、红色微课题调研和红色研学等实践活动，通过实地考察、调研访谈、撰写报告等实施环节，让学生在真实的社会环境中学习和成长，在提升课题研究能力、团队协作能力和创新思维能力的同时，更好地认识社会、了解社会，增强社会责任感和公民意识，铸就道路自信、理论自信、制度自信和文化自信。

三、 主要问题及挑战

作为上海市推进儿童友好城市建设的重要组成部分，卢湾高级中学在创建儿童友好学校过程中取得了显著成效。然而，在实践中仍面临一些问题与挑战，需要通过持续努力加以解决，以进一步完善建设成果。

（一）学生参与学校建设的深度与广度还不足

卢湾高级中学通过学生代表议事会、学生自主管理委员会、校长信箱等渠道，为学生提供了表达意见和参与决策的机会。然而，在实践中，学生参与学校建设的广度和深度仍存在一定的局限性。广度方面，目前学生较多关注校园环境改善、活动组织构建等领域，对课程设计、教学评估等教育教学中心环节的参与度较低。深度方面，虽然学生有多种路径提出建议，但建议的落实速度和效果反馈机制尚不完善，部分学生感到自身意见未能得到充分重视。

（二）学生个性化成长需求存在差异

实现学生全面而有个性的成长，是儿童友好学校建设的根本目标，在实践中，这一目标因学生个性化成长需求的差异而难以覆盖整体。由于学校和家庭的理念、资源和能力限制，学校大部分情况下实施集体化、统一化的教育，部分家长工作繁忙或受文化水平所限，对校内外育人活动和家庭教育指导活动的参与度和接受度较低，使得学校、家庭对部分学生的个性化成长需求了解不到位、发展目标预设不适切，影响了这部分学生的发展。

(三)校内外资源整合的协同性面临挑战

在儿童友好学校建设中,校内外资源的整合与协同至关重要。然而,学校在这方面仍面临一定挑战,比如社区资源整合不足,与社区合作的教育项目数量有限,未能充分利用社区中的人文和自然资源,又比如校企合作深度不够,尽管学校已经与部分企业建立合作关系,但部分合作随机性较强,缺乏系统性和稳定性。

因此,未来学校需要进一步完善学生参与机制,关注学生个性化成长需求,加强校内外资源的整合协同,从而为学生提供更加安全、友好、多元的发展环境,推进儿童友好学校建设向纵深发展。

四、下一步工作打算

(一)深化学生参与机制,增强学生主人翁意识

学生是校园的主人,学校将进一步完善学生参与机制,提升学生在校园管理和教育教学事务中的话语权。建立课程设计与教学反馈的学生参与机制,邀请学生代表参与课程内容优化及教学质量评价。完善学生提案的跟踪与反馈机制,通过定期公布提案处理进展,增强学生参与的实际影响力。为学生代表提供议事与沟通培训,帮助他们更有效地表达观点,增强学生参与的规范性与专业性。

(二)优化协同育人路径,满足学生个性化成长需求

以学生为中心是儿童友好学校建设的重要理念,学校将通过优化协同育人路径,进一步满足不同学生的个性化成长需求。一方面,学校通过细化常态化排摸、深化师生沟通、加强生涯指导等路径走近学生、激发学生、了解学生;另一方面,学校需要通过灵活安排家庭教育指导时间、加强针对性指导和建立家校快速响应机制等路径提升家庭教育指导实效,努力实现资源

按需分配,方法因人而异,助力学生实现个性化成长。

(三)强化校内外资源整合,探索优质“教联体”建设

整合校内外资源,有效服务学校育人,离不开优质“教联体”的建设。首先,学校要充分挖掘区域内可用育人资源,并针对育人需求进行协同整合,使社会各类资源都能高效发挥育人功能。其次,以系统化、深层次、高效能为方向,探索优质“教联体”建设,如建立馆校常态化合作机制,图书馆、博物馆等机构与学校建立长期合作,统筹安排、定期开展特色教育活动,丰富学生知识,开拓学生视野;又如加强校企联动,与高新企业深度合作,探索共同开发育人资源、提供学生实践研究和岗位实习机会的新模式;再如拓展社区教育资源,与社区联合开展环保教育、志愿服务等活动,让学生在真实情境中提升综合素养。综上,学校将进一步发挥主导作用,努力建设优质“教联体”,全方位建设儿童友好学校,为学生的健康成长和幸福人生奠基。

家校社协同治理校园欺凌的路径和策略研究

徐一叶①

摘　要　校园欺凌对学生身心健康造成严重影响,已成为全球青少年儿童健康的重大问题。研究校园欺凌具有重要性和必要性,主要体现在:首先能够帮助了解校园欺凌的原因、表现和影响,进而制定有效的预防与干预措施,保护学生的身心健康。其次,校园欺凌涉及个体特征、家庭背景、校园环境等多重因素,需通过综合研究全面认识问题本质。再次,欺凌行为不仅对受害者有害,也对施暴者和旁观者产生负面影响,研究有助于揭示其动机和心理机制,推动个体发展与社会和谐。最后,校园欺凌问题需要学校、家庭和社会合作,跨学科、跨领域的合作研究能够为构建和谐、安全的校园环境提供有力支持。通过深入研究校园欺凌,能为政策制定、预防干预及社会进步提供科学依据。

关键词　青少年;学校保护;校园欺凌

校园欺凌是一种严重影响学生身心健康的行为,已经成为全球青少年儿童健康领域的重要问题。针对校园欺凌问题的研究具有重要性和必要性,主要体现在以下几个方面:首先,校园欺凌对学生的身心健康造成严重影响,包括心理问题、学习困难、自尊心下降等。了解校园欺凌的原因、表现

---

① 徐一叶,上海社会科学院社会学研究所助理研究员。

和影响，有助于制定有效的预防和干预措施，保护学生的身心健康。其次，校园欺凌涉及多方面因素，包括个体特征、家庭背景、校园环境和社会环境等，需要通过综合研究来全面了解问题的本质。通过研究校园欺凌，可以深入分析欺凌行为的成因和影响因素，为相关政策和措施的制定提供科学依据。再次，校园欺凌不仅对受害者造成伤害，也对施暴者和旁观者产生负面影响。研究校园欺凌有助于深入探讨欺凌行为的动机和心理机制，为个体发展与社会和谐提供启示。最后，校园欺凌问题涉及学校、家庭、社会等多个层面，需要跨学科、跨领域的合作研究来解决。通过开展校园欺凌研究，可以促进学术界、政府和社会各界之间的合作与交流，共同努力构建一个和谐、安全的校园环境。

校园欺凌研究的必要性在于保护学生的身心健康、深入了解问题的本质、为相关政策和措施提供科学依据、探讨欺凌行为的动机和心理机制、促进跨学科、跨领域的合作。只有通过深入研究校园欺凌问题，才能有效预防和干预这一严重的社会问题，为学生的健康成长与社会的和谐发展做出贡献。

一、 校园欺凌的国外研究历史与评价

国外对校园欺凌的研究与关注已持续五十余年，最早是在国外某些种族歧视的社会情境下引入的。随着社会的发展与生活水平的提高，校园欺凌的概念、内涵与外延经历了一系列发展演变，从最初的校园暴行，到目前主流的校园欺凌，再到日益获得人们重视的网络欺凌，校园欺凌的研究历史大致可以分为以下三个阶段：

第一阶段：20 世纪 60 年代开始，瑞典首次对校园欺凌现象产生了广泛的关注。当时，校园欺凌被称为“校园暴行”。这一概念是在当时的种族歧视情境下提出的。校园暴行在当时被认为是由学校教师环境中的团体如校园帮派，为了排挤某个个体，而产生的一种集体性攻击行为。研究者称，校

园暴行是偶然形成的某一种松散的组织,并且仅会存在一段时间。然而挪威学者奥维斯(Olweus)表示了对“校园暴行”这一称谓的质疑,因为这一概念的提出很容易使人们忽略校园欺凌现象中另一部分的问题。比如校园暴行强调了校园欺凌中的大群体(如某一种族等)行为,却忽略了群体中的个体或小群体的欺凌行为。如果教室中的欺凌并不是以一个大团体为主要实施对象,而是由个体或者 3—4 人的小团体实施时,教师可能很难发现。另外,校园暴行强调这是一种突然的、不可预测的、因为当下情绪引起的对个人实施的敌对与激怒行为。虽然短暂的情绪爆发是在校园中存在的,但是奥维斯认为,校园欺凌是有组织的、持续时间较长的攻击行为。这一阶段的校园暴行研究仅限于探讨与理论阶段,并没有实证研究加以佐证支持[①]。

第二阶段:20 世纪 70 年代,奥维斯用“校园欺凌”代替“校园暴行”,并对这一现象开展了首次实证研究。随后的研究发现,校园欺凌的参与者如欺凌者与被欺凌者都有明显的、稳定的、与众不同的心理特质。也就是说,某一类学生更容易参与欺凌事件。此外,欺凌者大多是以小团体或个人形式参与的。因此,用“校园暴行”来界定校园内发生的欺凌事件是不准确的。因此,校园欺凌被定义为在校园情境下发生的攻击性行为的亚组。而校园欺凌一般是蓄意的,存在权力关系的不均衡,并具有重复发生性。这一概念在学术界受到了广泛认同[②]。之后,“奥维斯校园欺凌问卷”在 1973 年之后搜集了 900 名年龄在 13—15 岁之间男孩的回答,内容涵盖了教师提名、同伴评分、自我报告、母亲报告、压力指数数据、投射技术等,以测定欺凌者与被欺凌者。这一问卷在 1983 年的“挪威全国反欺凌整治项目”中得到了广泛的应用。在此次开创性的实证研究之后,大量国外研究者不仅使用问卷来测试学校甚至全国范围内的欺凌率,也通过实证研究探寻欺凌者与被欺凌者的个体特征。他们对欺凌原因的解释涵盖了生理、心理与社会等方面。

---

① D. Olweus, “Bullying at School: What We Know and What We Can Do,” *British Journal of Educational Studies*, 1993, 42(4).

② P.K. Smith, S. Sharp, *School Bullying: Insights and Perspectives*, London: Routledge, 1994.

第三阶段：随着21世纪的到来，社会日益进步，科技日益发展，人们对欺凌的研究越来越成熟。校园欺凌的实证研究进一步发展。研究者对校园欺凌的研究从个体研究延伸到了家庭、校园、社会等领域。研究者利用成熟的统计模型和干预手段试图预测和治理校园欺凌。但是成熟的通信技术也意味着学生的网络环境成为除校园环境以外另一个欺凌的危险情境。已有越来越多研究者开始关注发生在网络环境下的校园欺凌。其一，网络校园欺凌更为隐蔽也更为直接，欺凌形式多为文字语言的侮辱，是一种间接攻击性行为，而欺凌也更为即时、快速、直接。其二，网络技术诸如分享、转送的功能使被欺凌者的隐私无法被保护，更无处逃避，快速传播的网络信息很容易使被欺凌者受到二次伤害。其三，部分家长、老师对网络操作不够熟练，使得网络欺凌相比教室欺凌的情境更不容易受到监管。其四，由于网络在目前青少年儿童交流沟通中的广泛运用，欺凌成本变小，学生被欺凌的比例相比20世纪更高。有研究者发现，1/3的七年级学生曾受到校园与网络欺凌①。

二、 校园欺凌的现状

（一）校园欺凌的定义

“欺凌”一词最先是由奥维斯提出的，他指出欺凌是某个人或群体直接（如推搡、殴打、踢踹、限制另一个人或群体等）或间接（如讥讽、恐吓、侮辱、散播谣言等）地引起或试图引起另一个人或群体的害怕、不适或损伤的行为。然而在2006年之前，国内外学术界对“校园欺凌”的定义大多与“校园暴力”“校园暴行”相混淆，没有统一的定义。2016年以来，国务院教育督导委员会办公室向各地印发了《关于开展校园欺凌专项治理的通知》（以下

① J. Juvonen, S. Graham, “Bullying in Schools: The Power of Bullies and the Plight of Victims,” *Psychology*, 2014(65).

简称《通知》)是我国政府部门第一次在正式文件中明确使用“校园欺凌”的概念,这无疑是一个很大的进步。《通知》中认为校园欺凌是主要发生在中小学学生之间,主观上是蓄意或恶意,通过肢体、语言及网络等手段,实施欺负、侮辱行为。2021 年出台的《中华人民共和国未成年人保护法》(简称《未成年人保护法》)第 130 条规定更是进一步明确了我国对校园欺凌的定义,在《通知》的基础上并进一步放宽了欺凌发生的范围。本文主要使用《未成年人保护法》第 130 条中对“校园欺凌”的定义。

(二)校园欺凌的特点

校园欺凌研究的先驱奥维斯认为,一般而言,欺凌行为有以下几个要素:① 刻意的,有意去伤害的;② 权力上的不平衡;③ 在部分情况下是重复发生的。具体而言,结合我国社会文化背景,“校园欺凌”具有如下基本特征:

其一,发生空间是中小学、幼儿园及其合理辐射区域。所谓幼儿园、中小学的合理辐射区域,是指与学生学习、生活具有密切关系的区域,比如说在校园周围 200 米以内的超市、网吧、影院、书店等属于合理辐射区域。而由于欺凌行为对于未成年学生的伤害较之对于成年大学生的伤害要大得多,他们没有较强的独立意识和自我保护意识,在幼儿园、中小学中基于同学关系和师生关系而产生的校园欺凌危害更甚,故狭义的校园欺凌应该限定于幼儿园、中小学。

其二,欺凌者应该是与受害人具有一定交往关系的人。对于幼儿园和中小学的学生来说,在校园中交往最密切的当属老师和同学。而正是这种特殊的亲密交往关系,才使得欺凌行为具有反复性、隐蔽性,并且对受害人的危害较为深远。而校外人员入侵,具有偶发性、易识别等特点。对两种行为应采取不同的对策,不应混为一谈。

其三,受害人不包括教师。首先,欺凌教师的行为一般而言非常少,也不普遍;其次,此种行为即使发生,也不会是反复性的行为;再次,教师遇到该行为会立即进行自我保护或者请求学校或警察帮助；最后，教师已经成年，此类行为对他的心理伤害与此类行为对于未成年人的伤害有明显区别。因此，此类行为也不应该包含于狭义“校园欺凌”概念之中。

其四，校园欺凌具有长期反复性和对象固定性等特征。绝大多数校园欺凌具有长期性、反复性，这与奥维斯的观点相一致。欺凌行为一般是反复出现的伤害行为，学生之间在嬉戏时偶然造成的伤害，不能认定为欺凌。受欺凌对象固定，是指一个学生长期被他人（老师或学生）进行欺凌，而不能互换角色。

其五，双方权力、地位不平等，且受欺凌者不得自由选择，处于被支配地位。如果学生可以自由选择退出则不是欺凌，如果学生并非处于被支配地位也不是欺凌。

其六，行为隐蔽较难察觉。欺凌行为通常发生在一些隐蔽的地方，不易引起人关注的地方，家长和学校往往很难发现。且间接欺凌往往不明显，家长和老师短时间内无法察觉到孩子的异常。当前网络欺凌逐渐兴起，突破了空间和时间的限制，传播速度更快，隐蔽性强，危害性大。一些青少年利用 QQ、微博、贴吧等发送恶意诋毁、侮辱、威胁他人的文字和图片，对他人进行人身攻击与精神伤害。随着社会进步，在新时期，网络环境成为除校园环境以外另一个欺凌的危险情境。因此校园欺凌除表现出以上基本的特点外，还存在以下四点新型特征，分别是：（1）从形式上看，校园欺凌已从传统的身体暴力转向语言欺凌、网络欺凌、身体欺凌、物品欺凌等多种形式共存，孤立、排挤、言语侮辱等欺凌手段，导致校园欺凌行为更为隐蔽、快速、难以被发现、难以及时应对。（2）在危害性方面，互联网时代的校园欺凌行为相较传统的校园欺凌，通过网络的迅速传播给被欺凌者造成二次伤害和侮辱。（3）在治理难度上，家长、老师对网络操作欠缺熟练，使得网络欺凌相比教室欺凌的情境不容易受到监管，难以采取有效应对措施，互联网时代的校园欺凌治理难度加大。（4）从欺凌行为实施主体角度看，近年来校园欺凌者中女生参与明显增多，主要体现在情感纠葛等方面；从受欺凌者角度看,一方面由于网络欺凌的欺凌成本变小,学生被欺凌的比例升高。另一方面,被欺凌学生及其家长依靠法律途径维护自身权益的意识明显增强。不过由于相关法律制度的欠缺,学生及其家长的维权意识局限在与校方的权益纠缠之中,仍然难以对欺凌者本人追究责任。

(三)校园欺凌的分类

在校园欺凌形式的分类上,有学者认为欺凌行为具体可分为直接欺凌和间接欺凌,直接欺凌是对被欺凌者采取拳打脚踢等肢体暴力或勒索钱财等行为;间接欺凌指对被欺凌者进行的排挤孤立、言语谩骂攻击等。[①] 校园欺凌概括来说是指以直接或间接的方式,由一个或多个学生集中持续地故意伤害或破坏某个或某些学生财物,身体和心理等,造成受欺凌者肉体上和精神上痛苦的行为。

在校园欺凌的行为动机分类方面,有学者通过非结构访谈法对部分10—18岁的农村留守儿童进行研究,发现四种欺凌动机类型,分别是:(1)呈现力量型,(2)捍卫尊严型,(3)维系友谊型,(4)亲密矛盾型。[②] 具体而言,呈现力量型又可分四种类型:① 炫耀自我型:欺凌者为了表现自己有能力,而对那些弱小者所进行的欺凌活动,往往是高年级对低年级同学的欺凌,通常采用武力、恐吓、索要钱物、辱骂等方法。② 反抗对峙型:对与自己力量相当的对手进行挑衅与较量,即为了争夺“大哥大”的地位而出现的团伙与团伙之间的争斗。这种类型的欺凌者以对抗形式来获得自尊和控制的满足。③ 学业嫉妒型:欺凌者对那些在学业方面较好从而获得教师称赞的学生进行言语与行为欺凌。④ 对经济条件较好的学生索要钱物而引发的欺凌行为;或者同伙中较弱的成员要给老大定期“交贡”,如果不交,则可能会受到老大与其他同伙的欺负。捍卫尊严型是原来的被欺凌

---

① 李爱:《青少年校园欺凌现象探析》,《教学与管理》2016年第3期。

② 王玉香:《农村留守青少年校园欺凌问题的质性研究》,《中国青年研究》2016年第12期。

者不堪忍受欺凌而奋起反抗欺凌者，甚至改为欺凌原来的欺凌者与他人。维系友谊型指的是被欺凌者遭受欺凌后，伙同其好友实施肢体或言语暴力的活动。如果是男生，往往会以武力、恐吓等方式来解决。

（四）校园欺凌的分布现状

2016 年 4 月国务院教育督导委员会办公室向各地印发了《关于开展校园欺凌专项治理的通知》，要求各地各中小学校针对发生在学生之间，蓄意或恶意通过肢体、语言及网络等手段，实施欺负、侮辱造成伤害的校园欺凌进行专项治理。同年 11 月，教育部联合中央综治办、最高人民法院、最高人民检察院、公安部、民政部、司法部、共青团中央、全国妇联等部门印发了《关于防治中小学生欺凌和暴力的指导意见》，要求加强教育预防、依法惩戒和综合治理，切实防止学生欺凌和暴力事件的发生。又在 2021 年出台的《未成年人保护法》中进一步对校园欺凌问题做了新的明确规定。毫无疑问，校园欺凌对欺凌者与被欺凌者都会造成一定的身心伤害。8—12 岁时有欺凌行为的学生在以后的犯罪率会显著增加，而那些被欺凌的学生则会有学业上的问题和心理上的问题，如焦虑、抑郁、回避、孤独、低自尊等。除心理问题以外，被欺凌者还可能会在未来经历各种生理问题，使他们无法继续学业。因此，如何理解、研究和治理校园欺凌成为公众和学术界的热点问题。近几年有关校园欺凌的报道呈快速增长趋势。近年来，国内有关校园欺凌的论文数量也呈急速增长趋势，2016 年校园欺凌研究成果是 2015 年研究成果的 10 倍之多。虽然我国对校园欺凌的研究仍在起步阶段，但是随着国内外对校园欺凌研究的深入，国内对校园欺凌概念、成因与应对方式逐渐有了辨析。2016 年至今，校园欺凌研究成果数量整体呈递增态势，研究内容、研究角度更为丰富，研究方法更加多样，研究视域更加广阔，研究内容逐步深化、细化。

校园欺凌事件并不是个别现象，而是一个全球事件。例如，美国 2009 年对全美在校学生（六到十年级的学生）的一项抽样调查发现，在两个月内参与过校园欺凌(如身体上被欺凌或施行欺凌)的学生占20.8%,参与言语方面校园欺凌的学生占53.6%,参与社交性欺凌的学生占51.4%,而在网络上参与校园欺凌的学生占13.6%。

与挪威、瑞典等西方国家因种族歧视情境而产生校园欺凌不同,我国校园欺凌事件是在市场经济急剧转型的社会条件下产生和发展起来的,呈现晚间高发、初中高发、城镇高发、男女均有、形式多样、网络转向的发生状态。根据2006—2022年间的新闻报道分析,在时间、地点分布上,我国校园欺凌在下午和晚上是多发期,合计占77.8%。幼儿园、小学、初中、高中、大学及职业学校的校园欺凌均有发生,其中以初中为重灾区54起,占65.9%。从地域看发生在城市、县镇和农村的校园欺凌比例分别为50∶30∶1。从具体场所看,校内欺凌事故的发生率是校外的2倍。性别分布上,男女发生比例为5∶6,也存在男女生共同欺凌的形式。在表现方式上,女生欺凌者数量多,欺凌方式更具虐待性和表演性。每件报道都包含身体伤害,如扇耳光、拧耳朵、踹裆部、打肚子、踩头等,也有使用工具的欺凌方式,如有水泼、烟烫、刀砍、钢管木棒砸等,此外还有侮辱性伤害方式如强迫录制裸体视频、吃粉笔灰、自扇耳光等。此外,网络欺凌自2012后年后呈逐年增多的趋势。

(五)校园欺凌的成因

从生态系统理论的视角来看,校园欺凌不仅与个体单一的欺凌行为有关,还受个体的生理与心理因素、个体微观系统、宏观系统等涵盖个体、家庭、学校、社会、文化与历史多方面的因素影响。我们总结了国内外学者认为的校园欺凌产生原因,具体从个体、家庭、学校、社会四个层面分别阐述。

1. 个体因素

个体因素能直观地理解和描画欺凌者与被欺凌者。学生个体身心发展呈现阶段性、差异性。一方面,当前许多学生存在心理承受能力较弱、法律意识淡薄、自我控制力较弱等问题；另一方面，由于学生处于身心发展关键期，也呈现出典型的阶段性特征，一些学生不良的道德观念及反社会文化行为若没有得到及时制止，容易使其陷入校园欺凌的歧途难以回头。在具体表现方面，校园欺凌的高危个体因素包括生理因素，如年龄、性别、种族等人口学变量。在性别方面的结果较为复杂，以往有研究发现，男孩更容易成为欺凌者也更容易成为被欺凌者，但是近期的一些研究发现性别与欺凌与否没有显著关系。在种族或民族方面，移民情况和语言、文化障碍是大部分少数族裔成为校园被欺凌者的一大显著原因。

特殊群体，如性取向的不同、存在学习与发育障碍、智力水平不同、贫困程度不同等也成为校园欺凌的原因。这些性少数人群、拥有学习与发育障碍的学生因为其与众不同，所以更容易被欺凌。美国的一项性少数群体的全国性调研发现，近 40% 的性少数群体学生曾至少一次遭遇过身体羞辱，在英国的类似研究也发现，82% 的性少数群体学生曾被侮辱过。甚至学业成绩好也成为英国一部分高智商学生被羞辱与被欺凌的原因，他们因其与众不同而被人称为“怪胎”，被排挤。

2. 家庭因素

家庭结构变迁及失能，导致负性、极端甚至缺失的家庭教育方式、家庭关系与家庭沟通方式，是个体更容易卷入欺凌事件的一大诱因。家庭氛围或教养方式在欺凌者与被欺凌者身上都刻下了烙印。研究发现在温暖、充满感情和有良好家庭氛围的环境中成长的孩子更少被欺凌。家庭内部畸形的沟通方式造就了个体更容易使用拳头解决和沟通问题。班杜拉的经典实验证明，攻击性行为是可以模仿而来的。不难想象一部分的校园欺凌者正是在家庭或社会的环境下模仿了父母等成年人的行为，并付诸校园环境中。另一部分学生则是由于幼儿期间与社会群体隔离，缺乏与同伴交往的能力，他们会通过不恰当的行为，如攻击行为，试图与人建立人际联结。在我国社会转型期，留守儿童的校园欺凌问题也值得重视。城镇化进程的推进加速了传统家庭结构的变迁，建立在习俗、家族信仰基础上的家庭权威逐渐受到挑战。留守儿童中产生的校园欺凌问题,不仅是家长教育责任的缺失,更为重要的是,家庭教育结构不同以往,家长维护自身权威的生活基础减弱,难以像传统家庭教育一样干涉子女的教育和生活,这直接导致了家庭教育在留守儿童教育中的功能失效或者弱化。

3. 学校因素

学校是治理欺凌事件的主体,也是发生欺凌事件的主要场所。支持、和谐、有安全感的学校环境是保护被欺凌者的安全港。学校环境包括学校中的同伴支持与学校氛围。欺凌一般发生在青春期早期,而此时的同伴支持是十分重要的。因为这一时期是青少年离开父母,寻求自主,与同伴建立关系与社会支持的时期。一方面,良好的同伴关系可以缓冲被欺凌者的负面感受,减少他们心理与生理的不适感。另一方面,良好的同伴关系可以教会欺凌者正确的人际交往与冲突管理模式,从而减少他们的欺凌行为。而当欺凌成为一个同伴群体中的常态,那么在这一同伴群体中的个体也会更经常地参与欺凌事件。此外,校园层面对认同感、联结感、归属感等积极价值观的肯定也能减少欺凌事件的发生。但是,新时代我国学校治理存在诸多的无力及无奈。传统意义上,由于校园欺凌是发生在学生之间的欺凌行为,学校可以利用自身的教育权利网络,在反校园欺凌问题上扮演权威角色。以往这种权威得到了社会认可和自觉服从,但近年来随着人们对教育质量要求的提高,对学校教育本身的不满也逐渐增多。学校教育惩戒权的不明晰导致教师处于无法管理的尴尬境地,无法有效地对欺凌学生进行批评处罚。因此,缺乏制度基础保障和权威观念价值支撑,使得学校在反校园欺凌中的角色非常被动。

4. 社会因素

社会环境与文化信念,与家庭、学校一样对欺凌事件起到同构性的作用。从社会性别规范角度看,一个“各美其美、美美与共”的宽容和谐社会文化环境能减少欺凌行为的发生。校园欺凌现象本身也是社会现象之一,可以从社会结构的角度分析欺凌行为。赵旭东认为,孩子进入学校学习后开始了同龄群体、学校、家庭、社会媒体中的二次正式的社会化，学习社会文化规则①。欺凌实际是一种内生的社会性别规范的社会控制机制，任何一个人的外部特征、行为规范和社会性别规范不一致，就会被界定为“异类”、被排斥，被欺凌。因此，当身边有同性恋、体型过重、残疾、丑陋的“异类”出现的时候，学生就会萌发对其教育、纠正乃至惩罚的冲动。受害者在内心中也会暗示自己行为取向是不被社会认可的、丢人的。在实证研究中，有一部分研究者发现，一个亲社会、追求和谐的环境能够影响社会中欺凌行为的发生。反之，部分发达国家的学校分类学生的种族或民族、性别和社会经济地位，间接强调了不平等、隔离、压迫的社会文化，导致了欺凌行为的产生。有些国家如津巴布韦、马拉维和加纳则认为学校内部男生对女生的欺凌是社会文化常态中男子气概的一部分，从而助长了校园欺凌②。

校园欺凌是个体冲突论的一种表现，校园欺凌是学生群体的集体道德失范。校园欺凌的当事主体学生家庭经济较为宽裕，但他们的伦理意识被市场经济与人身流动所稀释，出现了一定程度的涣散，责任意识发展相对薄弱。因此，这一群体较为关注个体的权利与利益，但却没有形成共同体所必需的责任意识与义务行动，他们缺乏规范的学生群体行为，更易于造成社会冲突或社会失序，校园欺凌就是其中一例。该观点类似于社会学家涂尔干的社会有机论，认为校园欺凌是社会秩序混乱，道德失范的一种表现形式，唯有加强社会成员的道德意识才能使社会井然有序。

充斥着暴力、攻击性行为的社会文化对在校学生的影响很大。从人的社会化过程理论上看校园欺凌，社会化的内容中，既包括科学文化知识，也包括社会交往的规则、社会生活道德和核心价值观。然而，由于应试教育的压力，法律法规教育和思想道德教育等方面的教化内容和教化功能被弱化。在社会转型和经济发展的同时，多元化文化的冲击和社会道德的滑坡却深

① 赵旭东：《校园欺凌本源论》，《教学与管理》2017 年第 5 期。

② F. Leach, “Learning to Be Violent: The Role of the School in Developing Adolescent Gendered Behaviour,” *Compare-A Journal of Comparative & International Education*, 2003, 33(3).

深地影响了学生对善恶的判断和鉴别能力。有研究表明,媒体中宣扬的暴力场景与青少年的攻击性行为有很大的关系。当学生大量接触电视、游戏、网络中的暴力场景时,他们攻击的想法与行为会增加。除了媒体信息,一个充满暴力、不安全的社区环境也能导致欺凌事件的发生。

可以说,近年来尽管学界对校园欺凌的形成因素在社会、家庭和个人不同层次上的分析取得了一定程度共识,但校园欺凌产生原因的复杂性使我国新时期校园欺凌问题的研究呈现诸多新的特性与问题:(1)对校园欺凌的研究大多还停留在现象描述、概念界定和成因的学理辨析上,并没有更多的实证经验方面的证据,这可能与校园欺凌还处于学界讨论的初级阶段有关。(2)无论是社会学还是心理学,还没有形成针对校园欺凌产生机制系统性的理论阐述,尽管校园欺凌可以从群体和个体层面用经典的社会学和心理学理论予以解读,但此解读缺乏逻辑上的严谨性,并没有形成可验证的模型假说,这不利于对该问题的深层次探讨。(3)对该问题的层次化约危机,起源于社会转型时期的校园欺凌治理问题明显具有多重复杂性,在学界讨论中,往往因各学科的角度不同而被简单地化约为法律问题、社会问题和个体心理问题。

三、 校园欺凌的治理方式

(一)全面贯彻落实《未成年人保护法》防治校园欺凌的规定

法律是调适个体行为的强制性规范。完善而可行的法律法规,对于中小学生行为与观念的引导至关重要,对于校园欺凌问题的预防和处置亦至关重要。2020 年 10 月,全国人大常委会审议通过了新修订的《未成年人保护法》,它对校园欺凌问题做了新的明确规定。例如,它明确界定了什么是“学生欺凌”(非校园欺凌),也原则规定了学校应当如何防控处置校园欺凌问题。此外,它也明确禁止网络欺凌,保障了网络欺凌受害者及其监护人向“网络服务提供者”的检举权利和要求删除相关信息的权利。相对原有法律规定，新修订的《未成年人保护法》明确触及了校园发生的欺凌行为，并对相关预防和处置办法做了规定，这是防控校园欺凌的法律制度进步，也是未来推进我国校园欺凌防治工作的法律依据。

新修订的《未成年人保护法》是我国校园欺凌问题防治的重要法律保障。在司法、政策与服务实践层面，未来需要全面准确理解立法精神，依据法律的规定准确制定完善政策服务，确保法律得到良好落实。需要看到的是，在依法防治校园欺凌的过程中，该部法律的相关规定仍有需要细化之处，法律与政策的执行者需要准确理解法律的精神。例如，它规定学校应当建立学生欺凌防控工作制度，对教职员工、学生等开展防治学生欺凌的教育和培训，但并没有明确应该建立什么样的制度，没有规定制度框架及相关的具体工作机制，没有规定防治学生欺凌的教育培训内容、组织与实施方式等。如前文所言，在过去几年，我国在反校园欺凌的机制建设方面，已经有一些较好的探索。但受限于校园欺凌防治工作的基础相对薄弱等原因，《未成年人保护法》尚没有明确规定校园欺凌问题的监测预防、发现报告、处置机制和对欺凌者的惩戒办法。

（二）构建校园欺凌问题的预防制度

少年司法保护的重要理念在于预防胜于惩治。要充分认识欺凌问题发生的社会性原因，充分认识欺凌问题发生的动态过程性，并在这个基础上根据欺凌问题形态、性质的不同而分级处遇。如前文所言，欺凌问题与青少年的人口学特征、家庭社会经济地位、家庭关系与家庭教育、学校教育状况等紧密相关。其发生与发展本身也有一个渐进的过程，恶性欺凌事件通常从一般欺凌行为演变而来，受欺凌者与旁观者也可能演变为欺凌者。及时有效发现欺凌行为，并根据问题的严重性及其根源，采取相应的措施进行干预，才能取得更好成效。最高人民检察院在其制定下发的《2018—2022 年检察改革工作规划》中提出，探索建立罪错未成年人临界预防、家庭教育、分级处遇和保护处分制度。对分级处遇的措施应具有层次性，根据主体的特点适用不同级别的措施,可以将预防矫治措施划分为福利类(如亲子教育指导等)、矫治类(如工读教育等)、刑罚类来适用不同的罪错未成年人。

(三)推进教育感化与法律惩戒的有机结合

“双向保护原则”作为预防与惩治未成年人犯罪的特有原则,源于1985年联合国大会第40届会议通过的《联合国少年司法最低限度标准规则》,又称《北京规则》。该规则对于少年司法最低限度规则做了具体详细的规定:少年司法应视为在对所有少年实行社会正义的全面范围内的各国发展进程的一个组成部分,同时还应视为有助于保护青少年和维护社会的安宁秩序。“双向保护原则”体现了罪错未成年人个人权益的保护和社会公共利益的有机统一,既包括对未成年人罪错行为的惩治,也包括对未成年被害人的保护。这就要求,一方面,在处置校园欺凌案件时,要考虑对一般性案件欺凌者的教育感化与惩戒。在校园欺凌中,欺凌者与被欺凌者大多是未成年的中小学生。和其他任何犯罪青少年一样,作为未成年人的欺凌者同样值得司法保护。基于此,对他们的“处置”一般以教育感化为主。另一方面,对于恶性校园欺凌事件、滥用司法保护侵害他人的欺凌者,有效的教育感化需要具有法律权威的惩治体系的支撑,学校与司法机关需要更加谨慎处理,平衡好教育感化与法律惩戒的关系。

(四)完善中小学校校园欺凌问题发现与处置工作指引

学校是校园欺凌发生的主要场所,也是预防和处置校园欺凌问题的重要力量。校园为本的反欺凌政策措施,可以有效减阻欺凌问题的发生,减缓或消除欺凌问题对涉事中小学生的负面影响。实施以校园为本的反欺凌政策,要求学校根据欺凌行为发生的原因、特点和影响,与家长、社区、政府等充分协作,通过专业的预防和干预措施,有效预防并干预校园欺凌,切实保障每一名学生的人身安全和受教育机会。中小学校应建立明确的处置校园欺凌的策略和程序,并向学生公告,使其知晓。校园欺凌的处置,其目的是恢复学生之间正常的关系，而非惩罚涉事者。

各级各类中小学校应根据《中华人民共和国未成年人保护法》《中华人民共和国预防未成年人犯罪法》《中华人民共和国教育法》等法律法规的要求，制定并公开符合本校实际的反欺凌政策措施，为学校系统应对校园欺凌问题提供制度规范与行动指引。所有中小学校都要制定校园反欺凌政策，并公布在校园官网，让师生员工、家委会成员、家长知晓。校园反欺凌政策，要以学生易懂能懂的方式，对学生进行教育倡导。对新进师生员工，要进行反欺凌政策的宣导教育，使其充分知晓校园欺凌的形态、原因与可能后果。校长等学校领导要清楚表达对校园欺凌的反对，在校园内倡导多元共存，鼓励个体特征、家庭背景等不同的学生相互尊重。学校公开承认每一位学生作为独立个体的独特性、价值和尊严。教职员工在惩戒和教育学生时，要严格守法，不虐待、体罚学生，坚持做到公平、坚定、价值明晰、前后一致，做学生的行为榜样。学校要为学生表达自我、倾诉烦恼等负面情绪创造宽松、安全的环境和机会。要特别关注、照顾边缘高风险学童的需要，建立并利用其监控体系，以敏感的方式，及时发现并干预这部分学童的需要、恐惧和焦虑。

要完善校园欺凌问题的发现与报告制度，学校设立反欺凌电话和微信公众号，任何在校学生可循电话或微信渠道，实名或匿名向班主任、学校专责老师报告校园欺凌事件。教职员工应该以包容、同理心与高度负责任的精神接受报告者投诉，切实保障报告者的隐私。建立健全校园欺凌事件的调查与处置机制。对所有关于校园欺凌的报告，无论实名还是匿名，班主任和专责老师都要认真调查评估，以建立和维护校园欺凌报告本身的权威性和严肃性。在校园欺凌的调查处置中，专责老师要运用其专业的知识和判断来决定欺凌是否确实发生，如何处置才是最佳选择。处置方案应充分考虑校园欺凌发生的规律，充分保护欺凌者与被欺凌者的合法权益。在调查、处置校园欺凌事件时，相关老师应始终秉持冷静、去情绪化的方式，坚持问题解决导向。学校应对被欺凌学生、旁观者等提供心理咨询与情绪辅导、社交技能培训、抗逆力训练、自信心重建等服务与支持。要为受欺凌者提供安全的温暖的学习和生活场所。动员受害者同学、朋友、家长、教职员工等为其提供必要的社会支持。鼓励受害者以更积极的姿态参与校园生活,开展社会交往。学校应对作为欺凌者的学生提供有针对性的专业干预服务,如自我人格重建、社交技能培训、同理心养成、情绪辅导等服务。要采用包容性的、非指责性的策略面对轻度欺凌者,和他们一起分析探讨欺凌行为给受害者带来的可能伤害,以及缓解、消除这些伤害的策略。要帮助重度欺凌者摆脱反社会性的行为与心理倾向。必要时寻求专业社会工作者或警察的协助。

儿童参与

儿童参与儿童友好城市空间建设的理念与上海实践

王　芳[①]

摘　要　儿童是城市中的重要社会成员，享有与其年龄和发育阶段相适应的权利。为了保障儿童权利，在儿童友好城市建设过程中，需要特别注重儿童参与，做到尊重儿童、理解儿童、响应儿童，从儿童视角对城市空间进行适儿化改造。儿童友好不仅是一种建设方式，也是一种社会理念。本文首先解读联合国儿童基金会和联合国人居署共同发起的儿童友好城市倡议相关理念，阐述什么是儿童需求、儿童视角，以及在儿童友好城市建设中如何正确把握并满足儿童需求、秉持儿童视角及其重要性；其次，从理念过渡到儿童参与儿童友好城市空间建设的国际实践和国内实践经验，梳理部分国家

① 王芳，上海社会科学院社会学研究所副研究员。

儿童友好城市倡议重点,概述我国儿童友好城市建设的成果;最后,以上海市“一江一河”沿岸儿童友好空间建设项目、宝欣苑三村项目、铂金华府“探秘小森林”项目为例,介绍上海在儿童参与儿童友好城市空间建设中的具体实践。从中可以看出,以前关注城市建设项目该建什么,今后还需关注留什么,要更多地回归自然,将本真的东西还给儿童。所以,要因地制宜,以儿童利益为先,鼓励城市和社区改革创新,创造更好的机制模式,自下而上完善儿童友好城市空间建设。

关键词 儿童需求;儿童视角;儿童参与;儿童友好;城市空间

一、 儿童参与儿童友好城市空间建设的基本理念

1996 年,联合国儿童基金会和联合国人居署共同发起儿童友好城市倡议,指出少年儿童的福祉是衡量人居环境健康与否、民主社会文明程度和政府治理水平的终极目标,旨在推动全球各地更好地把儿童福祉融入社会发展和城市治理中。

按照联合国儿童基金会的定义,“儿童友好城市”是指致力于实现《儿童权利公约》规定的儿童权利(无歧视;在涉及儿童事宜中以儿童最大利益为出发点;确保儿童生命权、生存权和发展权;尊重儿童意见)的城市、城镇、社区或任何地方政府体系。在这些城市或社区,儿童的心声、需求、优先事项和权利是当地公共政策、程序、决策不可或缺的一部分。因此,一座对儿童友好的城市本质上也是适合所有人栖身的宜居之城。简言之,是为了保障和实现儿童的生存权、发展权、受保护权和参与权,为儿童的全面发展提供适宜的政策、空间、环境和服务。

儿童是城市中的重要社会成员，享有与其年龄和发育阶段相适应的权利。为了保障儿童基本权利，在儿童友好城市建设的过程中，我们要特别注重儿童参与。“儿童不是被动的服务接受者，而是有自身能动性的社会行动者。他们总是会以自己的方式去感受、认知、理解和阐释世界，并和成年人一起实现对社会生活以及童年自身的再生产。”①在进行城市空间建设时，需要城市管理者和建设者们倾听儿童声音，用儿童视角看世界，用心理解孩子。儿童友好不仅是一种建设方式，也是一种社会理念。构建儿童友好城市，关键在于运用儿童视角，去理解儿童，给予儿童参与城市建设的权利。

（一）儿童参与儿童友好城市空间建设的关键是正确把握并满足儿童需求

儿童友好城市不仅是服务于儿童的城市，还应该是关注儿童行为特征和心理需求的城市。儿童友好城市建设的核心就是正确把握儿童需求。那么，什么是儿童需求？怎样正确把握并满足儿童需求？

根据《儿童权利公约》和我国对儿童友好城市建设的相关政策规定，在儿童友好城市建设中，可以将儿童需求理解为满足儿童在不同成长阶段的生存、发展、受保护和参与等各方面需要，以保障儿童健康成长和全面发展的必要条件和要求。其核心包括：安全的生活环境与基础设施（如清洁水源、安全出行空间）、普惠可及的优质基础服务（如教育、医疗、游戏与绿地）、免受暴力伤害与歧视的保护体系、表达意见并参与决策的机会，以及满足儿童身心发展特点的包容性空间与社会支持网络，最终确保所有儿童能平等享有健康、快乐成长的权利与机会。

以笔者所在社区的城市公园为例，那里有几块类似《狮子王》中辛巴登基时所站的荣耀石。荣耀石在东非被称作“Kopjes”，起源于荷兰语，意思是小小的头。肯尼亚真的有这样的荣耀石，就在博罗纳保护区内的塞盖提和

① 程福财：《被“结构化”的童年与一场思想的革命》，《探索与争鸣》2021 年第 5 期。

马赛马拉。当前在一些城市公园,也存在这样的石头。每次路过,笔者都会看到很多幼儿园的小朋友,不顾大人劝阻,努力往上攀爬。每当他们爬到最高的那块石头上面,忍不住跺脚欢呼,似乎是一种很大的荣耀,和辛巴登基的场面还真有得一拼。

在大人的眼里,那不过是几块普普通通的大石头。可是小朋友为什么这么喜欢去爬?为什么每当他们站在那块最高的石头上面,就会有那么大的成就感,仿佛如狮子王登基一般荣耀?我们知道,攀爬是孩子认识世界的一种肢体表现,也是孩子在幼儿阶段十分喜欢的运动方式。尤其是对于三岁前的孩子,在户外活动时,如果附近有阶梯,孩子会毫不犹豫地沿着阶梯向上爬。在屋子里,孩子也总喜欢爬沙发背、爬桌子等。研究也发现攀爬对于儿童成长具有很多好处。

攀爬能促进身体的协调性。攀爬需要孩子调动全身的各个部分,手、脚、眼及身体协调配合。掌握攀爬的技巧,可以促进孩子身体的协调性,使他们的身体更灵活,反应更敏捷。

攀爬能培养孩子的空间感。每当孩子攀爬到一个新高度时,不同距离高度的变化,给孩子的视觉带来新的感觉和体验,不仅有助于培养孩子的空间感,还有助于让孩子从新的角度去观察环境。

攀爬能培养孩子的意志。正是在攀爬的过程中,孩子们在尝试中不断克服困难,积攒经验,增进技能,从而培养他们不畏困难的精神。除此之外,攀爬还可以帮助孩子们融入团体,培养社会交往能力。

按理说,攀爬有这么多好处,应该会有许多家长鼓励孩子攀爬。可是,为什么日常看到的场景却是家长们阻拦的居多?而孩子们却偏偏要冲破种种阻力,不顾一切冲上那块最高的"荣耀石"?可见,大人和儿童在对待同一件事物上的理解差别很大。陶行知先生曾说过,一个人不懂小孩的心理、小孩的问题、小孩的困难、小孩的愿望、小孩的脾气,如何能教小孩?同理,不懂儿童需求,也设计不出贴合儿童需求的儿童友好城市空间。

在儿童友好城市空间建设中,正确把握并满足儿童需求可以通过多种方式,例如,在学校、社区、公园等场所,仔细观察儿童的日常活动、游戏偏好及行为习惯,看他们对设施的使用情况,了解其兴趣所在;组织形式多样的儿童活动,为儿童创造轻松氛围,鼓励他们畅所欲言,表达对城市建设、公共空间等方面的心愿;积极与家长、教师沟通交流,倾听他们对孩子需求的见解,从而准确地把握儿童在成长环境、教育文化、健康安全等方面的诉求,为打造适合儿童的友好城市空间提供依据,等等。此外,还需完善法规政策,提供资金支持,组建专业团队并引导公众参与,正确把握并满足儿童需求并形成全方位支持体系,从而为儿童营造安全、益智、充满活力的成长空间。

(二)儿童参与儿童友好城市空间建设需要秉持儿童视角

当前很多城市和社区都在推进儿童友好环境建设。儿童友好城市有没有实现儿童友好,重点在于有没有用儿童视角来审视儿童的成长环境。那么,什么是儿童视角?怎样秉持儿童视角?

在儿童友好城市建设中,儿童视角是指将儿童视为拥有独立权利和能力的参与者,通过主动倾听、观察并尊重其身心发展特点(如身高、认知方式、行为逻辑),理解儿童对城市空间、服务和政策的真实体验与需求,并确保儿童的意见实质性地融入规划、设计和决策全过程。它强调以儿童的生活体验为中心,超越成人预设的思维框架,让儿童从“被动受益者”转变为城市发展的“共同设计者”。儿童视角就是强调要尊重儿童观察周围世界的角度和与周围世界相处的方式。

儿童看待世界的角度与成人是不同的。从外部身体的角度来解释比较容易理解。比如,大人和孩子一起乘电梯,大人看到的是别人的脸,而孩子看到的是别人的腿。设想一下大人处于孩子的身材高度,那么不难理解乘电梯对孩子的压抑了吧?成人也就理解了有些孩子为何不愿坐电梯,或者为何在电梯里喜欢让大人抱。

可是,对于儿童内部的心理视角,很多成人不愿意或者缺乏能力去探究。比如,孩子三岁以前的大部分心理状态,是以为世界是围绕他们转的。

所以,和小孩子玩捉迷藏时,小孩子以为只要自己闭上眼,别人就看不见自己。这种掩耳盗铃的气势,常会令大人忍俊不禁。因为那个年龄阶段孩子的心理是以自我为中心的,分不清自己与外界的区别。

若是大人分不清小孩看待世界的视角和大人的区别,在日常育儿中就会烦恼不断。比如七八个月大的孩子在地上爬得很开心,但大人觉得,地上太脏,不让孩子去爬。其实爬行是孩子的本能。小孩子还喜欢把肥皂涂在手上,一遍又一遍洗手、玩水。大人看到的是孩子在浪费,在磨蹭。而孩子可能是在享受水流在手上的感觉,以及仔细观察泡泡升起又消失的过程。同样一件事,同样的世界,在大人的眼里和在孩子的眼里,差距是很大的。所以,家长觉得孩子不好理解确实是实情。

回到荣耀石的例子。虽然列举了那么多研究所发现的攀爬的好处,攀爬对于儿童成长的意义等,其实这还是在用成人的视角看问题。若用孩子的视角看,其实很纯粹,那就是爬上去!对于身体处于快速成长期的孩子而言,征服一个庞然大物是多么值得高兴和有成就感的事情。孩子心里可能真没有那么多大人眼里的好处。

攀爬不过是孩子们的天性。攀爬的能力是人类与生俱来的一种本能。攀爬当然也能实现对全身肌肉的锻炼。可是与其说锻炼肌肉需要进行攀爬,还不如说是攀爬需要肌肉的配合。攀爬就是直接而原始的本能。在文明之初,人类就以血肉之躯在大自然鬼斧神工的造物上攀爬。1923年,当英国探险家乔治·马洛里被记者提问,为什么要爬珠穆朗玛峰时,他回答:“山就在那里。”

很多时候,孩子们不过是凭本能行事,以全副身心去体验当下,用自己独特的认识视角,去感受这个大千世界。对孩子而言,他不会因为攀爬有那么多好处和意义而去选择爬。他只是看到大石头就来了兴致,高兴地玩了一把。儿童需要以更自然和更本能的状态长大。

然而,伴随着“鸡娃”(密集养育模式)的流行,儿童的生活变得紧张和忙碌。在成人的所谓有意义的安排中,在公园中攀爬石头很可能就会被禁止，代之以组织化的攀岩课程训练。其实两者对于儿童发展来说影响截然不同。

公园里攀爬石头属于开放式的活动，孩子是在不受评判或威胁的情况下，不断探索，通过自主行为体验和征服自然以及与他人互动。攀岩课程则有具体规则，而且往往有考试和比赛，也通常会有比较和输赢，更有很多关于动作正确与否的评判。前者是一种解放，后者可能就是一种约束。因此临时起意、自然发生的非组织化的攀爬，给孩子提供了不同于规范化课程的发展机遇。

美国儿科学会在2007年关于游戏重要性的临床报告中指出，自由玩耍和游戏是孩子健康成长的必需。所有孩子都应该得到充足、无拘无束、独立自主、拒绝屏幕的游戏时间，以提高他们的创造力、反思力及缓解压力的能力。玩耍是孩子的天性，想玩是理所应当，爱玩是天经地义。孩子自己想出来的游戏，能发展儿童的主动性和创造性。自由、自发地玩耍，不同于有组织的体育运动和各种活动，两者在儿童的生活中发挥着不同的作用。自由玩耍看起来是小事，其实对于孩子发展是大事。

可是，对今天的很多孩子来说，自由玩耍已经被结构化和组织化的活动占满，留给孩子随意玩耍的空间和时间也越来越少。此外，网络、电子产品等也在蚕食孩子的自由玩耍领地。结构化、组织化的活动当然重要，但不应剥夺孩子自由探索和自由玩耍的机会。研究表明，如今的孩子比以往任何时候都过得更有规律和有条理，按照成人安排的时间表生活。大多数社区游乐场提供的也都是结构化的环境，限制了孩子自由玩耍的机会，很少有空间让孩子发挥想象力。

哲学家福柯曾提出“规训”一词，它是指一种监视、训诫、控制的微观权力机制。作为当下“鸡娃”社会中的“弱势群体”，儿童在年龄上处于劣势地位，因而很容易成为成人社会规训的客体，从而丧失差异性和主体性，沦为没有个性的机器。由于儿童习惯于被动地接受安排，可能会失去个体创造性地建构自我发展的机会，进而产生自我意识危机。对于儿童这种个体灵性的丧失,北京大学危机干预中心徐凯文提出“空心病”的概念,即缺乏价值观,不知道自己要什么,不知道自己为什么活。他认为如果孩子从小被外在功利的目标推着走,长大后就会变成没有内心尺度的“空心人”。

当前很多父母对于孩子“无意义”的玩耍活动缺失所带来的危害似乎知之甚少。在美国《大西洋月刊》封面专题《被过度保护的孩子》中作者指出,随着孩子自由玩耍时间不断下降,儿童的心理障碍问题(尤其是情感障碍)逐年上升,现在美国儿童焦虑症和抑郁症的发病率是 20 世纪 50 年代的 5—6 倍,15—24 岁年轻人的自杀率翻了一番,而 15 岁以下儿童的自杀率翻了两番。精神病学家斯图尔特 · 布朗的研究则显示,如果在儿童时代不能无拘无束地玩耍,孩子长大后可能会不快乐和难以适应新环境。所以,儿童成长需要一些无意义、无目的的活动。人类的童年期之所以漫长和松散,为的是使儿童拥有更多的自由玩耍时间。自由玩耍的能力是心智健康的主要标准之一。

在儿童友好城市建设理念上,我们需把孩子从成人的视角中解放出来,真正把童年还给孩子。秉持儿童视角意味着从儿童的身心发展特点、需求和权益出发,充分尊重儿童的主体地位,将儿童的感受和需求置于决策和建设的中心,深入洞察儿童在城市生活中的真实体验,如他们在街道、公园、学校等场所的活动方式和感受等。让儿童有机会参与城市建设相关事务的讨论和决策,才能更好地为儿童创造安全、便捷、有趣、包容且富有教育意义的成长环境,保障他们健康成长和全面发展的权利。

二、儿童参与儿童友好城市空间建设的实践经验

(一)儿童参与儿童友好城市空间建设的国际经验

目前,全球参与儿童友好城市倡议的城市和社区达 3000 多个。包括伦敦、巴黎、慕尼黑、温哥华、哥本哈根、首尔等在内的 900 多个城市(社区)通

过儿童友好城市倡议认证。

“儿童友好”并不仅仅适用于经济和社会已经发展到较高阶段的国家和城市,联合国鼓励在现状基础上为保障儿童权利做出积极改变的任何施政体系加入儿童友好城市倡议。它倡导的是以全面的解决办法保障儿童权利。儿童友好城市倡议的最终目标是提高地方施政体系的儿童权利保障能力,确保儿童享有城市可持续发展的各项成果。

由于各国所处发展阶段和社会文化存在差异,儿童友好城市倡议并没有提供统一的儿童友好城市建设标准,而是鼓励每个国家灵活制定符合自身特点的战略目标和实现路径,并分阶段推进实施。儿童友好城市倡议尤其强调儿童参与的重要性,因为这既是手段也是目的。联合国儿童基金会和联合国人居署指出,儿童友好城市倡议的愿景是每个儿童和青年都能拥有愉快的童年和青年时光,在各自城市和社区中平等享有自身权利,充分发挥自身潜力。为了实现这一愿景,儿童友好城市倡议提出了儿童友好城市建设的五大目标领域(即“一只手框架”),包括儿童有权在安全环境下成长、有权受到平等对待、有权享受基本服务、有权表达意见、有权享受家人陪伴和游戏。这五大目标领域既涵盖了《儿童权利公约》规定的各项儿童权利,又与全球2030年可持续发展目标保持高度一致。

梳理部分国家儿童友好城市倡议重点(见表1),可以看到高收入国家主要注重提高儿童身心健康、完善高品质生活环境、促进儿童社会参与等方面;中等收入或低收入国家则更为注重减少青少年犯罪、增加更多基础设施、完善社会服务等方面。

表1　部分国家儿童友好城市倡议重点

国　家	倡　议　重　点
加拿大	1. 儿童参与;2. 儿童友好法律框架;3. 全市儿童权利战略
德国	1. 儿童最佳利益;2. 监管框架;3. 儿童参与;4. 信息和公共关系

续　表

国　家	倡　议　重　点
芬兰	1. 让儿童权利为人所知;2. 平等、不歧视;3. 参与公共空间的规划、评估和服务发展;4. 参与制定议程,影响决策;5. 参与民间社会活动;6. 重视战略规划、协调机制对儿童的影响评估;7. 广泛的知识基础
巴西	1. 减少青少年犯罪;2. 防止学校排斥;3. 促进幼儿发展;4. 青少年的性教育
蒙古	1. 儿童保健、教育、水、卫生以及保护服务;2. 有利于儿童发展的安全环境;3. 儿童友好家庭;4. 儿童友好治理、预算编制和儿童参与规划、执行和监测的过程
几内亚	参与地方治理、免疫、卫生、营养、公民权利、教育等关键领域

(二) 儿童参与儿童友好城市空间建设的国内经验

据统计,当前中国儿童人口约3.04亿,约占中国总人口的1/5、世界儿童总人口的1/8。儿童友好城市建设,承载着人民对美好生活的向往,也担负着对儿童未来发展的责任与使命。建设儿童友好城市是贯彻落实党中央、国务院决策部署的重要举措,是国家“十四五”规划纲要和《中国儿童发展纲要(2021—2030年)》确定的重点任务,对于全面建成社会主义现代化强国、实现中华民族伟大复兴具有重要意义。

从“人民至上”视角理解儿童工作,儿童友好体现的是把儿童的需求放在更为重要的位置。坚持以人民为中心的发展思想,以立德树人为根本任务,通过儿童优先、儿童参与、儿童友好,进而实现家庭友好、工作友好、社会友好,让民生冷暖成为社会的价值共识和行动理念,提升城市的整体参与感和人民的生活幸福感。

从“社会治理”视角寻求可持续发展,儿童友好是一种具有战略性的系统的善治观。把儿童友好的人本思维贯穿在经济和社会发展的全过程,构建以人为主体的发展格局,有助于科学解决老龄化加速、生育率低、家庭的社会依赖性强等社会问题，完善人口服务体系，为社会治理开辟新发展路径。中国的城镇化率呈上升趋势，在发展过程中如何协调儿童需求与空间、服务、环境等要素的一体化发展，需要充分考虑城市现状和地域差异，基于本地经济、资源特点、社会和文化发展水平，确定优先目标和重点领域，形成具有本地特色的行动方案和建设路径。

当下，国内诸多儿童友好城市的创建过程也是在发挥赋能城市的综合示范作用，通过儿童及家庭对教育、健康、文化、公共服务等方面的需要，在推动生产、流通和消费过程中形成有效的资源配置，并以此为基础推进城市更新，建立中国特色的儿童及家庭内需体系。以儿童友好城市创建为契机的政策友好、服务友好、空间友好、环境友好、参与友好、产业友好等方面，因地制宜探索建设符合中国国情的儿童友好城市。这里所涉及的不仅是城市物理空间的友好场景，还需要在政策、法律、福利、公共服务等方面系统配套，形成政府主导、社会共建、儿童参与的创建机制。

我国高度重视儿童友好城市建设工作，2021 年 3 月发布的“十四五”规划纲要提出，要开展 100 个儿童友好城市示范。同年 9 月，国家发展改革委等 23 个部门联合发布的《关于推进儿童友好城市建设的指导意见》再次提出，到 2025 年通过在全国范围内开展 100 个儿童友好城市建设试点，推动儿童友好理念深入人心。在此基础上，2022 年国家发展改革委、住房城乡建设部、国务院妇儿工委办公室印发的《城市儿童友好空间建设导则（试行）》则更加细化地强调，城市儿童友好空间建设要“一建三改二增”：“一建”是结合城市更新行动，推动建立城市、街区、社区多层级的儿童友好空间体系；“三改”是推进既有公共服务设施、道路空间和公园绿地的适儿化改造；“二增”是指要新建儿童校外活动场所和儿童游憩设施。可见，让儿童在友好的城市空间和环境下成长，尊重儿童身心发展的特点，重视以城市公共空间的适儿化改造来推动儿童友好型城市空间的建设，已是全国各地的共同选择。

三、 儿童参与儿童友好城市空间建设的上海案例

上海全面践行“人民城市人民建,人民城市为人民”理念,儿童友好是人民城市重要理念的生动实践。目前,上海城市发展到了提质增效关键期,快速推进儿童友好城市空间建设,是落实以人为本的发展理念,提升人民获得感、幸福感的重要举措。

在具体的城市规划和建设中,需要做到尊重儿童、响应儿童,从儿童视角对城市空间进行适儿化改造。此前规划建设可能更多的是强调秩序和规则,实际上根据儿童的成长规律,对儿童而言,充满不确定和想象的空间也是他们所需的。因此,以前关注城市建设项目该建什么,今后还需关注留什么,要更多地回归自然,将本真的东西还给儿童。所以,要因地制宜,以儿童利益为先,鼓励城市和社区改革创新,创造更好的机制模式,自下而上完善儿童友好城市空间建设。

(一) 儿童参与儿童友好城市空间建设

儿童参与作为核心理念贯穿在上海儿童友好城市建设的过程中。以上海的“一江一河”沿岸儿童友好空间建设项目为例。

1. 儿童参与路径

为了促进人口长期均衡发展,提高广大儿童的获得感、幸福感、安全感,上海市于2023年研究制定了《“一江一河”儿童友好滨水空间建设指导意见》,大力推进“一江一河”沿岸儿童友好城市建设。在该指导意见的制定过程中,上海市人民建议征集办、市住房城乡建设管理委、市妇儿工委联合开展“‘一江一河’沿岸儿童友好空间建设”人民建议征集活动,向全市儿童及家长征集相关建议,提高相关政策制定的科学性、合理性、精准度,推动本市“一江一河”沿岸儿童友好空间高品质发展。

征集内容包括：

针对本市“一江一河”沿岸儿童友好空间环境现状，以及对未来空间环境的期许，请小朋友及家长围绕以下几个方面提出意见建议：

（1）您希望滨水区域组织哪些适合儿童游玩、参与的活动；

（2）您希望滨水区域提供哪些类型的儿童活动空间；

（3）您希望滨水区域的配套设施在哪些方面提升；

（4）您认为“一江一河”沿岸儿童友好空间应该具备怎样的特质；

（5）其他关于“一江一河”沿岸儿童友好空间环境建设的建议。

2. 儿童参与过程

为了充分听取少年儿童和广大市民群众对沿岸儿童友好空间建设的意见，2023 年 3 月 20 日至 4 月 2 日，市人民建议征集办、市住房城乡建设管理委、市妇儿工委办通过上海发布、市人民建议征集平台、市住房城乡建设管理委官网等征集渠道，开展了“‘一江一河’儿童友好空间建设大家来畅谈”主题征集活动，邀请社会各界广泛参与，共同助力“一江一河”沿岸儿童友好空间高品质发展。

征集活动得到了市民群众的支持和参与。征集期间，收到群众建议 576 条、反馈调查问卷 1 490 份，其中，家长版调查问卷 1 204 份，儿童版调查问卷 286 份。群众建议主要涉及更新和增加儿童游乐设施、增配安全性装置、完善周边停车设施方便市民群众停车、完善生活配套设施、加强沿岸人宠分离等。

市住房城乡建设管理委、市“一江一河”办对收到的群众建议进行了专题研究，后续在《上海市儿童友好城市建设实施方案》的指导下，结合《上海市妇女儿童发展“十四五”规划》《上海市“一江一河”发展“十四五”规划》的实施及“一江一河”民心工程推进，在规划建设工作中予以充分吸纳，推进了“一江一河”儿童滨水空间建设，将滨水岸线的改造提升与儿童游憩娱乐和安全需求相结合，加快提升了空间品质。

3. 儿童参与成果

根据征集意见，“一江一河”民心工程推进着重围绕以下方面进行完善提升。

一是聚焦滨水空间适儿化品质提升，完善儿童友好的空间与设施体系。加快营造更多富有趣味的儿童活动空间和游憩设施，不断优化开放自然科普教育体验活动，满足亲子活动需求，适当增加看护人的遮蔽休憩设施。推进儿童友好空间标志系统完善、滨水各类服务设施和场地适儿化改造。进一步优化"一江一河"沿线公厕、驿站等配套设施布局，合理配置第三卫生间、儿童厕位和洗手池等设施，推进母婴设施应配尽配。提升儿童经常活动地区慢行交通的连续性和功能性，优化无障碍环境建设，打造趣味安全的儿童慢行空间等。

二是将儿童参与纳入儿童友好滨水空间建设的重要维度。联合市妇联，在各区儿童议事厅等儿童参与活动品牌基础上，进一步积极探索构建"一江一河"儿童友好滨水空间的儿童长效参与机制，并在儿童参与过程中注重覆盖面和代表性。除本次人民建议征集活动外，后续还将开展包括儿童科普讲座、小小设计工作坊等在内的一系列针对儿童的公众参与活动，实现儿童友好滨水空间建设的全过程人民民主。同时，市"一江一河"办组织编制《"一江一河"儿童友好滨水公共空间建设指导意见》，研究制定规划建设标准和指引，适应儿童身心发展。公众参与活动的合理建议将作为建设要求一并纳入指导意见，推动"一江一河"的儿童友好化品质提升。

三是鼓励企事业单位、社会团体和社会公众在滨水公共空间依托相关设施，开展各类适宜儿童的活动。浦东"望江驿"、徐汇"水岸汇"、杨浦"杨树浦"、普陀"苏河轩"等系列综合服务品牌驿站目前已经实现黄浦江 50 余处、苏州河 30 余处的规模布局。浦东美术馆、普陀区少年儿童图书馆、徐汇区星美术馆等一批滨江文化场馆设施相继建成。体现城市历史发展脉络的滨江历史建筑和工业遗存等也正在不断推进活化利用。下一步，将进一步推广开展爱国主义教育、科普活动、文艺演出、文化展示、书报阅读等文化活动，以及艺术节、音乐节、主题日和重大节庆、公益集市等活动，丰富儿童业余生活。

四是细化管理举措，规范公共秩序，合力优化与守护儿童成长环境。《上海市黄浦江苏州河滨水公共空间条例》（以下简称《条例》）自2022年1月1日起正式实施，为打造世界级的滨水公共空间夯实了制度保障，构建了守护滨水公共空间美好的系统长效保障机制。下一步，将围绕《条例》落实，进一步加强滨水公共空间管理和执法工作力度，重点聚焦设施维护养护、环境卫生综合养护、亲水设施、无障碍环境、公共交通设施、安全保障设施、活动开展等方面加强网格化管理，营造全社会关心关爱儿童健康成长的良好氛围。

（二）儿童参与儿童友好社区空间建设

在上海的儿童友好城市空间建设中，有很多社区开始尝试让儿童参与其中。赋能儿童规划师职责，让他们为自身、家庭、邻居、社区所需的公共空间考虑，促进儿童更多参与。以宝欣苑三村项目改造和铂金华府“探秘小森林”为例。

宝欣苑三村项目

（一）项目背景

宝欣苑三村是一个典型的大居小区，住宅类型有经适房、动迁房、廉租房等，不同群体文化素养、生活习惯、思想观念等存在差异。社区里有近800名老年人，108户亲子家庭，为老服务、亲子服务需求缺口大，改造前社区活动室、户外广场设施老旧，缺少适合儿童活动的空间，社区公共空间设施功能有待提升。2022年宝欣苑三村落地“美好社区先锋行动”项目，引入专业社会组织乐酷创益，通过社区公共空间更新改造，促进社区融合，邻里共享，美好共建。在美好社区先锋行动过程中，社区儿童也全程参与，出力献策。

（二）儿童参与路径

1. 通过社区微信群发布调研问卷、开展线下亲子DIY活动等，向社区亲子家庭征集对于社区儿童空间设施、功能、服务的需求。

2. 通过社区共创参与活动,引导儿童、家长共同参与社区空间美化,如座椅彩绘、楼栋门口小花园种植等。

3. 建立先锋议事平台,挖掘"小小先锋",引导儿童以"社区楼道堆物""如何策划一场社区共同的微展览"等为主题交流讨论,为社区活动、社区共建建言献策。

(三) 儿童参与成果

1. 打造了儿童友好社区活动空间,小区室内外拥有了适合儿童活动的公共空间。

2. 在社区参与过程中,搭建了儿童参与、交流的平台和渠道,吸纳儿童合理、可落地的意见建议,与儿童、亲子家庭共同构建美好社区。

铂金华府"探秘小森林"项目

(一) 项目背景

"探秘小森林"原来是小区里的一处绿化带,因疏于管理,居民不爱来,没有发挥应有的作用。如何焕发绿化带活力,成为青少年参与社区管理的一个课题。在居民区党总支的支持下,乐酷创益与社区青少年合力打造了集自然科普、探险互动于一体的"探秘小森林"。

(二) 儿童参与路径

通过上海宝山团区委、区教育局创新少先队社会化工作,推出"社区小先生"制,带领"红领巾"走进社区,做社区治理和服务的"小老师",将社区、学校和家庭紧密联系起来,让社区成为社会教育的"大课堂"和"实验室"。依托"社区小先生"制,小区成立了铂金华府彩虹理事会(中队委员会),由少先队员们出任理事会成员。

1. 依托铂金华府彩虹理事会平台,与社区青少年实地调研探访,讨论小森林的设计方案,收集多方建议,例如"最好能涂鸦""可以逗玩昆虫"

“可以探险”“能寻找玩伴”等。

2. 在居民区党总支的引领下，基于这些建议及儿童发展需求，专业社会组织从可探索、可互动、可学习、可交流等角度出发，将“大自然”作为儿童探索和学习的场地，规划设计一步一景的“探秘小森林”方案，将这个绿化带变成了一个集生态花园、亲子游戏互动、自然知识科普等于一体的探险场所。

3. 在地共创参与，在小森林的更新升级中，以自然的“原木”为基底，通过彩绘 DIY 点缀青少年的创意，赋予“探秘小森林”更多青春活力与创意。

（三）儿童参与成果

居民区党总支、社区儿童、专业社会组织共同将绿化带变成了一个集生态花园、亲子游戏互动、自然知识科普等于一体的探险场所。“社区小先生”们不仅改造了社区中的“荒芜绿地”，还改变了年轻家长们对社区的“刻板印象”。以儿童带动家庭，由此凝聚了一批青年家长参与社区议事。

解码 Z 世代的关键意见领袖：B 站头部 UP 主的资本结构与转化路径*

雷开春① 包蕾萍② 陈 超③

摘 要 在数字时代，平台关键意见领袖（Key Opinion Leaders，KOL）在塑造青少年认知和行为方面扮演着越来越重要的角色。本研究借鉴布迪厄的文化资本理论，依托 B 站 1 951 个头部 UP 主的平台数据，从文化资本、社会资本和经济资本三个维度，评估 Z 世代群体中 KOL 的社会影响力，并分析资本间的转换效应。研究结果显示，Z 世代的 KOL 在三个资本层面均呈现显著的差异性。在文化资本层面，KOL 依旧契合“专业人士+专业领域”的权威形象设定。在社会资本层面，作品数量与粉丝数量呈正相关，然而作品数量越多，平均播放量反而越少；而粉丝数量与平均播放量则呈正相关。此外，随着资本行为级别的提升，Z 世代的参与人数急剧减少，即参与人数和参与程度呈现明显的负相关态势。在经济资本层面，即便成为头部 UP 主，也不一定能获取相应的商业价值与变现机会，唯有粉丝数量能够有效转化为经济资本。平台 KOL 的特殊资本效应，能为儿童友好城市建设提供战略性启发。

关键词 关键意见领袖（KOL）；Z 世代；社会影响力；资本转换

---

* 本文原载《青年学报》2025 年第 2 期，收录于本书时略有改动。

① 雷开春，上海社会科学院社会学研究所研究员。
② 包蕾萍，上海社会科学院社会学研究所副所长、研究员。
③ 陈超，上海社会科学院信息化办公室。

在数字化浪潮席卷的当下，社交媒体平台已然成为信息传播的主阵地，更是塑造公众认知、引导社会行为、传承文化价值的关键场域。尤其对于儿童群体而言，平台上的内容创作者，如哔哩哔哩（bilibili，简称“B站”）的头部UP主[①]，在儿童成长过程中发挥着日益重要的作用。随着“儿童友好城市建设”的深入推进，如何借助这些平台，在城市建设中促进儿童社会参与、增强文化认同并提升经济价值，已成为极具研究价值的重要课题。

Z世代（Generation Z）通常是指1995年至2009年出生的一代人。“Z世代”也被称为“网生代”“互联网世代”“二次元世代”“数媒土著”，其在社交媒体平台上展现了前所未有的活跃性。随着社交媒体的普及，关键意见领袖（Key Opinion Leaders, KOL）逐渐成为影响Z世代消费行为、价值观念、社会关系的重要力量[②]。KOL通过社交媒体平台积累的关注度和影响力，使得他们不仅是信息的传播者，也是某种形式的“资本”拥有者。这种资本不仅包含经济资本，还涉及社会资本和文化资本[③]。然而，当前学术研究要么关注社群中KOL的自动识别，要么聚焦某类或某个KOL对青年的影响，较少从资本转化的视角来考察KOL对Z世代的影响。以B站头部UP主为例，本研究试图深入分析KOL影响力的内在机制，从而为青少年社会政策制定提供数据支持。

一、研究背景

（一）数字时代的KOL及其影响力研究

意见领袖，是传播学中的经典概念之一，最早由传播学家保罗·拉扎斯

---

① UP主是“uploader（上传者）”的音译，指在视频网站、论坛等互联网平台上传视频、音频或图像等内容的人，包括原创作者、转载者、二次创作者。

② E.A. Waterman, K.M. Edwards, A.B. Keyes et al., “The Stability of Youth Popular Opinion Leaders Selected over Time Using Social Network Analysis,” *American Journal of Community Psychology*, 2022, 70(1-2).

③ P. Bourdieu, “The Forms of Capital,” in J. Richardson (ed.), *Handbook of Theory and Research for the Sociology of Education*, London: Greenwood Press, 1986.

菲尔德在1940年美国总统竞选期间进行的一项关于大众媒体对选民影响的调查时提出,指的是“概念往往从广播和报纸流向舆论领袖(即意见领袖),再从这些个体流向不那么活跃的人群”[①]。1955年拉扎斯菲尔德等人在《个人影响力》中指出,意见领袖广泛存在于社会各个阶层、各个领域[②]。

随着互联网和社交媒体的兴起,KOL的定义得到了扩展。新的媒体生态使得KOL不再局限于传统的专家或权威人士,还包括通过社交媒体平台积累大量粉丝[③]的普通个体,尤其是Z世代用户[④]。这一变化使得KOL的影响力更加多元化和广泛,不仅涵盖了传统的专业领域,还包括时尚、美妆、科技、娱乐等众多领域。如今,KOL在数字平台上通过生产内容、与粉丝互动,成为品牌和信息传播中的重要角色。

已有研究表明,KOL的影响机制主要体现在信息过滤与解释、社会认同与模仿、情感连接三个方面。KOL在信息传播链中充当“过滤器”角色——他们筛选、解读大量信息,并通过个人观点对追随者产生影响[⑤]。在数字时代,KOL发布的内容经过精心过滤和策划,追随者通过关注、跟随和模仿KOL的行为来获得社会认同[⑥]。同时,情感连接是KOL影响力的重要来源。KOL通过与追随者的互动,如回复评论、社交媒体上的个人分享等,建立起强烈的情感纽带,增强他们的影响力[⑦]。对电子口碑营销的研究也表明,

① Ding Hanqing, Wang Yaping, “Analysis of the Characteristics of ‘Opinion Leaders’ in the SNS Network Space,” *Journalism and Communication Research*, 2010(3).

② E. Katz, P.F. Lazarsfeld, *Personal Influence: The Part Played by People in the Flow of Mass Communications*, New York: Free Press, 1955.

③ 粉丝是英文“fans”的音译,主要指迷恋或崇拜明星的群体,也泛指对特定事物有浓厚兴趣的支持者。在网络语境中,粉丝指UP主等的支持者。

④ A.M. Kaplan, M. Haenlein, “Users of the World, Unite! The Challenges and Opportunities of Social Media,” *Business Horizons*, 2010, 53(1).

⑤ E. Katz, P.F. Lazarsfeld, *Personal Influence: The Part Played by People in the Flow of Mass Communications*, New York: Free Press, 1955.

⑥ H.C. Kelman, “Compliance, Identification, and Internalization: Three Processes of Attitude Change,” *Journal of Conflict Resolution*, 1958, 2(1).

⑦ L. Dessart, “Social Media Engagement: A Model of Antecedents and Relational Outcomes,” *Journal of Marketing Management*, 2017, 33(5-6).

KOL与粉丝的互动是KOL在线影响力的关键因素①。此外，随着数字技术的进步，社交平台降低了用户参与和追随行为的成本，并为 KOL 与追随者提供持续互动的空间，从而强化情感连接和认同感②。

随着 KOL 在社交媒体上的影响力不断扩大，企业逐渐意识到他们的商业价值，KOL 营销已成为品牌推广的重要手段。有研究表明，KOL 通过其在目标受众中的信任度和影响力，能够有效提升品牌知名度和产品销售额。例如，有研究发现，KOL 的推荐本身就是一种社交证明，可以显著影响消费者的购买决策③。

此外，社交平台的多样化也导致了 KOL 角色和运作方式的差异。在中国，微博、微信、抖音、B 站等不同平台，由于用户特征、内容形式和互动机制的不同，KOL 的运作策略也有所不同④。其中，B 站作为一个以年轻用户为主的社区，其 KOL 通常通过原创视频内容与用户建立深度连接。B 站的社区文化和高度互动性使得 KOL 能够通过与用户互动，积累长期的信任和影响力⑤。

（二）Z 世代及其对 KOL 的塑造研究

Z 世代成长于社交和数字媒体环境中，他们对 KOL 的内容营销方式表

---

① T. Hennig-Thurau, K.P. Gwinner, "Electronic Word-of-mouth via Consumer-opinion Platforms: What Motivates Consumers to Articulate Themselves on the Internet?" *Journal of Interactive Marketing*, 2004, 18(1).

② F. Fan, K. Chan, Y. Wang et al., "How Influencers' Social Media Posts Have an Influence on Audience Engagement among Young Consumers," *Young Consumers*, 2023, 24(4).

③ M. De Veirman, V. Cauberghe and L. Hudders, "Marketing Through Instagram Influencers: The Impact of Number of Followers and Product Divergence on Brand Attitude," *International Journal of Advertising*, 2017, 36(5).

④ Li Fangfang, J.A. Larimo and L.C. Leonidou, "Social Media Marketing Strategy: Definition, Conceptualization, Taxonomy, Validation, and Future Agenda," *Journal of the Academy of Marketing Science*, 2021, 49(1).

⑤ F. Fan, K. Chan, Y. Wang et al., "How Influencers' Social Media Posts Have an Influence on Audience Engagement among Young Consumers," *Young Consumers*, 2023, 24(4).

现出较高的接受度和信任感。“数字原住民”(Digital Natives)概念常用于描述Z世代,这一代人自小就接触互联网、智能手机和社交媒体,因此他们对数字技术的依赖性和熟练度非常高①。有研究表明,Z世代的线上活动频率和社交媒体使用时间远高于其他世代,这使他们对数字内容的需求和期望也更高②。同时,Z世代强调个人独立性和自主性,他们更倾向于做出自己的决定,而不是盲目跟随他人。例如,Z世代的这种特征使他们在选择信息来源时更加谨慎,他们更倾向于信任那些能够与他们产生共鸣的KOL③。此外,Z世代对多元文化和包容性的重视度较高。有研究表明,Z世代在社交媒体上的内容消费中表现出对多样性和包容性的强烈需求,这种需求也影响了他们对KOL的选择和认同④。

显然,Z世代在选择KOL时,也会呈现明显特征:更加注重KOL的真实性和价值观是否与自身相匹配。Z世代习惯于通过社交媒体与KOL互动,这种互动不是单向的信息传递,而是双向甚至多向的沟通。Z世代希望KOL不仅是信息的传递者,还是可以与他们互动的“朋友”或“伙伴”⑤。这种需求促使KOL在社交媒体上通过评论回复、直播互动等方式,与粉丝建立更加紧密的关系。有研究表明,Z世代对KOL的信任往往建立在他们认为KOL是真实且透明的基础上。如果KOL被认为“虚伪的”或过度商业化的,Z世代会迅速失去对其的信任⑥。如果KOL能够在内容中体现出与Z

① M.H. Prensky, “Sapiens Digital: From Digital Immigrants and Digital Natives to Digital Wisdom,” *Innovate: Journal of Online Education*, 2009, 5(3).

② E.B. Kaplan, “The Millennial/Gen Z Leftists Are Emerging: Are Sociologists Ready for Them?” *Sociological Perspectives*, 2020, 63(3).

③ J.M. Twenge, *iGen: Why Today's Super-Connected Kids Are Growing Up Less Rebellious, More Tolerant, Less Happy—and Completely Unprepared for Adulthood*, New York: Atria Books, 2017.

④ A. Gerasimova, “Social Media and Generation Z: A Qualitative Inquiry into Usage Patterns and Motivations of Women of Older Gen Z,” Malmö: Malmö University, 2024.

⑤ D. Holt, “Branding in the Age of Social Media,” *Harvard Business Review*, 2016, 94(3).

⑥ E. Djafarova and C. Rushworth, “Exploring the Credibility of Online Celebrities' Instagram Profiles in Influencing the Purchase Decisions of Young Female Users,” *Computers in Human Behavior*, 2017(68).

世代价值观相符的理念，例如环保、社会公正等，往往能够获得 Z 世代的强烈支持①。

与其说 Z 世代的 KOL 是 KOL 自我设计的结果，不如说是 Z 世代选择的结果。毕竟，大多数 KOL 要想将其劳动变现，就必须主动“迎合”Z 世代的特点和需求。例如，Z 世代更喜欢简洁、直观且具有创意的内容风格，就要求 KOL 不断创新内容形式；Z 世代的注意力跨度较短，就要求 KOL 在内容传播中更加高效②。有研究发现，Z 世代更容易被这些平台上具有高互动性和高即时性的内容形式所吸引③。同时，Z 世代对广告的敏感度很高，不喜欢过于直接的商业推广，这要求 KOL 通过更加自然和潜移默化的形式进行商业推广（包括内容植入、品牌合作等），以避免引起 Z 世代的反感④。

遗憾的是，已有研究较少从整体上分析 KOL 对 Z 世代的影响：从研究主题来看，目前国内外研究大多集中于 KOL 的算法识别、传播功能及影响机制方面；从研究对象来看，不同平台的 KOL 均受过关注，包括微博平台、虚拟社区、视频平台。当然也有一些研究关注到了 B 站 UP 主群体，但其中大多聚焦某细分类 UP 主或某个具体的 UP 主。例如，有研究考察 UP 主的身份构建与生成的逻辑⑤，有研究关注青年社群的生成机制⑥，还有研究剖析数字劳动的文化体验与主体性建构过程⑦。

---

① C. McElwee and J. Khan, “Gen Z's Influence on Corporate Social Responsibility within Multinational Corporations,” Lund: Lund University, 2024.

② A. Szymkowiak, B. Melović, M. Dabić et al., “Information Technology and Gen Z: The Role of Teachers, the Internet, and Technology in the Education of Young People,” *Technology in Society*, 2021(65).

③ 顾亚奇、袁文洁：《“Z 世代”悦己型消费与视听艺术的“破圈”实践》，《中国电视》2022 年第 7 期。

④ K. Freberg, K. Graham, K. McGaughey, et al., “Who Are the Social Media Influencers? A Study of Public Perceptions of Personality,” *Public Relations Review*, 2011, 37(1).

⑤ 张军、杨倩云：《“成为”的秩序感消解：青少年 UP 主身份建构实践与自我再生产》，《江海学刊》2023 年第 5 期。

⑥ 周宣辰、王延隆：《“个体化”网络场域中青年社群的样态、风险与进路——以 B 站为考察对象》，《中国青年社会科学》2021 年第 4 期。

⑦ 孙冬鑫、刘鸣筝：《数字劳工的主体性构建》，《青年记者》2021 年第 12 期。

(三)资本转化与 KOL 的社会影响力

文化资本(Cultural Capital)是布迪厄(又译“布尔迪厄”)文化资本理论中的一个重要概念框架,指的是个人所拥有的文化素养、知识、教育背景、技能和审美能力①。在 B 站,文化资本通常通过内容质量和 UP 主的专业知识体现出来。那些拥有高文化资本的 UP 主往往能创作出高质量、有深度的内容,从而吸引特定兴趣群体,建立起专业和权威的形象。尤其是对于知识型、技能型或文化类内容的 UP 主来说,他们的文化资本是吸引粉丝、积累信任并建立长期社会影响力的关键。因此,从形成过程来看,积累文化资本是 UP 主成为 KOL 的第一步。

社会资本(Social Capital)是布迪厄提出的第二种资本形式,指的是通过社会网络和关系获得的资源,体现为个体与他人之间的信任、互助和合作,帮助个体在社会中获取支持和资源②。在 B 站,UP 主的社会资本可以通过与其他 UP 主的合作、与粉丝的互动、参与平台活动或社区建设来体现。UP 主的社会资本越强大,其社会影响力就越广泛,因为他们能够通过广泛的社交网络与更多人互动,进而提升其内容的影响力。粉丝的信任和社区的认同感也增强了 UP 主的社会资本,使他们能够在平台内外更有效地发挥影响。换句话说,UP 主与粉丝的互动不仅是情感连接的过程,而且是社会资本的积累过程。粉丝的信任、互动的频率和深度都是社会资本的一部分,这种资本可以进一步增强其作为 KOL 的社会影响力。因此,从形成过程来看,将文化资本转化为社会资本是 UP 主成为 KOL 的第二步。

只有当 UP 主将社会资本继续转化为经济资本(Economic Capital)时,

① P. Bourdieu, “The Forms of Capital,” in J. Richardson (ed.), *Handbook of Theory and Research for the Sociology of Education*, London:Greenwood Press, 1986.

② P. Bourdieu, “The Forms of Capital,” in J. Richardson (ed.), *Handbook of Theory and Research for the Sociology of Education*, London: Greenwood Press, 1986.

他们才能获得直接的劳动回报，并持续地投入更多资源（如设备、团队、营销）来进一步提升其文化资本（如提高内容质量）和社会资本（如加强与粉丝的连接），从而建立 KOL 形成的正强化机制，再进一步扩大其社会影响力。根据布迪厄的观点，经济资本是最直接的资本形式，也是其他资本形式得以存在和转化的基础，指的是可以直接转化为金钱的资源，如财富、资产和收入①。在 B 站平台，UP 主的经济资本通常表现为通过广告、赞助、直播打赏、会员付费等方式获得的收入。因此，从形成过程来看，将社会资本转化为经济资本是 UP 主成为 KOL 的第三步。

根据布迪厄的文化资本理论，不同资本的相互转化可以使普通的 UP 主有机会成长为 KOL，而 B 站则为资本转化提供了合适的社会场域。借用布迪厄的文化资本理论，本研究通过对 B 站 1 951 个头部 UP 主的平台数据，从文化资本、社会资本和经济资本三个维度考察 KOL 如何影响 Z 世代，从而为青少年政策制定与社会治理提供实证参考依据，并进一步扩展数字时代下 KOL 的研究视角。

三、研究方法

（一）研究对象

在数字化浪潮的推动下，B 站以其独特的内容生态和互动机制，成为我国 Z 世代青年展示自我、交流思想、汲取知识的重要场所。根据《哔哩哔哩（B 站）用户人群画像分析报告（2023）》②，B 站的日均活跃用户数超过 1.03 亿，月均活跃用户数超过 3.41 亿，用户日均使用时长超过 100 分钟，且呈不断增加的趋势；同时，用户平均年龄为 22.8 岁，其中“90 后”和“00

① P. Bourdieu, “The Forms of Capital,” in J. Richardson (ed.), *Handbook of Theory and Research for the Sociology of Education*, London: Greenwood Press, 1986.

② 《哔哩哔哩（B 站）用户人群画像分析报告（2023）》, https://www.bilibili.com/read/cv28330594/, 2023 年 12 月 6 日。

后”的 Z 世代青年占比高达 78.67%。可以说,B 站已成为我国 Z 世代青年聚集度很高的平台。

在 B 站平台上,KOL 被称为“UP 主”,他们是内容的创作者,也是社区的重要引领者。B 站作为一个以年轻用户为主的平台,其 UP 主涵盖了广泛的内容类型,包括二次元文化、游戏、科技、生活、美食等。B 站的 UP 主不仅是信息的传递者,而且是内容的创造者和文化的推动者,在平台生态中扮演着至关重要的角色①。可以说,B 站就是以若干个 UP 主为中心节点的青年网络社区组成的青年网络生活空间。在这个空间中,UP 主们可以自由表达、塑造自我,而粉丝则可以自由选择和自由参与。在平台算法推送机制的共同作用下,有的 UP 主少有人问津,有的 UP 主却能迅速走红,成为知名或签约 UP 主。从对 Z 世代的社会影响力来看,粉丝数越多的 UP 主在青年群体中的影响力越大,尤其是那些拥有百万级粉丝数的头部 UP 主,不仅能够影响青年公共舆论,还能在社会政治、文化娱乐等多个领域发挥显著作用。换句话说,B 站上拥有百万级粉丝数的头部 UP 主是我国 Z 世代 KOL 的典型代表。

本研究的 KOL 是 B 站上拥有百万级粉丝数的头部 UP 主(以下简称“B 站头部 UP 主”)群体。选择这一群体主要基于以下三个方面的考虑:

首先,B 站头部 UP 主符合 KOL 的学术判断标准。尽管国内外学者关于 KOL 的具体判断标准并未达成共识,有人注重广度(如追求者数量、内容传播范围等),有人注重深度(如内容质量、互动性、可信度等)。无论采用何种标准,B 站头部 UP 主都符合 KOL 的判断标准。

其次,B 站在青年亚文化的传播与发展中扮演着举足轻重的角色,成为理解和观察当代青年文化的重要窗口。与其他平台相比,B 站有以下几个显著特点:第一,B 站深受 Z 世代青年喜爱,其内容集中体现了青年亚文化的多样性和创新性,如二次元、弹幕文化等。第二,用户黏性高,B 站拥有大量忠实用户,他们不仅在平台上消费内容,更积极参与创作与互动,形成独特的社区氛围。第三,青年参与形式独特,如弹幕、评论等互动方式,展示了青年群体独特的语言风格和交流方式，强化了亚文化的身份认同。

最后，B 站头部 UP 主群体的相关信息具有较强的可获得性。与需要通过特殊识别方法才能发现的 KOL 所不同，B 站上 UP 主的粉丝数、播放量、评论数等代表影响力的指标均能通过爬虫软件自动收集。

（二）数据来源

本研究数据收集时间为 2024 年 5 月 28 日至 6 月 3 日，收集目标为粉丝数达到或超过 100 万的 UP 主。最终获得研究对象样本数为 1 951，其中粉丝数在 100 万—200 万的 UP 主占 70.7%，粉丝数在 200 万—500 万的 UP 主占 24.9%，粉丝数在 500 万—1 000 万的 UP 主占 3.4%，粉丝数在千万级的 UP 主占 1%。

（三）分析框架

与传统意义上的 KOL，尤其与在政治领域具有显著影响力的人物所不同的是，大多数 B 站 UP 主发布视频或信息往往出于一种更个人化的动机，即对自我表达需求的满足。然而，这种初级的、个人化的动机并不足以支撑他们走向影响力的巅峰，成为头部 UP 主。想要在这一网络平台上脱颖而出，单凭个体的力量是远远不够的。从文化资本的展示到社会资本的累积，最终是为了获得经济资本的回报——这是众多 UP 主持续创作和更新作品的核心动力。换句话说，内容的创作与更新（文化资本）不再仅仅是为了自我表达或艺术追求，而是更多地与实际的商业利益挂钩（经济资本）——目前在 B 站，“恰饭”行为已经逐渐成为一种公开透明的现象①。聚焦 B 站头部 UP 主群体，分析 KOL 的资本分布及其转化结果。

1. KOL 的文化资本分析。布迪厄将文化资本分为三种形式：内化的文化资本（知识、技能、习惯等）、客体化的文化资本（文化产品、物质资产）和

① 张小满、王慧灵：《“恰饭”现象关注下 B 站的内容营销》，《经营与管理》2021 年第 8 期。

制度化的文化资本(学位、证书等形式的社会认可)[①]。在网络中,UP 主的认证类型可以被视为一种制度化的文化资本,它直接展示 UP 主在社会或行业中的认可度和权威性。同时,KOL 的文化资本还体现为 UP 主的创作内容。KOL 创作的视频内容质量越高,能满足 Z 世代的需求,表明其社会资本越多。例如,科技类 UP 主通过科普视频展示其在科技领域的专业知识,而历史类 UP 主则通过讲解历史事件和文化知识来积累文化资本。通过持续输出优质内容,头部 UP 主不仅能吸引大量对特定主题感兴趣的 Z 世代观众,还能树立自己在该领域的权威形象。

2. KOL 的社会资本分析。根据布迪厄的文化资本理论,KOL 的社会资本是指 UP 主通过社会网络和关系获得的资源、信任和社会支持,包括与粉丝、其他 KOL、品牌和社区的互动和联系。例如,头部 UP 主通过与粉丝的互动,以及与其他 UP 主的合作,积累了大量的社会资本。积极的互动不仅能增强粉丝对 UP 主的忠诚度,还能进一步扩大 UP 主的社交网络。此外,头部 UP 主之间的跨界合作(如联合直播或联合制作视频)也有助于他们共享和扩展社会资本,进一步巩固他们在 B 站社区中的地位。无论 UP 主采用何种形式扩展其社会资本,最终都会集中反映到粉丝的参与数据中,包括关注、点赞、播放、收藏、弹幕、评论、转发和投币等。因此,UP 主的粉丝互动行为越多,互动程度越深,表明其社会资本越多。

3. KOL 的经济资本分析。根据布迪厄的文化资本理论,KOL 的经济资本是指可以直接转化为金钱的资源,在 B 站可以有多种体现方式,如品牌合作、广告植入、粉丝打赏等。例如,一位游戏类 UP 主可能通过与游戏厂商合作获得赞助,或通过推广自制的游戏周边产品实现经济收益。此外,粉丝的打赏也是直接的收入来源。经济资本的增加不仅是头部 UP 主经济成功的标志,也为他们进一步投资内容创作提供支持,形成文化资本、社会资本和经济资本之间的良性循环。其中,KOL 的经济资本最直接的体现为广告

① 布尔迪厄:《文化资本与社会炼金术》,包亚明译,上海人民出版社 1997 年版。

植入报价。报价越高，表示其经济回报越多。

四、研究发现

（一）KOL的文化资本分析

1. 权威认证

数据分析结果显示，B站头部UP主中，个人认证者占84.8%，机构认证者占9.2%，未认证者占6.0%。这一结果表明，在B站上，KOL呈现明显的去中心化内容创作生态，权威影响力在平台中有明显的弱化倾向。值得注意的是，头部UP主中仍有少量未认证者存在，这表明虽然认证机制在B站具有重要意义，但仍有少数头部UP主群体没有经过官方认证，依然能够积累大量的粉丝和影响力。

2. 形象展示

从文化资本展示的角度来看，名称是B站头部UP主表达和传递其文化资本的最重要途径。从B站头部UP主名称的词云分析（图1）可以看到，“official”“老师”“英语”“美食”等高频词占据重要位置。其中，“老师”“英语”等词汇表明，相当一部分B站头部UP主以知识传授和教育为主要内容；“美食”“游戏”“音乐”等词汇表明，B站头部UP主的文化身份和兴趣爱好，通过在名称中融入这些元素，UP主展示了他们在特定文化领域的深厚积累和热情；而“official”的高频出现则表明，许多UP主通过名称中的官方标识来展示其专业性和品牌形象。此外，“字幕组”“工作室”等词则暗示UP主背后存在团队运作或集体创作，这是创作力量的象征；“YouTube”“AI Channel”等词汇显示UP主的跨平台或跨文化背景。从中可以看出，名称不仅是一个符号，它还承载了UP主的专业性、兴趣爱好、品牌形象、文化认同和个性化表达。通过巧妙选择和设计名称，UP主将所拥有的文化资本有效地传递给Z世代，并巩固了在Z世代中的影响力。

除名称外，UP主还能通过自我介绍来更加详细地展示自己的文化资

图 1　B 站头部 UP 主名称的词云分析

图 2　B 站头部 UP 主自我介绍的词云分析

本。从 B 站头部 UP 主自我介绍的词云分析(图 2)可以看到,“微信(WX)”“qq”“商务”“合作”“私信”等词占据重要位置。其中,“微信(WX)”“微博”“qq”“邮箱”等词汇表明,多个社交平台账号或联系方式直接暗示他们跨平台的文化资本和影响范围;而“商务”“合作”“联系”等词汇的高频出现表明,UP 主在明确地传达其商业意图和合作意愿;“私信”“联系”等词汇表明,UP 主非常重视与粉丝的直接互动和沟通。从中可以看出,在自我介绍中,B 站头部 UP 主并未进一步扩展或强调其文化资本的内涵,以吸引更多关注,而是倾向于向粉丝和潜在合作伙伴传递他们强烈的商业合作意愿。

由于 B 站 UP 主的性别是主动设置的结果,因此也可以从性别设定上看到 UP 主所期望的性别形象。从数据来看,男性占 45.8%,女性占 19.7%,未知占 34.5%。从中可以看出,头部 UP 主的性别设置以男性为主,其次为不公开性别(未知),而女性设置最少。进一步分析发现,仅有时尚、舞蹈两个类型中女性设置占比相对较多,在娱乐、资讯两个类型中未设置者占比相对较多,其余类型中均以男性设置为主,尤其集中在游戏、知识、美食等类型中。性别与内容类型的偏好表明,设置为男性的 UP 主更倾向于通过专业化、技术化的内容展示他们在知识和实践中的权威性;设置为女性的 UP 主通过美学和表现类内容展示她们在情感和审美上的敏感性与创造力;不公开性别的 UP 主则通过模糊性别设定展示他们在多元文化场域中的流动性和适应性。换句话说，文化资本的再生产存在明显的性别差异，反映了社会在不同文化资本领域内对性别角色的传统认知和期待。

3. 作品展示

从 B 站头部 UP 主的一级主题分布（图 3）来看，头部 UP 主要集中于生活、游戏和知识等知识经验类内容；其次为美食、动画、音乐、时尚、舞蹈等感官体验类内容，科技、汽车等小众专业领域的 UP 主也较受部分 Z 世代的欢迎。其中，生活类 UP 主展示的是日常文化资本，如日常生活技巧、家居美化、个人经验分享等；游戏类 UP 主通过塑造技术权威形象，展示其技术性文化资本，如高超的游戏技巧、深度的游戏评测和精彩的游戏解说等；知识类 UP 主通常扮演"老师"或"专家"的角色，展示的是知识资本，知识分享、科普视频、教育内容等。与前几类 UP 主不同的是，美食、动画、音乐、时尚、舞蹈等感官体验类 UP 主，则通过将感官与文化结合来调动观众的感官体验，并传递文化和情感。例如，美食类 UP 主会展示烹饪过程、食物的色香味以及饮食文化背景；音乐类、舞蹈类 UP 主会展示音符、节奏和肢体语言；动画类 UP 主则通过视觉艺术和叙事手法，创造出独特的文化氛围和情感

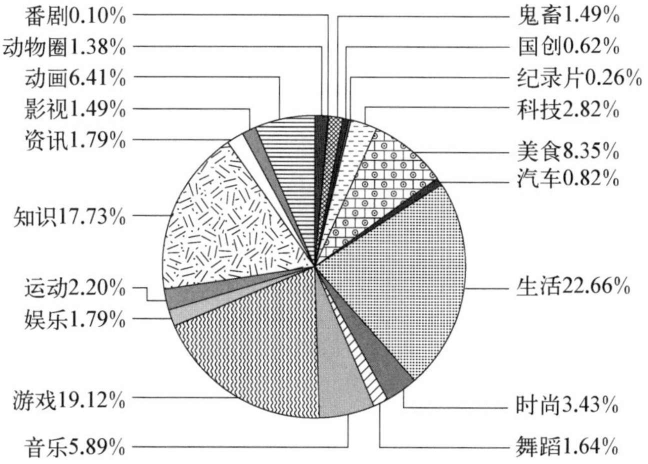

图 3　B 站头部 UP 主的一级主题分布

共鸣。值得一提的是,科技、汽车、纪录片等领域的 **UP** 主虽然比例较小,却能显示在特定受众群体中的权威。从中可以看出,UP主的整体分布比较分散,存在明显的“长尾效应”。

从B站排名前十UP主的分区情况(见表1)来看,有五位UP主属于游戏类,这表明B站KOL对Z世代的影响主要集中在游戏领域;其次有两位UP主属资讯类,而番剧类、国创类和娱乐类各有一位UP主。需要注意的是,排名前三的分别为番剧类、资讯类和国创类UP主。从中可以看出,Z世代在技术性娱乐、文化创作和信息获取方面的多元需求。游戏类UP主占据影响力排名前十中的五位,表明游戏类UP主对Z世代有极强的吸引力,甚至可能形成以游戏为中心的青年亚文化圈;番剧类和国创类UP主的高排名表明,通过KOL创作的内容,Z世代寻找的不仅是娱乐,还有对文化认同和价值观的共鸣;资讯类UP主的排名,则反映出Z世代对时事信息和社会话题的关注,对高质量资讯内容的需求。而排名前三的UP主来自不同内容领域,表明B站平台上的文化资本积累和展示并不局限于某一个领域。这意味着,尽管某些领域的UP主在数量上占优势(如游戏),但在影响力的顶端,能够脱颖而出的是在文化创作、信息传播和社会话题讨论中积累了更广泛、更深层次文化资本的UP主。

表1　B站排名前十UP主的分区情况

排序[①]	名　　称	一级分区	二 级 分 区	云指数
1	哔哩哔哩番剧	番剧	完结动画、连载动画	855
2	观察者网	资讯	综合、环球	833
3	哔哩哔哩国创	国创	资讯、国产动画	832

① B站排名前十UP主指“云指数”排名。“云指数”指用于衡量UP主在平台上影响力的综合指标。它通过综合分析UP主的播放量、点赞量、弹幕量、评论数、分享数、粉丝增量等多项数据,来反映该UP主的整体表现和影响力。云指数通常用于对UP主在某一时间段内的热度或受欢迎程度进行排名。

续　表

排序	名　　称	一级分区	二 级 分 区	云指数
4	老番茄	游戏	手机游戏、单机游戏	825
5	央视新闻	资讯	热点、社会	824
6	TF 家族	娱乐	综艺、明星	820
7	小潮院长	游戏	搞笑、单机游戏	817
8	中国 BOY 超级大猩猩	游戏	日常、单机游戏	816
9	原神	游戏	网络游戏、手机游戏	813
10	哔哩哔哩英雄联盟赛事	游戏	原创音乐、电子竞技	813

最后，从 B 站头部 UP 主的平均作品数（图 4）来看，平均作品数为 699.04，其中番剧类 UP 主的作品数最多（平均数 = 16 744.00，标准差 = 10 217.69），鬼畜类 UP 主的作品数最少（平均数 = 215.66，标准差 = 102.40）。从中可以看出，番剧类和鬼畜类 UP 主在平均作品数上存在较大差异，这表明不同内容类型在创作模式、内容生产周期和观众需求方面存在不同。例如，番剧制作通常由

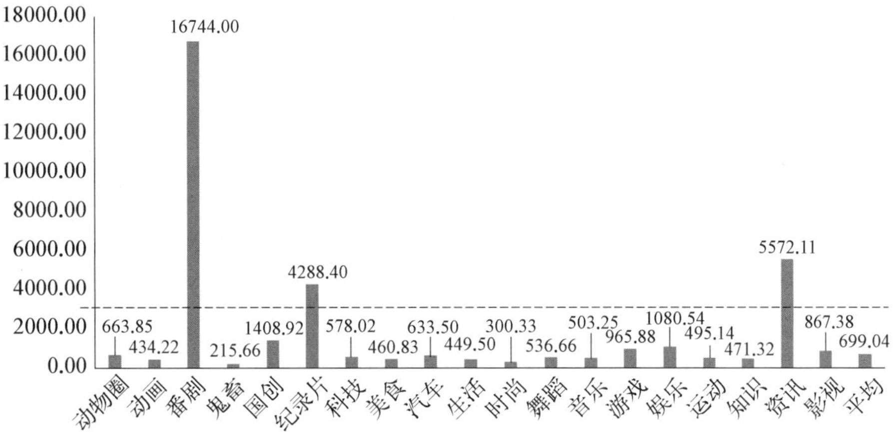

图 4　B 站头部 UP 主的平均作品数比较

专业的动画公司进行,UP 主可能只是对这些作品进行转发、剪辑或发布,并且内容生产更多依赖专业团队。当然,B 站平台本身对番剧类内容也有较大支持,包括购买版权、独家播放等,这直接促进了番剧的积累和发布。而鬼畜类 UP 主则依靠高度个性化和创意化的内容创作,通常涉及对素材的精细剪辑、特效添加以及节奏的精准控制。每个鬼畜作品往往需要较长的制作时间和较高的技术水平。因此,鬼畜类 UP 主的平均作品数相对较少。

对不同认证类型 UP 主平均作品数的分析也能证明这一观点:个人认证 UP 主的平均作品数为 545.86 个(标准差=1 118.51),而机构认证 UP 主的平均作品数则达到 2 117.90(标准差=5 082.42),未认证者与个人认证者接近(平均数=681.62,标准差=1 505.10)。进一步研究的数据分析表明,番剧类头部 UP 主只有 2 个,其中 1 个为机构认证,1 个为未认证,而鬼畜类 UP 主则有 29 个,其中 28 个为个人认证,只有 1 个为未认证。

(二)KOL 的社会资本分析

B 站 UP 主的社会资本主要体现在青年群体与 UP 主及其作品的互动行为上,如关注、播放、转发、点赞等。根据互动行为的参与深度和广泛性,不同的互动行为可以反映出 KOL 对 Z 世代不同程度的影响力。参与程度越深、参与人数越多,意味着 KOL 积累的社会资本越多,其社会影响力也越大。具体来说,粉丝数和播放量是最基础的社会资本积累,反映 UP 主社会影响力的范围;点赞数、收藏数、弹幕数和评论数则属于中等层次的社会资本,显示 Z 世代的积极参与和互动意愿;转发数和投币数作为高层次的社会资本行为,代表 Z 世代对 UP 主及其内容的高度认可和支持。

1. 低资本行为:关注与播放

关注是 Z 世代对 UP 主的一种持续支持,意味着他们希望在未来继续关注该 UP 主的内容。B 站头部 UP 主的粉丝量分析(见表 2)显示,B 站头部 UP 主的平均粉丝量为 211.02 万(标准差=224.73 万),头部 UP 主内部的关注量分布不均衡,存在较大差异。其中,粉丝量排在前三位的分别为资讯类 UP 主（平均数 = 430.86，标准差 = 540.15）、番剧类 UP 主（平均数 = 409.83，标准差 = 433.21）和影视类 UP 主（平均数 = 328.05，标准差 = 246.25），均拥有超过 300 万的粉丝量；粉丝量排在最后三位的分别为舞蹈类 UP 主（平均数 = 162.02，标准差 = 101.80）、时尚类 UP 主（平均数=153.74，标准差=66.42）和汽车类 UP 主（平均数=150.82，标准差=53.46）；而纪录片类 UP 主的平均粉丝量达到第四位。从中可以看出，虽然同为头部 KOL，但不同类型 UP 主的粉丝量差异较大。最高者（资讯类 UP 主）是最低者（汽车类 UP 主）的近 3 倍；同时，同一类型 UP 主的内部差异也非常大，例如，在资讯类、动画类 UP 主中，标准差明显大于平均数。

表 2　B 站头部 UP 主的粉丝量分析

排序	分　类	平均数（万）	标准差（万）	排序	分　类	平均数（万）	标准差（万）
1	资讯	430.86	540.15	11	科技	200.18	157.38
2	番剧	409.83	433.21	12	国创	190.92	121.97
3	影视	328.05	246.25	13	鬼畜	187.36	125.26
4	纪录片	280.16	330.04	14	生活	185.59	131.54
5	动画	243.74	498.03	15	音乐	177.61	87.40
6	运动	226.75	227.28	16	动物圈	170.68	73.86
7	美食	226.46	164.64	17	舞蹈	162.02	101.80
8	知识	221.78	225.93	18	时尚	153.74	66.42
9	游戏	214.21	206.87	19	汽车	150.82	53.46
10	娱乐	212.14	162.66				

此外，不同认证类型的 UP 主，其粉丝量也存在明显差异。其中，个人认证 UP 主的平均粉丝量为 201.02 万（标准差=164.33 万），机构认证 UP 主的平均粉丝量为 339.91 万（标准差=527.68 万），此外，未认证 UP 主也有不少粉丝量（平均数=154.05 万，标准差=63.40 万）。从中可以看出，机构认证 UP 主的平

均粉丝量明显多于个人认证 UP 主,而未认证 UP 主的平均粉丝量相对较低。

播放指对 UP 主制作视频的观看,是最基本的互动形式。由于用户仅需点击播放按钮即可观看视频,几乎不需要任何额外的精力投入,只能反映 KOL 最浅层的社会资本。B 站头部 UP 主的播放量分析(见表 3)显示,B 站头部 UP 主的平均播放量为 72.50 万(标准差=104.44 万),这一结果表明,头部 UP 主内部的播放量分布不均衡,存在较大差异。其中,平均播放量排在前三位的分别是鬼畜类 UP 主(平均数=159.66 万,标准差=178.85 万)、美食类 UP 主(平均数=106.56 万,标准差=143.15 万)和娱乐类 UP 主(平均数=96.21 万,标准差=172.87 万)。平均播放量排在最后三位的分别是纪录片类 UP 主(平均数=37.58 万,标准差=50.10 万)、资讯类 UP 主(平均数=26.11 万,标准差=33.55 万)和番剧类 UP 主(平均数=3.74 万,标准差=1.83 万)。在不同类型中,最高者(鬼畜类 UP 主)是最低者(番剧类 UP 主)的近 43 倍。

表 3　B 站头部 UP 主的播放量分析

排序	分　类	平均数(万)	标准差(万)	排序	分　类	平均数(万)	标准差(万)
1	鬼畜	159.66	178.85	11	运动	57.30	69.32
2	美食	106.56	143.15	12	知识	50.39	68.43
3	娱乐	96.21	172.87	13	时尚	47.29	48.49
4	生活	90.16	110.99	14	舞蹈	45.78	40.82
5	影视	89.86	81.15	15	国创	44.43	68.09
6	动物圈	87.06	101.63	16	音乐	42.05	40.33
7	动画	72.54	73.83	17	纪录片	37.58	50.10
8	游戏	72.09	121.32	18	资讯	26.11	33.55
9	汽车	63.44	55.63	19	番剧	3.74	1.83
10	科技	59.83	105.96				

对不同认证类型UP主播放量的分析显示，个人认证UP主的平均播放量为76.23万（标准差=102.66万），机构认证UP主的平均播放量为47.29万（标准差=128.74万），未认证UP主的平均播放量为58.52万（标准差=78.92万），这一结果表明，机构认证UP主在平均播放量上并没有显示出优势。

那么，是不是作品数越多的UP主，粉丝数会越多，播放量也会越多呢？对三个的Pearson相关分析结果显示，作品数与粉丝数的相关系数为0.098（$p<0.01$），作品数与播放量的相关系数为-0.129（$p<0.01$），而粉丝数与播放量的相关系数为0.188（$p<0.01$）。这一结果表明，作品数越多，粉丝数越多，但平均播放量会越少；在其他条件不变的情况下，粉丝数越多则平均播放量也会越多。

2. 中资本行为：点赞、收藏和弹幕

在B站，点赞是一种简单的表达喜欢或认可的方式，Z世代只需点击一下按钮。虽然比播放稍微深入一些，但仍然是一种较为表面的互动。Z世代与B站头部UP主的互动分布情况（见表4）显示，B站头部UP主的平均点赞数为4.84万（标准差=7.36万）。从内容类型来看，鬼畜类UP主得到的点赞数最多（平均数=13.04万，标准差=2.06万），其次为纪录片类UP主（平均数=7.63万，标准差=10.41万），排第三位的是动物圈类UP主（平均数=6.72，标准差=9.59万）和生活类UP主（平均数=6.72，标准差=8.42万），排在最后一位的是番剧类UP主（平均数=0.23万，标准差=0.06万）。

收藏表示Z世代对内容的兴趣和喜爱，并希望在未来能够再次找到这个内容，比点赞需要更多的考虑和主动性。数据分析结果显示，B站头部UP主的平均收藏数为1.21万（标准差=3.46万）。从内容类型来看，收藏数排在前三位的分别为鬼畜类UP主（平均数=3.12万，标准差=4.12万）、动画类UP主（平均数=1.43万，标准差=1.81万）和舞蹈类UP主（平均数=1.35万，标准差=1.51万），而排在最后一位的也是番剧类UP主（平均数=0.02万，标准差=0.02万）。

发弹幕是 B 站 Z 世代参与互动的特殊方式,需要 Z 世代在观看视频的同时,实时输入并发送自己的评论。这需要更多的注意力和时间投入,因此社会参与程度相对更深一些。Z 世代与 B 站头部 UP 主的互动分布情况(见表 4)显示,B 站头部 UP 主的平均弹幕数为 1.06 万(标准差=1.97 万)。从内容类型来看,弹幕数排在前三位的分别为娱乐类 UP 主(平均数=0.88 万,标准差=1.85 万)、影视类 UP 主(平均数=0.32 万,标准差=0.28 万)和游戏类 UP 主(平均数=0.28 万,标准差=0.87 万),而排在最后一位的则是纪录片类 UP 主(平均数=0.03 万,标准差=0.04 万)

3. 高资本行为[①]:评论与投币

评论需要 Z 世代停下来思考并输入自己的观点,不仅是对视频内容的反馈,还能引发其他 Z 世代的讨论和交流。Z 世代与 B 站头部 UP 主的互动分布情况(见表 4)显示,B 站头部 UP 主的平均评论数为 0.22 万(标准差=0.64 万)。从内容类型来看,评论数排在前三位的分别为游戏类 UP 主(平均数=0.18 万,标准差=0.59 万)、娱乐类 UP 主(平均数=0.18 万,标准差=0.29 万)和鬼畜类 UP 主(平均数=0.16 万,标准差=0.19 万),排在最后一位的是番剧类 UP 主(平均数=0.03 万,标准差=0.02 万)。值得一提的是,国创类 UP 主排在第四位(平均数=0.15 万,标准差=0.37 万)。

投币是对创作者的一种经济支持,需付出实际的"代价"(虚拟货币),表示 Z 世代对内容的极高赞赏,因此 KOL 对 Z 世代的影响最深。Z 世代与 B 站头部 UP 主的互动分布情况(见表 4)显示,B 站头部 UP 主的平均投币数为 0.12 万(标准差=0.31 万)。从内容类型来看,投币数排在前三位的分别为鬼畜类 UP 主(平均数=3.92 万,标准差=6.34 万)、娱乐类 UP 主(平均数=1.81 万,标准差=3.57 万)、科技类 UP 主(平均数=1.62 万,标准差=4.48 万),排在最后一位的是番剧类 UP 主(平均数=0.02 万,标准差=0.02 万)。

---

① 转发意味着 Z 世代对 KOL 输出内容的认可,并希望推荐给别人,带有明显的推广和宣传的意味,因此也属于高资本行为。遗憾的是,本次数据抓取未能获得此变量数据。

从表4中还可以看到，在低资本行为数（百万级和十万级）比中资本行为数（上万级）高出一个和两个量级；而中资本行为数又比高资本行为数（上千级）高出一个量级。这一结果表明，随着资本行为级别的提高，Z世代的参与人数会迅速减少，即参与人数和参与程度之间呈现明显的负相关趋势。

表4　Z世代与B站头部UP主的互动分布情况

社会资本强度	互动行为	最小值（个）	最大值（万）	平均数（万）	标准差（万）
低级	关注数	1 000 090	4 456.95	211.02	224.73
	播放数	1 420	1 143.14	72.50	104.45
中级	点赞数	25	89.68	4.84	7.36
	收藏数	7	84.51	1.21	3.46
	弹幕数	0	28.13	1.06	1.97
高级	评论数	0	12.28	0.22	0.64
	投币数	2	7.83	0.12	0.31

（三）KOL的经济资本分析

由于我们无法获得每个UP主的经济回报数据，因此本研究从商业报价来间接考察其经济资本的分布及影响因素。从表5中可以看到，B站头部UP主的广告植入报价差异非常大，最高者达到2 100万元，而最低者为0元；平均报价为10.62万元（标准差=48.85万元）。

进一步分析表明，不同类型头部UP主的商业报价也差异很大（见表6）。其中平均报价最高的三类分别为科技类UP主（平均数=47.79万元，标准差=253.59万元）、资讯类UP主（平均数=17.10万元，标准差=18.34万元）和动画类UP主（平均数=16.32万元，标准差=85.79万元）；

表 5　B 站头部 UP 主的经济资本

广告植入报价	最小值（元）	最大值（万元）	平均数（万元）	标准差（万元）
最低	0	1 680.00	9.44	43.42
最高	0	2 100.00	11.80	54.28
平均	0	1 890.00	10.62	48.85

排在最后一位的是动物圈类 UP 主(平均数 = 5.94 万元,标准差 = 5.20 万元)。值得注意的是,排在第一位的科技类 UP 主比排在第二位的资讯类 UP 主的商业报价多出约 30 万元,这一结果间接表明,科技类 KOL 对 Z 世代的实际影响力更大。

表 6　B 站头部 UP 主的平均广告植入价格(万元)

排序	分　类	平均数	标准差	排序	分　类	平均数	标准差
1	科技	47.79	253.59	11	运动	9.53	10.21
2	资讯	17.10	18.34	12	生活	9.36	9.44
3	动画	16.32	85.79	13	鬼畜	8.84	6.01
4	汽车	15.51	13.39	14	游戏	8.57	9.68
5	国创	14.84	14.91	15	音乐	8.36	10.05
6	番剧	13.38	18.66	16	影视	8.16	7.38
7	纪录片	13.08	12.74	17	知识	7.89	10.40
8	美食	9.98	11.12	18	舞蹈	7.34	8.97
9	时尚	9.56	9.03	19	动物圈	5.94	5.20
10	娱乐	9.53	9.46				

从认证类型来看，个人认证头部 UP 主的平均商业报价为 9.86 万元（标准差=47.31 万元），机构认证头部 UP 主的平均商业报价为 20.45 万元（标准差=72.00 万元），而未认证头部 UP 主的平均商业报价为 6.21 万元（标准差=6.31 万元）。从中可以看到，机构认证头部 UP 主的商业报价最高，其次为个人认证头部 UP 主，未认证头部 UP 主最低。

（四）KOL 社会影响力变量的相关分析

为了验证三种资本之间的关系，本研究对资本变量进行了相关性分析，结果见表 7。从中可以看出，尽管大部分资本变量之间呈现统计上的显著相关性，但三种资本类型之间的相关程度并不高，相关系数均小于 0.3，且权威认证和作品数之间的相关程度也不高，仅有除粉丝数外的社会资本变量之间的相关程度超过 0.4。这一结果表明，虽然布迪厄认为三种资本之间可以相互转化，但它们并不是完全等同或互通的，文化资本、社会资本和经济资本在不同的场景中可能具有独立的表现形式和运作逻辑。

表 7　B 站头部 UP 主不同资本变量间的相关性分析

资本变量	作品数	粉丝数	播放数	点赞数	投币数	收藏数	弹幕数	评论数	平均报价
权威认证	0.175**	0.175**	-0.037	-0.067**	0.004	-0.049*	-0.013	0.023	0.062**
作品数		0.098**	-0.129**	-0.133**	-0.081**	-0.118**	-0.057*	-0.066**	0.008
粉丝数			0.188**	0.154**	0.157**	0.143**	0.149**	0.089**	0.206**
播放数				0.859**	0.733**	0.821**	0.556**	0.530**	0.063**
点赞数					0.780**	0.775**	0.443**	0.513**	0.054*
投币数						0.800**	0.617**	0.699**	0.062**
收藏数							0.538**	0.477**	0.043
弹幕数								0.607**	0.046*

注：* 表示 $p<0.05$；** 表示 $p<0.01$，*** 表示 $p<0.001$。

对经济资本的多元回归分析结果也表明,仅有粉丝数的回归系数达到了统计上的显著水平($r=0.042$, $p<0.001$),这一结果也表明,不同形式的社会资本在不同的情境中具备不同的转化潜力和价值。B 站平台上 KOL 的三类资本存在相对独立性。

五、结论与讨论

文化资本使 KOL 在特定领域内树立权威,社会资本通过与粉丝的互动不断积累,而经济资本则进一步巩固了他们的社会影响力,可以说 KOL 对 Z 世代呈现出多种形式的社会影响力。借用布迪厄的文化资本理论,本研究从文化资本、社会资本和经济资本三个维度对 B 站头部 UP 的社会影响力进行分析,以考察 KOL 对 Z 世代的影响效应及其差异。

第一,KOL 的文化资本:权威感与特色化。布迪厄的文化资本理论指出,文化资本通过教育、艺术和社会生活等形式积累,成为个人在社会中地位和竞争力的重要来源①。在网络时代,尤其在社交平台上,文化资本的展示成为个人与品牌竞争的关键资源②。本研究发现,尽管 B 站的头部 UP 主分布在知识经验类、感官体验类和小众专业领域,他们在名称中仍倾向于使用如"official""老师""英语""美食"等关键词,以明确表达其 KOL 身份与专业领域。受 Z 世代欢迎的 KOL 依然符合"专业人士+专业领域"的权威形象设置。这与传统 KOL 的单一领域有所不同,在数字平台化的背景下,KOL 的领域更加多元化,能够满足 Z 世代对小众需求的多样化偏好③。这种分散

① P. Bourdieu, "The Forms of Capital," in J. Richardson (ed.), *Handbook of Theory and Research for the Sociology of Education*, London: Greenwood Press, 1986.

② S.V. Jin and J. Phua, "Following Celebrities' Tweets about Brands: The Impact of Twitter-Based Electronic Word-of-Mouth on Consumers' Source Credibility Perception, Buying Intention, and Social Identification with Celebrities," *Journal of Advertising*, 2014, 43(2).

③ S. Khamis, L. Ang and R. Welling, "Self-branding, 'Micro-celebrity' and the Rise of Social Media Influencers," *Celebrity Studies*, 2017, 8(2).

化和多样性反映了社交媒体时代权威与影响力逐渐从单一领域向更广泛和多元化的内容扩展的趋势。

第二，KOL 的社会资本：创作悖论与转化阶梯。有研究指出，社会资本不仅体现在人际网络中，还体现在个体通过互动行为形成的与群体的联系[①]。本研究与此观点一致，通过 Z 世代的参与（如关注、点赞、评论、投币等），UP 主的社会资本得到不断积累，尤其是那些内容有创意、易引发讨论的 UP 主（如鬼畜类和娱乐类），能获得更多社会资本。

本研究发现，作品数越多，粉丝数越多，但平均播放量会越少；而在其他条件不变的情况下，粉丝数越多则平均播放量也会越多。这表明作品数与播放量之间存在创作悖论现象。这一现象可能与信息过载有关，当用户面对大量内容时，信息过载现象可能导致其对内容的兴趣下降[②]。对于 UP 主而言，过于频繁地发布内容可能会分散观众的注意力，导致单个视频的播放量减少。此外，作品数的增加并不总能确保内容质量的稳定性，频繁发布可能导致观众认为内容同质化严重或质量下降，从而减少观看意愿。因此，尽管作品数的增加可能带来短期粉丝增长，但从长期来看，只有高质量且有创新的内容才能保持播放量的稳定增长。

本研究还发现，低资本行为数（百万级和十万级）比中资本行为数（上万级）高出一个和两个量级，中资本行为数又比高资本行为数（上千级）高出一个量级。这一结果表明，随着资本行为级别的提高，Z 世代的参与人数会迅速减少，即参与人数和参与程度之间呈现明显的负相关趋势，呈现所谓转化阶梯现象。根据阿恩斯坦（Arnstein）的公民参与阶梯理论，低资本行为与象征性参与相似，用户参与浅层，影响有限；中资本行为则类似

① R.D. Putnam, *Bowling Alone: The Collapse and Revival of American Community*, New York: Simon and Schuster, 2000.

② J.B. Schmitt, C. A. Debbelt and F. M. Schneider, "Too Much Information? Predictors of Information Overload in the Context of Online News Exposure," *Information, Communication & Society*, 2018, 21(8).

于咨询参与,用户有一定的表达机会,但影响力仍然有限;高资本行为则与公民控制相对应,用户通过深度互动和经济支持,对内容创作产生实质影响。[①] 因此,Z 世代的参与行为随着互动深度的增加,其对 UP 主的影响力逐渐增强。反之,UP 主对 Z 世代的影响力也逐渐增强。这一现象与范·迪克(Van Dijck)的研究一致,其指出,低门槛的参与行为(如点赞或关注)通常仅需短暂的时间和精力,因此用户参与度较高;而深度互动(如评论或经济支持)需要更多投入,通常只有对内容高度认可的用户才会参与,因此参与人数较少[②]。

第三,KOL 的经济资本:竞争门槛与转化困境。平台 KOL 对 Z 世代的影响不再停留在关注、评论等线上互动层面,而是通过虚拟化社交带来的"可获得性期待",即通过对"博主同款"的线下模仿延伸到了对 Z 世代生活方式及消费行为层面的影响,这一影响最直接的体现正是广告植入价格。

首先,头部 UP 主的广告植入报价差异反映商业价值的不确定性。具体体现为 B 站头部 UP 主的广告植入报价差异巨大,最高者达到 2 100 万元,最低者为 0 元。这表明,即使成为头部 UP 主,也未必能够获得相应的商业价值和变现机会,存在经济资本的转化困境。相关研究曾指出,社交媒体影响力并不总是能带来商业价值,UP 主的个人品牌、受众契合度及其内容的商业化潜力是关键因素[③]。正如本研究所揭示的,即便是高影响力的头部 UP 主,如果其内容或受众不符合商业需求或品牌定位,可能依然难以获得经济资本。有研究也指出,影响力越大并不总意味着商业成功,品牌方更注

---

① S.R. Arnstein, "A Ladder of Citizen Participation," *Journal of the American Institute of Planners*, 1969, 35(4).

② J. Van Dijck, *The Platform Society: Public Values in a Connective World*, New York: Oxford University Press, 2019.

③ A.M. Kaplan and M. Haenlein, "Users of the World, Unite! The Challenges and Opportunities of Social Media," *Business Horizons*, 2010, 53(1).

重的是影响力与其目标受众的契合程度①。

本研究还发现，不同类型的 UP 主广告报价差异显著，科技类、资讯类和动画类 UP 主的报价最高，动物圈类 UP 主的报价最低。这表明科技类 KOL 在商业合作中的经济价值更大，反映出对 Z 世代的强大影响力。这可能与 Z 世代对科技产品存在偏好有关。有研究发现，Z 世代对技术产品和创新内容具有强烈的兴趣，这类内容的受众对科技品牌的影响力更大，品牌方也愿意为精准的科技类 UP 主支付更高的广告费用②。此外，科技内容的高度专业性使得它的可信度更高，能够帮助品牌建立权威形象，换句话说，正是竞争门槛效应使得科技类 UP 主更容易同时获得 Z 世代和商家的认同。

竞争门槛效应还表现为机构认证 UP 主的商业报价最高，其次为个人认证 UP 主，未认证 UP 主的报价最低。这表明认证不仅是信誉的象征，也直接影响 KOL 的经济资本积累。这可能是因为认证 UP 主在商业广告中往往被视为更可信和更专业。这一发现与布迪厄关于资本转化的理论一致，认证本质上是一种制度化的文化资本，更可能转化为经济资本。在社交媒体平台上，认证标志可以提高 UP 主的可信度和商业吸引力③，因为品牌方更愿意与经过认证的影响者合作。当然，认证本身也表明 UP 主在平台上的正规性和专业性，这可能也是机构认证 UP 主的商业报价明显更高的原因。

第四，平台 KOL 的生产：资本独立运作。虽然布迪厄认为三种资本之

---

① M. De Veirman, V. Cauberghe and L. Hudders, "Marketing through Instagram Influencers: The Impact of Number of Followers and Product Divergence on Brand Attitude," *International Journal of Advertising*, 2017, 36(5).

② J.F. Michel, C. Mombeuil and H.P. Diunugala, "Antecedents of Green Consumption Intention: A Focus on Generation Z Consumers of a Developing Country," *Environment, Development and Sustainability*, 2023, 25(12).

③ S.V. Jin, A. Muqaddam and E. Ryu, "Instafamous and Social Media Influencer Marketing," *Marketing Intelligence & Planning*, 2019, 37(5).

间可以相互转化,但本研究发现,三种资本在网络平台并不是完全等同或互通的,文化资本、社会资本和经济资本在不同的场景中可能具有独立的表现形式和运作逻辑,其中粉丝数是影响商业报价的唯一显著变量。这一发现表明,在现实应用中,三种资本在不同的场景和社会结构中表现出各自的独立性。例如,虽然在某些情境中文化资本(如知识)可以通过社交网络转化为经济资本,但在社交媒体的场景下,粉丝数(社会资本)可能比知识水平(文化资本)更直接决定经济收益。这个结论与布迪厄的核心思想一致,即资本的转化并不是线性的,往往受限于场域的具体逻辑。有研究表明,虽然社交媒体上的 KOL 可以通过展示其专业知识(文化资本)吸引关注者(社会资本),进而通过品牌合作转化为经济资本①,但转化并不总是顺利的。本研究发现,粉丝数是品牌选择 KOL 的核心衡量标准,因为它直接反映了 KOL 的影响范围,而其他社会资本指标(如互动率)虽然能够反映观众的忠诚度,但对短期的经济收益影响较小。换句话说,粉丝数更可能被认为是一种能够直接被品牌利用的"可转化资产",而其他形式的互动行为(如点赞和评论),虽然能展示 KOL 与粉丝的互动深度,但它们在商业转化方面相对较弱,难以在短期内直接转化为经济资本。这也可能是不少 B 站 UP 主感觉"恰饭"难的原因②。

上海正积极投身于"儿童友好城市"的建设之中。在这一进程中,青少年的成长与教育显得尤为关键。特别是在数字化浪潮席卷的当下,网络平台对青少年群体的影响力与日俱增。深入探究青少年的平台 KOL,能够为上海推进儿童友好城市建设提供更为精准有效的策略。上海可凭借政策扶持,引导各大网络平台更加关注青少年群体的健康成长。比如,相关部门可与 B 站、抖音等主流网络平台携手合作,共同制定贴合青少年需求的内容规

① S.V. Jin, A. Muqaddam and E. Ryu, "Instafamous and Social Media Influencer Marketing," *Marketing Intelligence & Planning*, 2019, 37(5).

② 谢斯临:《B 站卷入停更潮风波,UP 主苦于恰不上饭,全职做了三年最后还是上班香》, https://baijiahao.baidu.com/s?id=1762241284195154019&wfr=spider&for=pc,2023 年 4 月 4 日。

范与推荐算法，优先推送那些具有教育价值、利于文化传承且富有社会责任感的内容创作者的作品。此外，还可设立专项基金，激励优质教育类内容创作者成为平台上的意见领袖，进而营造积极向上的社会风气。与此同时，运用大数据与智能分析工具，对青少年的网络行为进行实时监测。一旦发现有偏离正轨的行为，及时加以引导，实现精准化管理。如此一来，可减少低质量娱乐内容对青少年的不良影响，助力他们将更多的注意力投向有益于自身成长的内容。本研究还表明，随着资本的不断积累，青少年在网络活动中的参与人数锐减，尤其是在高资本含量内容方面的参与度较低。上海应敏锐把握这一趋势，积极推动青少年参与社会公益、环保、文化传承等领域的活动。可通过网络平台策划公益项目，让青少年借助平台参与社会实践，从而培育他们的社会责任感和集体意识。通过实施上述举措，上海有望构建一个更加健康、积极的网络环境，为青少年群体的全面发展提供坚实有力的支撑。

上海少先队“红领巾议事厅（会）”的实践探索

鲁 旻[1]

摘 要 秉承儿童友好理念，聚焦推动儿童参与公共事务的生动实践，上海少先队发挥组织的独特作用，打造“红领巾议事厅（会）”，以联动凝合力，以活动激活力，以破题提能力，以融媒扩影响力，切实落实《上海市推进儿童友好城市建设三年行动方案（2023—2025年）》的工作要求，推动实现儿童全方位参与融入城市社会生活，加快助力儿童友好的愿景变为实景，为中国儿童的健康成长和全面发展创设更具支持性的美好环境。

关键词 上海少先队；红领巾议事厅（会）；儿童参与

一、总体概况

2021年，国家发展改革委等23个部门印发《关于推进儿童友好城市建设的指导意见》（以下简称《意见》），旨在通过儿童友好城市建设，促进广大儿童身心健康成长，推动儿童事业高质量发展融入经济社会发展全局，让儿童友好成为全社会的共同理念、行动、责任和事业。《意见》明确，儿童拥有生存权、发展权、受保护权和参与权四项基本权利。儿童参与不仅包含儿童表达意见、参与决策等权利，更应涵盖对日常家庭生活、校园生活、社会生活

① 鲁旻，上海市青少年研究中心助理研究员。

的广泛参与,并从中获得相应能力的过程。2022 年,上海市政府首次将儿童友好这一概念纳入政府工作报告当中,并发布了《上海市儿童友好城市建设实施方案》(以下简称《实施方案》),明确“到 2025 年基本建成儿童友好、人人友好的幸福活力之城”的目标。2023 年 9 月,上海市发展和改革委员会又公布《上海市推进儿童友好城市建设三年行动方案(2023—2025 年)》(以下简称《行动方案》),这是对此前《实施方案》的具体部署和补充,以推进儿童友好城市建设落地。该《行动方案》提出,要以广泛开展儿童社会实践活动、拓宽儿童参与渠道与方式和构建集儿童建言引导、征集、反馈、宣传于一体的长效参与机制来“推动儿童参与公共事务”①。

基于此,上海少先队积极探索社会化工作,打造“15 分钟社区少先队幸福圈”,部分学校和社区先行先试,逐步形成校内外互动的儿童参与公共事务工作品牌和实践平台,即“红领巾议事厅(会)”。“红领巾议事厅(会)”将社区作为少先队员参与城市高质量发展和中国式现代化建设的重要实践场景,鼓励队员关注身边事、校园事、社会事,培养队员责任意识和参与能力,成为创建儿童友好型城市建设的生动实践。

二、 主要特色和经验

(一) 多方联动,凝聚儿童议事合力

1. 党建引领,提供有力保障

党建带团建、队建的工作模式成为推动“红领巾议事厅(会)”运作的动力和有力保障。

一是建好社区少工委。各街镇、村居党组织指导街镇、村居团组织组建社区少工委,将少先队社会化工作纳入重要议事日程,为“红领巾议事

① 王润洁、邱天敏、朱晓宇:《儿童友好城市建设背景下儿童参与的现状、问题与对策——基于我国 7 城市的调查》,《少年儿童研究》2024 年第 6 期。

厅(会)”的建设提供保障。学校党委(支部)书记或副书记担任学校少工委主任,学校少先队辅导员担任学校少工委副主任,同时兼任社区少工委委员,为“红领巾议事厅(会)”提供保障。党建引领推动少先队员参与儿童友好社区建设,全面保障儿童权益,促进儿童高质量发展。

二是发挥以大带小作用。各区团委、区少工委组织区红领巾理事会、各级少代会队员代表以及各“红领巾议事厅(会)”议事员,走访人大代表、政协委员和青联委员,参与、思考、感悟身边的鲜活民主,种下全过程人民民主的种子。例如,共青团黄浦区委、黄浦区教育党工委、少先队黄浦区委员会联合主办“委员领我进社区”活动,政协委员携同黄浦区少先队员代表,通过线上线下方式深入社区微调研,共提治理“金点子”,携手共创幸福圈。

2. 校社协同,推动结对共建

全市在推动“15 分钟社区少先队幸福圈”工作的过程中,不少学校和社区双向奔赴,为“红领巾议事厅(会)”的建设提供实践基础。学校和社区少工委结成育人伙伴,建立制度,定期召开联席会议、联合开展活动,确保“红领巾议事厅(会)”朝着常态化、规范化、科学化方向发展。例如,闵行区平南小学少工委和古美路街道社区少工委探索联动机制,试点“双报到、双结对”制度,鼓励少先队员周末、假期到社区报到,开展红领巾议事、志愿服务等活动,还将队员在参与社区事务的表现情况纳入“红领巾奖章”评价体系和少先队评优工作中。[①] 金山区多所学校与社区结对共建,红领巾议事员与社区居民共同开展“垃圾分类我先行”“关爱社区老人”等一系列社区自治管理活动。

3. 凸显主体,组建议事队伍

学校和社区一级“红领巾议事厅(会)”充分发扬少先队员的主人翁精神,按“招、荐、考、评”的流程,选拔热心公共事务、社会责任感强、学习钻研

① 翟艳、罗兴毅:《幸福的秘诀——学校和社区少工委共同打造“少先队幸福教育”的几点思考》,《少先队研究》2021 年第 6 期。

力强、语言沟通能力强的队员成为红领巾议事员。

例如,“青稞”红领巾议事厅由嘉定区“两校”(中国科学院上海实验学校和清水路小学)和“一社区”(宝菊社区)共建。两校红领巾议事员的推选需经过三步:第一步,学校少工委利用红领巾广播进行红领巾议事厅宣传,向全体少先队员发出招募令;第二步,少先队员通过中队推荐或自荐成为议事员候选人;第三步,学校少工委根据红领巾议事员条件,组织考核和选拔,通过无记名投票选举产生红领巾议事员。

(二)多元活动,激发儿童议事活力

为了让红领巾议事员在参与公共事务中充分发挥主体作用,增强参与意识,提升建言献策能力,“红领巾议事厅(会)”将议题的实施与丰富的少先队活动相结合,帮助红领巾议事员在实践过程中锻炼、收获、成长。

1. 丰富资源,拓宽队员视野

办好“红领巾议事厅(会)”,想尽办法拓宽队员参与社会事务的渠道,吸引更多资源为队员所用,不断拓宽队员的视野和经历。各级“红领巾议事厅(会)”注重引导队员深入社会,了解不同领域的知识与文化,培养全面的社会认知与责任感,为他们的成长注入更多活力与可能。上海同济黄渡小学“小彗星”红领巾议事厅组织议事员走进“大来时间”博物馆,开启一场名为“时光之旅”的调研活动。议事员了解到时代变迁的背后故事,深受启发。活动结束后,议事员以在“大来时间”博物馆收集到的数据为基础,聚焦校园环境改善、社区设施完善等问题,提出有针对性的建议。

2. 亲身体验,增强社会责任感

“红领巾议事厅(会)”经常性地组织红领巾议事员深入社区场景,引导其身体力行地感悟个体在社区中的责任与角色。红领巾议事员在亲身参与社区服务、社区微更新等活动中,学会倾听与表达,学习观察与反思,不断增

强社会责任感。例如,嘉定区新成路街道新成社区联合迎园中学“蓝精灵”红领巾议事厅成员,按季度开展楼道“换新颜”行动,小议事员组成混龄小队,先对楼道进行清扫,随后巧思妙想,用双手扮靓楼道,以行动提升墙面“颜值”,使原本略显老旧的墙面焕发光彩。浦东新区周家渡街道少工委为辖区内的红领巾议事员提供“一日警员”“一日城管队员”“一日食品安全员”等深度体验活动。

(三)聚焦问题,提升儿童议事能力

1. 关注身边的实际问题

“红领巾议事厅(会)”始终坚持以问题为导向,引导队员关注身边的问题,培养主人翁意识。

一当“观察员”,鼓励队员学做小小观察员,寻找校园、社区建设中的短板,如针对活动场地不足、图书馆书籍更新不及时、课后延时服务供给不足等问题,由红领巾议事员收集队员意见和想法,与学校和社区相关部门进行沟通协商,积极推动问题解决。

二做“规划师”,鼓励队员畅谈未来生活,化身“小小空间师”“小小绿化师”“小小安全员”“小小文化使者”“小小代言人”“小小调解员”等,用一米视角积极畅想并参与中国式现代化社区治理,共同为人民城市和美好社区的未来规划添砖加瓦。

2. 形成议事规范流程

各“红领巾议事厅(会)”辅导员引领红领巾议事员,以项目化研究形式深入研讨议事制度,帮助少先队员有序参与公共事务。“红领巾议事厅(会)”通过选定议题、调研分析、制度研讨、模拟演练、正式实施与监督及成果展示总结等步骤,培养少先队员公民意识、团队协作和解决问题能力。这一过程不仅提升队员社会责任感和公民素养,还促进社区治理创新,构建和谐美好社区环境,实现少先队员全面发展和社区治理水平提升的双重目标。

例如,嘉定区少工委基于国内外儿童议事会的经验,从借鉴到创新,总结归纳了七步法议事流程:(1)发现问题。通过调查和走访,发现并筛选出社区内亟待解决的问题;(2)设计议题。针对发现的问题,设计相应的议题;(3)确定议题。讨论确定先解决当下最紧要的议题,分清轻重缓急;(4)讨论议题。围绕议题陈述自己的观点和见解,文明表达,充分发言;(5)投票表决。采用无记名方式对不同意见进行表决;(6)宣布结果。根据多数裁决原则,现场唱票并宣布表决结果;(7)执行决议。将讨论成果整理成书面形式,提交给相关部门具体实施落地。①

(四)巧用媒介,扩大议事影响力

1. 常态化开展融媒宣传

近年来,各学校和社区利用微信公众号和队报、队刊,广泛宣传“红领巾议事厅(会)”的招募、选拔及日常活动信息,优秀推文向市区两级共青团、少先队微信公众号推荐;结合市少工委打造的“红领巾说新闻”项目品牌,与上海人民广播电台长三角之声、上海新闻广播《教子有方》工作室等平台协同,用说新闻、议治理的方式展现少先队员为社区治理贡献金点子的风采;“红领巾议事厅(会)”与人大、政协和青联代表手拉手活动,把儿童声音与成人智慧相结合。通过联合调研、提案征集与讨论、志愿服务等形式,提升少先队员的参与感和责任感,促进其全面发展,同时扩大“红领巾议事厅(会)”影响力。

2. 少代会聚合效应

中国少年先锋队代表大会(简称“少代会”)有商讨、决定一个时期队的重大事务,选举产生队工作领导委员会的权力。各级少代会都具有不可忽视的聚合效应。在各级少代会中,“少先队提案”是儿童参与和表达意见的

---

① 政荔:《红领巾议事制在少先队员社区治理能力建设的探索与实践》,《少先队研究》2024年第6期。

关键载体。少代会代表(包括队员代表和成人代表)广泛听取队员需求和建议,以提案的形式将少先队员在家庭、校园及社会生活中的观察与思考,以及个人和集体的成长需求呈现出来。这些提案直击队员成长过程中的“痛点”问题,经少代会的宣传和放大,成为全社会的焦点。例如,市第八次少代会提案《有关加强家长微信朋友圈健康“晒娃”家庭教育建议》,市第九次少代会提案《关于推行小学生下午能量补给》《在公园普遍增设儿童活动区域》等提案,经少先队组织的宣传,受到全社会的关注和助力,推动儿童心愿从“纸面”落到“地面”。

三、 主要成效与挑战

(一)“红领巾议事厅(会)”成为推动中国特色儿童参与的一项创新举措

建设儿童友好城市,寄托着人民对美好生活的向往,事关广大儿童成长发展和美好未来。2021 年 3 月,《中华人民共和国国民经济和社会发展第十四个五年规划和 2035 年远景目标纲要》将儿童友好城市建设列入重大工程,标志着儿童友好城市建设已经上升为国家行动,这充分说明建立中国特色的儿童友好城市建设之路意义重大。① 儿童参与是其中的重要组成部分与核心要素之一。作为一项创新举措,“红领巾议事厅(会)”帮助儿童从城市建设的旁观者到积极参与者,在参与中深化对中国式现代化的认知,增强家国情怀,涵养主人翁精神、民主意识与社会责任感,努力成长为担当民族复兴大任的时代新人。

(二)“红领巾议事厅(会)”成为儿童与儿童友好城市共同成长的见证

“红领巾议事厅(会)”通过丰富多彩的活动,真正实现儿童与儿童友好

① 《中华人民共和国国民经济和社会发展第十四个五年规划和 2035 年远景目标纲要》,http://www.xinhuanet.com/2021-03/13/c_1127205564.htm,2021-03-21/2025-01-25。

城市共同成长。一方面,少先队员深入了解社区治理的复杂性和多样性,学习实地调研、讨论和协商,学会分析问题、解决问题,尝试推动这些方案的实施。这种实践经验对于儿童的成长至关重要,使他们能够更好地适应未来的社会生活。另一方面,城市治理与发展要听取儿童意见,改变和完善治理细节,使城市规划与建设更贴合儿童需求。“红领巾议事厅(会)”成为儿童成长与城市发展的纽带,全社会关注、营造儿童发展的良好氛围,引导更多人关心儿童成长环境,形成良性循环。

(三)“红领巾议事厅(会)”建设有待完善的问题

目前,各级“红领巾议事厅(会)”虽已陆续组建并投入运行,但在多个方面仍存在着明显的短板,亟须采取一系列有效措施来不断完善其机制,提升其功能与效率。其一,在政策机制上,缺乏明确统一的议事制度保障、充分的政策引导及有效的监督机制,导致各级“红领巾议事厅(会)”不同程度地存在运作流程规范性欠缺、支持经费不足、监督管理缺乏等问题。其二,在作用发挥上,“红领巾议事厅(会)”与外部沟通合作不充分,未能与政府部门、社会组织及媒体建立深入合作,导致少先队员的建议难以获得广泛支持,议事成果在促进儿童友好城市建设过程中未能形成闭环。其三,在参与覆盖面和能力培养上,目前参与议事的成员选拔具有局限性,缺乏考虑不同背景、不同需求的儿童群体,如农村留守儿童、残疾儿童等,导致意见收集不够全面和多元。同时,“红领巾议事厅(会)”在议事能力培养方面,如逻辑思维、表达能力及团队协作等方面也有待加强。

四、下一步打算

(一)加强顶层设计

将“红领巾议事厅(会)”建设纳入儿童友好城市建设等更宏观的规划之中,推动形成一系列常态化、制度化的工作机制。

一是在议事机制方面,精心构建议事工作规则,明确议事的流程、原则和要求,确保议事过程的规范化和科学化。建立联席会议等协商体系,定期组织学校、社区、相关部门以及少先队员代表共同参与,加强各方之间的沟通与协作,逐步搭建一个层次分明、覆盖广泛的红领巾参与、协商、决策的互动式平台,让更多少先队员能够参与议事活动。

二是以培训赋能、协商议事等方式,引导少先队员形成有价值的符合儿童特点的社情民意建议。要为少先队员提供专业的培训,提升他们的观察能力、分析能力和表达能力,使他们能够提出更具针对性和可行性的建议。

三是建立健全成果反馈机制,及时将议事结果反馈给少先队员,让他们看到自己的建议得到重视和落实,有效引导青少年发扬主人翁精神,更加积极主动地参与儿童友好城市建设,促进青少年全面有效参与。

(二)强化功能融入

以“红领巾议事厅(会)”作为青少年协商民主的重要载体,紧密结合“15 分钟社区综合服务圈”“15 分钟社区少先队幸福圈”建设,逐步探索形成“点链圈”工作模式。

“点”,即将街镇、村居的社区党群服务中心作为主阵地,充分整合区域内的各类资源,打造“社区搭平台、政府出资源、红领巾齐参与”的社会化协商议事点位。

“链”,就是将党群服务中心、新时代文明实践分中心、未成年人保护工作站等作为分阵地,推动组织建设、阵地建设、队伍建设、活动建设四步走。通过加强组织建设,明确各分阵地的职责和分工,提高工作效率;推进阵地建设,完善硬件设施和软件环境,为少先队员提供良好的活动场所;强化队伍建设,培养一批高素质的辅导员和议事员,提升团队的整体水平;丰富活动形式,开展形式多样的活动,激发少先队员的参与热情,打通少先队社会化协商议事活动链条,实现各分阵地之间的有机联动和协同发展。

“圈”,则是依托辖区内各中小学校、企事业单位、文化场馆等,构建多个

“线上+线下”活动圈。通过线上平台,打破时间和空间的限制,让少先队员能够更便捷地参与议事、交流想法;利用线下活动,组织实地调研、参观学习等,增强少先队员的实践体验和感性认识。形成“红领巾议事厅(会)”阵地图,为青少年成长构建一个全方位、多层次、广覆盖的有力支持网络,拓展青少年参与社区治理和社会事务的空间。

(三)提升议事实效

结合人民建议征集,多渠道、多形式采集儿童需求,形成具有建设性的建议。充分利用线上线下平台、问卷调查、实地走访等多种手段,广泛收集少先队员的想法和诉求,打通“最后一公里”诉求渠道,让少先队员的声音能够及时、准确地传递出来。引导少先队员在亲身体验、亲身参与中感悟全过程人民民主,增加社区黏合度。组织少先队员参与社区志愿服务、调研活动等,让他们在实践中了解社区、关注社会,增强对社区的归属感和责任感。

依托基层人大立法点和政协协商平台,拓宽少先队员参与社区建设渠道,引导他们从独特视角发现社区治理短板。鼓励少先队员参与意见征集,借助政协协商平台让建议获得更广泛的关注。构建红领巾参与共建共治共享格局,推动社区治理创新。联合部门落实建议,建立跟踪反馈机制,进一步激发少先队员参与热情,扩大青少年参与覆盖面,提升其组织实施能力。

开展红领巾议事能力提升培训,涵盖团队协作、语言表达、社区规划等方面,全面提升青少年议事能力。例如,邀请专家、社区工作者授课指导,向青少年传授议事技巧、调研方法等。又如,青少年通过小组讨论拓宽思路,调研活动培养实践能力,辩论比赛锻炼表达能力与逻辑思维等。在持续培训锻炼中,不断提升青少年参政议政能力,为“红领巾议事厅(会)”高效运行和长远发展提供保障。

图书在版编目(CIP)数据

上海青少年发展蓝皮书. 2025 : 儿童与城市 / 包蕾萍, 程福财主编. -- 上海 : 上海社会科学院出版社, 2025. -- ISBN 978-7-5520-4743-1

Ⅰ. D432.851

中国国家版本馆 CIP 数据核字第 2025CX8322 号

上海青少年发展蓝皮书(2025)

——儿童与城市

主　　编：包蕾萍　程福财
责任编辑：董汉玲　沈明霞
封面设计：裘幼华
出版发行：上海社会科学院出版社
　　　　　上海顺昌路 622 号　邮编 200025
　　　　　电话总机 021－63315947　销售热线 021－53063735
　　　　　https://cbs.sass.org.cn　E-mail:sassp@sassp.cn
排　　版：南京展望文化发展有限公司
印　　刷：上海景条印刷有限公司
开　　本：720 毫米×1000 毫米　1/16
印　　张：17
插　　页：2
字　　数：242 千
版　　次：2025 年 8 月第 1 版　　2025 年 8 月第 1 次印刷

ISBN 978－7－5520－4743－1/D・757　　定价：88.00 元